# LA
# MAÎTRESSE
# DE MAISON

PAR

Mlle S. ULLIAC TRÉMADEURE

DEUXIÈME ÉDITI

PARIS
LIBRAIRIE DE L. HACHETTE ET Cie
RUE PIERRE-SARRAZIN, N° 14

1860

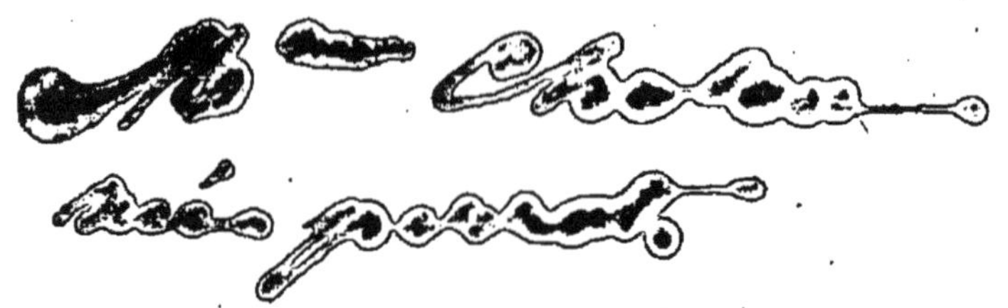

LA

# MAÎTRESSE DE MAISON

PARIS. — IMPRIMERIE DE CH. LAHURE ET Cie
Rues de Fleurus, 9, et de l'Ouest. 21

A

MADAME VILTARD

AFFECTION VRAIE

ET RECONNAISSANCE BIEN SENTIE

Paris, mai 1859

# PRÉFACE

## DE LA PREMIÈRE ÉDITION.

Depuis quelques années, plusieurs bons ouvrages sur l'économie domestique ont été publiés; les uns, produit de recherches consciencieuses, présentent des préceptes et des recettes utiles; les autres, et sans contredit les meilleurs, sont le fruit d'une longue expérience. Mais les besoins matériels de la vie de tous les jours sont-ils donc les seuls que l'épouse, la mère de famille, la jeune fille chargée de diriger la maison de son père se voient appelées à satisfaire? Non. L'action de la *maîtresse de maison* n'est pas et ne peut pas être concentrée tout entière dans les mille soins qu'exigent la domesticité, l'office, la cuisine, le ménage; cette action s'exerce et doit s'exercer encore au profit des besoins intellectuels et moraux de la famille, des amis, de tout l'entourage.

Frappé de cette idée, l'auteur a cru qu'un livre sur l'économie domestique, qui renfermerait des enseignements négligés jusqu'à ce jour, était encore à faire. L'observation, la réflexion ont transformé une première pensée encore vague en conviction, et il a pris la plume.

L'auteur n'a pas la présomption de croire que son œuvre est le complément indispensable des livres du même genre si justement estimés ; il se borne à espérer que ses lectrices trouveront ici ce que peut-être elles ont vainement cherché ailleurs, un aperçu de ces devoirs de relations avec la famille et les entours, compris généralement sous les dénominations de *politesse*, de *savoir-vivre*, d'*usage du monde*. Loin d'oublier ce qu'il a appris par expérience, comme toutes les femmes, que les premières préoccupations de la *maîtresse de maison* doivent être le ménage, l'office, la cuisine, il a soin de le rappeler souvent, et en même temps il indique les sources fécondes d'où découle cette influence que la *maîtresse de maison* exerce à l'intérieur comme à l'extérieur ; influence bienfaisante ou nuisible, suivant qu'elle a bien ou mal compris ses devoirs et l'importance de sa tâche.

Se souvenant que

Une morale nue apporte l'ennui,

l'auteur a donné, autant qu'il était en son pouvoir, une forme attrayante à des enseignements sérieux. Puisse-t-il avoir réussi et plaire à ces jeunes filles, à ces jeunes femmes de qui il a reçu tant de fois de bien doux témoignages d'affectueuse sympathie !

# PRÉFACE

## DE LA SECONDE ÉDITION.

La rapidité avec laquelle s'est épuisée la première édition de cet ouvrage a fait un devoir à l'auteur de le revoir avec le plus grand soin. Des observations bienveillantes lui avaient été adressées sur plusieurs points, et entre autres sur ce qui concerne les travaux des champs ; quelques mois passés à la campagne lui ont permis d'en reconnaître la justesse. Il a vu ce que précédemment il avait décrit d'après des livres. Il a compris alors combien est importante la place que tient l'agriculture dans l'économie politique. Ceux donc qui consacrent leur intelligence et une portion de leur fortune à hâter ces progrès, méritent au moins, de la part de quiconque ose en écrire, une étude sérieuse de *ce qui est*.

Non loin de Sancerre (Cher), l'auteur a visité la ferme de B..., où ont été exécutés et sont en voie d'exécution des travaux dont il avait seulement entendu parler. L'exploitation de cette ferme est dirigée par le propriétaire lui-même. *L'obélisque industriel* que l'on voit s'élancer en plein champ, auprès de constructions simples, mais élégantes pourtant, frappe tout d'abord les yeux. On croit à l'établissement de l'une de ces fabriques qui arrachent tant de bras à l'agriculture ; mais non, pour cette fois, la mécanique apporte à celle-ci ses forces surhumaines. A quoi peut être destinée cette machine à vapeur?

Entrons et visitons d'abord de vastes étables dallées en *béton Coignet* avec une apparente recherche. Les dalles se divisent en losanges parfaitement égaux; ces petits sillons ont pour destination l'écoulement du purin dans une rigole, qui le conduit par des voies souterraines à deux grandes citernes. Ainsi, ce dallage assainit les étables et débarrasse la cour de la ferme des miasmes putrides qui jadis empestaient l'air. Cette cour n'est point pavée, parce que le grès n'abonde pas dans le pays, mais elle est *empierrée*, et le fumier amoncelé laisse partout le passage libre. En temps utile, la machine à vapeur met en mouvement une pompe qui puise le purin dans les citernes et lance sur les champs cet engrais précieux. Après la moisson, la machine à vapeur met en jeu une autre machine, celle à battre le blé. Des travaux non moins importants, ceux du drainage, ont été exécutés pour l'écoulement des eaux pluviales.

Nous nous bornons à ce simple exposé des faits, car il nous est interdit de parler d'une vie toute consacrée aux progrès de l'agriculture; mais nous aimons à rappeler que des prix bien mérités ont déjà récompensé un zèle infatigable. Quoique fort jeune encore, l'héritier d'un beau nom le soutient dignement, en se rendant utile à son pays. De tels travaux sont faits pour exciter l'émulation et pour hâter les progrès de l'agriculture, non-seulement dans le département du Cher, mais même dans toute la France.

Nous terminerons en disant qu'aidé par ces précieux renseignements nous n'y avons rien ajouté de nous-même : les améliorations en fait d'économie rurale mentionnées dans ce volume sont, non-seulement le fruit de l'étude, mais encore le résultat de l'expérience.

# INTRODUCTION.

---

Je te le demande en grâce, Clémence, mon amie, déchire toutes les lettres que je t'ai écrites depuis mon départ de Paris. La rougeur couvre mon front lorsque je me souviens de quelles couleurs j'ai osé me servir pour peindre la meilleure, la plus sage des femmes, celle qui a formé le cœur de mon mari !... J'ai été envers elle injuste, ingrate.... c'est à genoux que je l'ai priée de me le pardonner ! Lis, et vois combien je dois la vénérer et l'aimer !

Hier au soir, pour la première fois depuis notre mariage, Édouard est sorti sans moi. Il allait au Cercle, non pour y lire les journaux, mais pour rencontrer une personne à laquelle il avait affaire.

Un tête-à-tête avec ma belle-mère! quelle perspective!... et d'autant plus terrible, que, comme il y avait théâtre ce soir-là, j'étais assurée que pas une seule visite ne viendrait faire diversion. A notre âge, ce qu'on redoute le plus, tu le sais, ce sont les *leçons de morale ;* et, ma conscience aidant, je me disais que Mme Beaumont n'aurait garde de laisser échapper une si belle occasion de me *chapitrer* sur plusieurs sujets.

Notre entretien fut d'abord assez langu ssant. Mme Beaumont avait commencé par me parler de la pension où toutes deux, ma Clémence, nous avons été élevées, et où se sont serrés les liens de notre amitié. Je ne répondais que par monosyllabes, m'attendant à chaque instant à quelque *sermon ;* mais, après m'avoir dit des mots touchants sur ma mère, que je n'ai pas connue, tu le sais, Mme Beaumont, cédant sans doute à la puissance des souvenirs, s'est trouvée entraînée à me raconter son enfance si triste entre une mère toujours malade, un père taciturne et livré aux affaires, une servante maîtresse qui faisait tout plier sous sa volonté, et le teneur de livres de M. Nesle. M. Nesle, père de Mme Beaumont, était maître de forges, mais de ce qu'on appelle une *petite forge*, celle où l'on façonne à bras d'homme les pièces de fer et d'acier les plus répandues dans le commerce de la quincaillerie.

Je m'intéressais à ce récit ; je croyais voir surtout le teneur de livres, M. Corbin, petit homme sec, vêtu de son éternel habit de drap couleur noisette et coiffé à l'oiseau royal. Homme ponctuel par excellence, il ne pouvait s'apercevoir du désordre trop réel qui régnait dans la maison du patron sans dire, souvent tout haut, quelques mots qui blessaient au vif Jeannette, la servante maîtresse. S'il avait dépendu d'elle, M. Corbin aurait été remercié. Mais M. Nesle savait ce que valait son teneur de livres, et s'il ne montrait que rarement son mécontentement de l'espèce de souveraineté exercée par Jeannette, si surtout il ne la renvoyait pas, c'était par ménagement pour sa femme malade, à laquelle il avait même accordé de ne point mettre sa fille en pension.

Ma belle-mère avait seize ans lorsqu'elle perdit sa mère.... L'année suivante, M. Nesle la prévint qu'elle devait se préparer à tenir sa maison et à y faire régner l'ordre et l'économie. Quelle tâche, Clémence, pour une jeune fille qui ne savait pas plus que toi et moi ce que c'est qu'un ménage !

M. Nesle commença par renvoyer la servante maîtresse ; il mit ensuite auprès de sa fille une personne d'un âge mûr et en état, à ce qu'il croyait, de la diriger...

Mais, chaque mois, lorsque ma belle-mère allait demander de l'argent à son père, M. Nesle s'emportait, en disant que la maison était un gouffre qui dévorait tout; que, si la dépense continuait d'être aussi forte, il serait bientôt ruiné; et la pauvre jeune fille se retirait tout en larmes. Que faire pour diminuer cette dépense dont son père se plaignait avec tant d'amertume ? à qui demander des conseils ? où chercher les lumières qui lui manquaient ? La femme placée auprès d'elle était probe, mais sans intelligence, de cette sorte d'intelligence surtout qui saisit l'ensemble des choses, et que ma belle-mère, je le vois maintenant, possède à un degré remarquable.

Un jour, le teneur de livres la suivit, sans qu'elle s'en aperçût, au moment où, baignée de pleurs, elle quittait le cabinet de son père.

« Mademoiselle Emma, dit-il en la saluant, si vous aviez besoin de quelques explications sur les comptes et la balance dont le patron vient de vous parler, je suis là. »

Ma belle-mère, tout étonnée, le regarda.

« Tenir des comptes, continua-t-il, que ce soit pour la maison ou pour la forge, ce n'est pas plus difficile l'un que l'autre ; le tout est de savoir s'y prendre. On découvre alors d'où vient le coulage.... et le coulage, voyez-vous.... coulerait à fond la maison la plus riche, c'est un fait. Le patron se plaint avec raison ; il faut que la maison d'un négociant soit conduite avec le même ordre que ses opérations de commerce ; autrement la ruine est au bout. Voulez-vous, mademoiselle Emma, que le soir, pendant que le patron apure les écritures dans son cabinet, je vienne vous montrer à tenir votre caisse aussi bien que la nôtre est tenue, je m'en vante ?

— Oh ! venez, monsieur Corbin, venez dès ce soir ! s'écria ma belle-mère. C'est Dieu qui vous envoie à mon secours ; je vous attendrai. »

Le brave homme fut de parole. Il revint dans la soirée. Ma belle-mère m'a avoué que ses démonstrations lui parurent d'abord tellement incompréhensibles, qu'elle désespéra de parvenir jamais, même avec l'aide de M. Corbin, à apprendre l'art de tenir ses livres de ménagère : mais le résultat qu'elle retira de cette première leçon fut du moins la conviction qu'il fallait absolument établir l'ordre et l'économie dans une maison qui n'avait pas de revenus fixes, puisque les bénéfices du fabricant et du négociant dépendent du plus ou moins grand nombre de commandes ou d'affaires faites dans l'année.

Aux leçons suivantes, elle reconnut qu'une maîtresse de maison doit se rendre compte de tout et régler sa dépense d'après la somme qui lui est allouée chaque mois.... Enfin, chère amie, que te dirais-je ? Pour la première fois de ma vie, j'ai compris de quelle valeur est une femme économe, rangée pour un père, pour un frère, pour un mari, et j'ai admiré l'ordre établi ici par ma belle-mère. Cet ordre est tel que tout se fait sans que personne, pour ainsi dire, ait l'air d'y toucher. Les domestiques sont chacun à leur besogne ; Mme Beaumont ne gronde jamais, et, je dois le dire hautement, sa gravité habituelle n'est pas celle que donne la mauvaise humeur. Chose incroyable ! elle sait le compte de tout ce qui meuble ses deux maisons, maison de ville et maison des champs ; elle sait le compte du linge, des porcelaines, des cristaux, des vêtements contenus dans les armoires !...

Je l'écoutais émerveillée.

« Et c'est vous, ma mère, lui dis-je, c'est vous seule qui avez établi cet ordre admirable ?

— Moi *seule*, non, ma fille, a-t-elle répondu d'un air calme. M. Corbin a été pour moi un excellent professeur; sans lui j'aurais renoncé bien des fois à une tâche qui me semblait être au-dessus de mes forces. Quand il me laissait à mes réflexions, je sentais le découragement se glisser peu à peu dans mon âme.... Alors je priais avec ferveur! et je comprenais que Dieu lui-même m'ordonnait d'aider mon père à relever une fortune que la longue maladie de ma mère, que le désordre d'une servante maîtresse avaient compromise. Si faible que je fusse, si peu instruite que je dusse me reconnaître, je compterais cependant pour beaucoup chez mon père, si je parvenais à réduire les dépenses superflues et journalières. Pour peu que vous soyez curieuse de juger par vous-même, ma chère fille, de l'étendue du concours que peut apporter une femme à un père, à un mari, par l'administration sage de leur maison, je vous montrerai le chiffre des dépenses lorsque je pris la direction de la maison de mon père, et celui auquel je parvins à les réduire deux ans après.... Mais vous n'aimez pas les chiffres, a-t-elle continué avec un doux sourire, et vous poussez cette antipathie si loin que vous ne vous rendez même pas compte, je crois, de vos dépenses personnelles. »

A ces mots, chère amie, j'ai rougi; et, mes mauvaises dispositions se réveillant, je me suis dit: Voilà le *sermon* qui vient!

Mais Mme Beaumont n'ajouta pas un mot de plus sur ce sujet. Elle me parla des bals qui m'étaient promis pour le reste de l'hiver; de trois grands dîners que mon mari donnerait, puis de notre départ, au mois de mars, pour notre maison des champs. Enfin, ma Clémence, elle se montra si aimable, si indulgente, si préoccupée de me rendre heureuse, que, cédant à mon émotion, je tombai à genoux devant elle, en la conjurant de me pardonner de n'avoir pas été pour elle ce que j'aurais dû être, de ne l'avoir pas aimée avec tout l'amour dont elle est digne.

« Pas ainsi, non, pas ainsi, ma fille, dit-elle en

me relevant et en m'embrassant. De tout mon cœur, je vous pardonne de ne m'avoir pas rendu justice. Je suis vieille, vous êtes jeune; je suis sérieuse, vous avez la gaieté de votre âge; j'ai souffert, vous ignorez encore les misères réelles de la vie; j'ai reçu à peine l'instruction la plus ordinaire, vous avez été élevée dans l'un des brillants pensionnats de Paris, et vous possédez des talents qui me manquent.... Un seul point de ressemblance nous unit, mon enfant, notre amour pour votre mari; cet amour a le même but, n'est-ce pas? le bonheur d'Édouard.

— Oh! oui, ma mère! m'écriai-je.

— Eh bien! nous y travaillerons ensemble; vous le voulez, j'en suis sûre....

— Si je le veux? pouvez-vous en douter, ma mère, ma bonne mère?

— Pour cela il suffira de nous entendre.

— Oh! nous nous entendrons toujours!

— Vous croyez, mon enfant?

— Oui, ma mère; et, pour preuve de ma bonne volonté, je vous prierai de commencer dès demain à m'accepter comme auxiliaire dans les soins qu'exige la maison.

— Nous verrons, » répondit-elle avec un fin sourire.

En ce moment Édouard rentra.

Nous prîmes tous trois le thé auprès d'un bon

feu ; Édouard nous raconta quelques anecdotes qui nous firent bien rire.... Je t'assure, chère amie, que nous avons passé une charmante soirée !

Oui, j'y suis décidée : je veux aussi, moi, concourir à consolider, à augmenter peut-être la fortune de mon mari. Ma belle-mère est excellente, je le proclame du fond du cœur, et je prévois qu'Édouard sera heureux de notre bon accord. Il aime tant sa mère !

Écris-moi, chère amie. J'ai besoin de savoir ta pensée sur tout ceci. Il faut me répondre, *sans aucun retard*, entends-tu, Clémence ?

Je t'aime et je t'embrasse.

PAULINE BEAUMONT.

LA

# MAITRESSE DE MAISON

---

## I

### Emploi de la matinée.

Ta lettre m'a fait grand plaisir, ma bonne et chère Clémence, et elle a fortifié la résolution, plus d'à moitié prise, d'obtenir de ma belle-mère qu'elle veuille bien m'enseigner l'art de tenir une maison ; car c'est un *art*, entends-tu? Mais j'ai ri en voyant que tu te déclares *mon écolière*, et que tu veux faire de mes lettres l'objet d'un *cours* pour celles de nos amies qui doivent, comme toi, quitter cette année la pension. Attends du moins que j'aie appris quelque chose! Au reste, la pensée de t'être utile, ne fût-ce que bien petitement, me donnera le courage, oui, le *courage* de demander une instruction qui ne m'a offert jusqu'ici que peu d'attraits, je te l'avoue.

Ma belle-mère consacre toutes ses matinées à sa maison ; moi, je m'étais promis, en me mariant, de consacrer toutes les miennes à la peinture que j'aime de passion.... Il est vrai que pas un seul des projets faits au moment de mon mariage n'a pu jusqu'à présent se réaliser, et qu'il faut prendre mon parti de n'avoir pas mon mari sans cesse auprès de moi. Tu sais qu'il a des terres, dont il surveille l'exploitation. Il est souvent obligé d'aller à notre maison des champs, et je reconnais la nécessité de me créer des occupations de diverses sortes. D'ailleurs, si ma belle-mère venait à nous quitter, comme elle nous le fait craindre quelquefois, ou bien si sa santé ne lui permettait plus d'être aussi active, cette maison, si bien tenue, perdrait tout en passant dans mes mains; idée qui blesse et stimule à la fois mon amour-propre.... Ces réflexions, dont j'avais été fort préoccupée depuis que je t'ai écrit, et plus encore la demande contenue dans ta lettre, m'ont décidée ces jours-ci, pendant une absence d'Édouard, à aller trouver Mme Beaumont, un peu avant le déjeuner, et à lui rappeler qu'elle a consenti à m'admettre comme auxiliaire dans ses *travaux* de ménage.

Elle m'a embrassée tendrement, m'a fait asseoir à

ses côtés, puis elle m'a montré ses livres de recettes et de dépenses.

« Mais, ma mère, me suis-je écriée, comment pouvez-vous tenir à vous seule toutes ces écritures?

— En faisant, ma fille, une distribution sage d'un revenu que nous possédons tous, du temps qui nous est donné à chacun dans la même mesure. Dès ma jeunesse, j'ai pris la bonne habitude de me lever de grand matin, été comme hiver. Après avoir consacré à Dieu les premiers moments qui suivent mon réveil, je me mets à mon bureau, et, avec la ponctualité d'un teneur de livres, j'apure les comptes portés la veille sur une main courante, je vérifie les livrets des fournisseurs, que la cuisinière est obligée de me remettre à la fin de chaque jour. Au bout de la semaine, le total de ces comptes, ainsi apurés, est facile à faire ; il en est de même du total du mois ; ce qui reste en caisse m'aide à établir la balance. Je peux voir, d'un coup d'œil, mois par mois, à combien s'élève la dépense, s'il y a eu des économies, ou bien s'il n'est pas possible d'en faire quelqu'une, nécessitée peut-être par une dépense inattendue et forcée pour le mois suivant; car je ne puis employer pour la maison qu'une somme invariable, et qui doit suffire à tout.

— Une somme invariable! répétai-je. Pourtant, ma mère, il y a des mois où vous recevez plus de monde. Vous donnez même de grands dîners, des soirées.

— La somme à dépenser *pour l'année*, est invariable, ma fille; seulement, elle se distribue inégalement, suivant les saisons, et jamais le nombre des *extra* ne doit, je le répète, dépasser les limites fixées par cette somme.

— Mais quand on est riche, on peut se trouver malgré soi entraîné....

— Si l'on cède à ce genre d'entraînement, ma chère Pauline, on n'est pas riche longtemps!

— J'avoue, ma mère, que calculer ainsi toutes les dépenses, sans jamais, jamais se permettre de dépasser la limite fixée, me paraît bien difficile!... Par exemple, supposons.... quelque grand malheur, un incendie qui ruine une famille, un village....

— C'est alors, mon enfant, que l'on comprend toute la valeur d'une sage économie, qui laisse la possibilité d'agir avec générosité, et presque sans compter, en présence des affreux fléaux qui désolent quelquefois toute une contrée. Si, d'avance, on n'avait pas réglé sa dépense, si l'on avait cédé à ces entraînements dont vous parliez à l'instant, comment céder plus tard à l'entraînement du cœur? où trouver la somme nécessaire pour venir *utilement* au secours de ceux qui souffrent, et comment alors ne pas reconnaître qu'on a mérité d'être compté au nombre des *mauvais riches*? »

Trouves-tu quelque chose à répondre à cela, Clémence? Pour moi, je suis restée muette.

Ma belle-mère m'a montré l'article : *aumônes journalières ;* elle m'en a fait voir le chiffre pour l'année, en me disant que celui-ci varie aussi pendant le mois, suivant les saisons, et que presque toutes ces aumônes sont données *en nature;* ce qui les rend bien plus profitables aux malheureux, dont les besoins réels sont ainsi prévus et soulagés d'une manière certaine. Dans ce chiffre n'entrent pas les reliefs de chaque jour, ni les vêtements, le linge qu'on réforme pendant l'année dans la maison ; car j'ai hâte de te le dire, ma belle-mère, très-économe, n'est pas avare. Elle aime à donner : elle dit que le riche doit dépenser autant que le lui permet une sage prévoyance, et, en faisant travailler les gens valides, réserver toujours la part des vieillards, des infirmes, des enfants incapables de gagner un salaire.

Nous en étions là lorsqu'on est venu avertir Mme Beaumont qu'elle était servie.

Je t'avouerai que depuis notre entretien de l'autre soir, ma belle-mère me paraît plus aimable. Sa figure, toujours grave, me semble exprimer plus d'affection pour moi, et j'ai cessé d'éprouver auprès d'elle cette gêne qui me glaçait, et qui venait, sans aucun doute, des dispositions peu bienveillantes dans lesquelles j'étais à son égard.

Après le déjeuner, je l'ai emmenée au salon en lui

disant gaiement qu'elle n'était pas quitte, et qu'elle me devait l'exposé fidèle de l'emploi de sa matinée *matinale*. Ordinairement, à la suite de ce premier repas, elle reste au salon à parcourir les journaux et à causer avec Édouard et moi ; ensuite elle va faire quelques visites, des emplettes, et le reste de la journée est consacré aux allants et venants, qu'elle reçoit sans cérémonie et sans cesser un instant de coudre, de faire de la tapisserie, du filet et du tricot ; elle a toujours un ouvrage d'aiguille ou bien un livre à la main.

« Où en étais-je? me demanda-t-elle du ton de l'affection.

— Vous aviez apuré vos comptes de la veille, ma mère.

— Alors le moment est venu de donner audience d'abord à ma cuisinière, n'est-ce pas? car il faut à déjeuner, à dîner pour tout le monde. Je commence par demander compte de la desserte des jours précédents ; compte toujours fidèle, parce qu'on sait que chaque matin je visite l'office et que je parais à la cuisine à l'instant même où l'on s'y attend le moins.

— J'ai entendu dire, ma mère, que les cuisinières de Paris ne resteraient pas dans une maison dont la maîtresse....

— Ne les laisserait pas complétement *maîtresses*, n'est-il pas vrai? interrompit Mme Beaumont en souriant. Nos cuisinières de province sont tout aussi despotes, mon enfant, dans les maisons dont la conduite leur est abandonnée par une femme légère, plus occupée de sa toilette et de ses plaisirs que de ses devoirs; mais ici la règle est si bien établie, on sait si positivement que telle est ma coutume, que, lorsqu'il m'est arrivé de changer de domestiques, chose rare bien heureusement, des filles probes se sont seules présentées.

« Je donne de vive voix le menu de chaque repas lorsque nous sommes en famille; je le donne par écrit lorsque j'ai du monde, et ces jours-là on me voit un peu partout.

« A la cuisinière, succède la femme de chambre. Pendant qu'on m'habille, je m'informe des travaux de couture. Une fois la semaine, je fais visiter devant moi le linge qui a été mis de côté pour être réparé; ceci est l'une des occupations du samedi. Le travail à faire se trouve ainsi tout prêt pour la semaine suivante. Je donne ensuite, et en compte, le linge pour la maison; je me fais rendre chaque lundi celui de la semaine précédente.

« Me voilà libre de recevoir quiconque a besoin de me parler *seul à seul*. Parfois j'ai bien de la peine à expédier tout mon monde avant l'heure du déjeuner. Les gens de campagne surtout n'en finissent pas, et j'en reçois beaucoup; mais je me garde bien de les interrompre dans leurs récits; seulement, lorsque d'avance je sais l'affaire qui les amène, je les aide à arriver promptement au fait. La réponse est donnée en peu de paroles, et je puis enfin consacrer deux bonnes heures à mes enfants.

« Ainsi, ma fille, quatre heures chaque matin de travaux sérieux et importants; le reste de la journée, le coup d'œil de la maîtresse un peu partout, et la vie passe plus ou moins paisiblement et plus ou moins agréablement, suivant ce que la volonté de Dieu amène en jouissances ou en amertumes, en plaisirs ou en déceptions. Ce n'est pas une rude tâche, comme vous voyez!... Nous parlerons plus tard des *inspections* du linge, des vêtements, des armoires, de toute la maison enfin.... Vous avez l'air bien pensif, mon enfant; quelle idée vous occupe?

— Me permettrez-vous, ma mère, de vous dire toute ma pensée?

— Je vous le demande, ma chère fille.

— Eh bien! vous avez été jeune, vous avez aimé les plaisirs, vous êtes allée au bal, en société, en parties de campagne.... Enfin, plusieurs fois vos matinées ont été prises par le plaisir, par le sommeil, par la fatigue ou bien par la maladie même....

— Et vous en concluez naturellement que la conduite de la maison a dû en souffrir, n'est-ce pas? Cette conclusion est juste; seulement, avant comme après mon mariage, j'ai peu fréquenté le monde, et l'habitude de l'ordre était en moi si bien enracinée, que je me couchais tard le jour où je m'étais levée tard, afin de ne pas laisser mes comptes s'arriérer. Pendant mes maladies, trop fréquentes, hélas! et que Dieu m'a envoyées, dans sa sagesse, pour développer en moi la patience et le courage, je prenais mon parti d'un surcroît de dépenses inévitables.

— Vous n'aviez donc pas, ma mère, une seule personne à qui vous pussiez vous confier aveuglément?

— Aveuglément? répéta Mme Beaumont en secouant la tête avec un sourire.... Un autre jour, si vous le voulez, ma fille, nous causerons d'un sujet bien important, des *domestiques*. Pour aujourd'hui, veuillez remarquer seulement que le *sacrifice* de quatre heures par jour et de quelques journées par an suffit pour maintenir, dans une maison, l'ordre, l'économie, d'où résulte sans effort la paix domestique. Cela ne vaut-il pas la peine de se lever matin et de *passer l'inspection?* »

Décidément, Clémence, je finirai par aimer de tout mon cœur ma belle-mère.

## II

### Les dîners. — Service à la russe. — Un dormant.

Tu sauras, ma bonne Clémence, qu'Édouard est charmé du désir que j'éprouve de devenir le *disciple* de sa mère, objet de son amour et de sa vénération ; seulement, il m'a priée d'attendre que Mme Beaumont m'invitât d'elle-même à la seconder, et cette invitation a eu lieu peu de jours après, à ma grande joie.

« Demain, ma fille, m'a dit ma belle-mère, nous avons quelques personnes à dîner. Dès hier, j'ai donné des ordres ; mais, si vous êtes matinale, venez me trouver dans mon cabinet avant sept heures, et je vous expliquerai les raisons qui m'ont fait disposer les choses de telle façon plutôt que de telle autre ; puis vous me direz quels seraient les mets qui vous paraîtraient préférables à ceux dont j'ai fait choix.

— Merci, merci, ma mère ! » a dit Édouard en pressant sur ses lèvres la main de Mme Beaumont. Pour moi, je lui ai sauté au cou et je l'ai embrassée avec effusion. C'est que, vois-tu, mon amie, il est peu agréable pour une jeune femme de sentir que rien ne dépend d'elle, ne ressort d'elle dans la maison. Je veux sans doute me laisser diriger en tout par ma belle-mère ; mais je veux aussi tenir ici la place qu'occuperait sa fille, si elle en avait une, et cesser d'être comptée pour *zéro* par les domestiques. Je crois que Mme Beaumont a compris cela, car elle est douée d'une grande délicatesse d'âme, et voilà sans doute pourquoi elle témoigne la volonté aimable de *m'associer* à *son pouvoir*.

Tu penses bien que j'ai été ponctuelle au rendez-vous. Aussitôt ma belle-mère a sonné la cuisinière, et l'examen *sérieux* du menu, arrêté dès la veille, a eu lieu devant moi. Je me suis bien gardée d'y prendre part ; Geneviève aurait vu promptement ma complète ignorance, les mots de *relevé de potage*, d'*entrée*, de *hors-d'œuvre*, d'*entremets* étant tout à fait nouveaux pour moi, comme ils le sont pour toi, chère amie. Aujourd'hui, je suis toute fière de pouvoir te dire que tu as à la pension un *relevé de potage* dans le très-ordinaire bouilli, ou dans le *miroton* qu'on sert en remplacement de la soupière ; des *hors-d'œuvre froids* dans les cornichons et les radis, une *entrée de légumes* dans l'humble plat de lentilles, enfin un *entremets sucré* dans les tartelettes aux pommes que nous acceptions toi et moi à titre de dessert. Je copierai, à ton intention, à la fin de ma lettre, le menu de notre dîner d'*amis*. Plus tard, tu te procureras un *Parfait Cuisinier*, et tu pourras ainsi faire *connaissance* avec tous les *hors-d'œuvre* froids ou chauds, tous les *relevés*, toutes les *entrées*, tous les *entremets*, qu'on peut donner en les variant suivant la saison; sans compter tous les *rôtis* imaginables et l'ordre dans lequel ces choses sont servies. On devrait bien nous enseigner dans les pensions la *théorie* au moins de l'*art* de dresser un *menu*, puisque enfin nous sommes toutes destinées à diriger un ménage plus ou moins considérable.

Quand Geneviève a été partie, ma belle-mère m'a reproché amicalement mon silence.

« Je ne vous appelle pas au *conseil*, a-t-elle ajouté en souriant, pour que vous opiniez seulement du *bonnet.* »

Sans hésiter, j'ai avoué ma complète ignorance et la crainte que j'avais éprouvée de diminuer la *considération* de Geneviève pour moi, s'il m'était arrivé d'indiquer à la place d'une *entrée*, tel ou tel mets appartenant aux *hors-d'œuvre*, ou bien tel *hors-d'œuvre* appartenant aux *entremets;* puis je me suis récriée sur la quantité de plats qu'il fallait pour un simple dîner d'*amis*.

« Nos amis, a répondu Mme Beaumont, peuvent bien ne pas être comme vous et moi, ma chère fille, complétement indifférents aux plaisirs de la table; et puisqu'ils ont l'obligeance, alors qu'un dîner fort passable au moins leur est assuré chez eux, de braver le froid, la pluie, pour venir partager le nôtre, il faut que nous leur témoignions, en faisant quelques frais, la joie que nous éprouvons de voir notre invitation acceptée. Ne trouvez-vous pas que ceci est à propos, que c'est même un devoir?

— Oui, ma mère, vous avez raison.

— Si nous ne traitions que des jeunes femmes, des jeunes filles de votre âge, ma chère Pauline, et des hommes de l'âge d'Édouard, mon menu ne serait pas tout à fait le même; le premier service contiendrait surtout des pièces de *résistance*, et le dessert se composerait un peu différemment. Mais nous aurons deux anciens amis de ma famille et une de mes amies de jeunesse. A un certain âge, mon enfant, on aime la bonne chère; on se fait une affaire d'aller dîner en ville, et surtout on est en droit de s'attendre à ce que la maîtresse de la maison témoigne, par tous les moyens possibles, de la déférence pour la vieillesse. Ainsi donc, dans le choix que j'ai fait des mets qui couvriront la table, j'ai pris en considération l'âge, les goûts de mes principaux convi ves, bien plus que l'âge et les goûts des amis de mon fils et des jeunes femmes ou jeunes filles que nous voyons habituellement.

— Oh! chère maman, votre menu contentera tout le monde, je vous assure!

— C'est mon désir et mon devoir. Donner à dîner, c'est encore exercer l'hospitalité; il faut donc la rendre aussi agréable que possible à ses invités.

— Mais, ma bonne mère, il y aura bien des reliefs, car nous ne serons que dix à table.... Quoique je ne sois pas gourmande, j'avoue que la réapparition, pendant plusieurs jours de suite, des mêmes plats diminue mon appétit. »

Mme Beaumont se mit à rire.

« Oubliez-vous donc, dit-elle, qu'après demain nous avons à déjeuner deux de nos voisins de campagne?

— Ah! c'est vrai. Pour ceux-là, ils ne laisseront pas de reliefs!

— Une maîtresse de maison doit tout calculer, ma chère Pauline, et s'arranger de telle sorte que la dépense occasionnée par un dîner de plus ou moins d'apparat serve à deux fins. Ainsi, par exemple, nous donnons chaque hiver trois grands dîners; ces trois grands repas sont suivis d'un dîner moindre et de deux grands déjeuners dînatoires.

— Mais, chère maman, comment faites-vous pour

que certains de vos invités ne se doutent pas qu'ils sont conviés à faire disparaître les reliefs?

— Rien de plus simple, mon enfant. Si le choix, la distribution des mets, sont des choses importantes, ce qui l'est encore davantage peut-être, et particulièrement en province, c'est le choix des convives. Réunir dans un même *gala* des gens que séparent leurs positions sociales, leurs occupations, leurs opinions politiques surtout, ce serait commettre une faute grave contre les bienséances et donner la preuve qu'on manque de savoir-vivre. Par sa position dans le monde, mon fils est appelé à voir et à recevoir la meilleure société de la ville ; fonctionnaires, gens de robe et d'épée, riches propriétaires, gens aimables, artistes ; mais, ses occupations ayant pour objet une exploitation rurale, il se trouve, d'autre part, en relations fréquentes avec des voisins de campagne qui, comme lui, font valoir, avec des fermiers, des négociants en grains, en bois, en bestiaux, que sais-je encore? Pour les gens de la ville, les dîners d'apparat; pour ceux de la campagne, les grands déjeûners dînatoires; et tout le monde est content, et nul ne se doute, si ce ne sont pourtant les bonnes ménagères, que je sais faire concorder entre elles les époques de ces différentes invitations, de telle sorte que le repas plus modeste qui suit un *gala* ne me coûte que très-peu de chose en sus.

—Mais, c'est tout un travail que cela, » me suis-je écriée, aussi stupéfaite que tu le seras toi-même, ma Clémence, en me lisant. Te serais-tu jamais doutée qu'il fallût tant de combinaisons pour recevoir chez soi? Et moi qui m'étais fait une fête de la seule idée de donner des fêtes!

J'ai demandé encore à ma belle-mère si elle avait *toujours* du monde le lendemain ou le surlendemain d'un dîner d'amis.

« Presque toujours, m'a-t-elle répondu; car je m'arrange pour que ces dîners aient lieu aux époques où nos voisins de campagne ont affaire en ville, et j'ai soin que certains plats qui peuvent être *rajeunis* le lendemain par un nouvel assaisonnement soient assez forts pour servir à deux fins; de la sorte, j'ai à offrir un charmant ambigu, relevé d'un élégant dessert, et je soutiens la réputation dont jouit mon fils d'avoir une bonne table; réputation qui n'est pas à dédaigner, comme vous pourriez le croire, ma chère Pauline.

— Ce que je ne conçois pas, dis-je à ma bellemère, c'est comment Geneviève pourra venir à bout de faire à elle seule les dix plats d'aujourd'hui!

— D'abord, ma chère enfant, tout ce qui peut se préparer la veille l'a été dès hier; ensuite Suzette est chargée du soin de faire les crèmes, et la fille de cuisine, très-intelligente, seconde d'autant mieux Geneviève que toutes deux vivent de bon accord. Ce qui nous regarde, vous et moi, c'est de donner le linge de table, la porcelaine, les cristaux, de faire monter les différentes espèces de vin, soin que j'épargne, autant que possible, à Édouard; enfin, de dresser le dessert, de garnir les bougies et les flambeaux de ces jolies bobèches que vous faites si bien; nous nous occuperons de tout cela après déjeuner, et nous causerons alors tout en travaillant; maintenant, permettez-moi, je vous prie, de m'habiller. J'attends plusieurs personnes ce matin. »

Je suis allée trouver mon mari; il a bien voulu me laisser faire étalage devant lui de ma *science* toute nouvelle en fait de *dîners,* puis il m'a demandé en riant si je croyais encore que le rôle de la femme dans la maison du mari fût aussi peu important qu'on le prétend en général. J'ai cru échapper à la difficulté de répondre en disant que nous ne sommes en réalité que le *premier ministre* de notre *seigneur et maître.*

« Soit, a repris Édouard, premier ministre, mais ministre *président* du conseil; car les femmes, moins distraites que nous par les affaires du dehors, sont douées en général d'un tact exquis: elles voient les nuances qui nous échappent, et ce sont elles qui empêchent souvent le *seigneur et maître* de réunir dans une fête des éléments tellement hétérogènes, que le désordre pourrait bien naître de ce que le *seigneur et maître* avait jugé devoir amener une parfaite conciliation. Réfléchis à tout cela, ma Pauline, et tu reconnaîtras que la femme, qui reste femme, est non pas l'*esclave*, mais la *compagne* de l'homme. »

Édouard a raison; qu'en dis-tu, Clémence?

Après le déjeuner, ma belle-mère ayant averti Suzette que nous n'y étions pour personne, a fait appeler le fils du jardinier, et nous sommes descendues à la cave.

L'ordre établi partout, mais plus encore dans le caveau consacré aux vins fins, m'a charmée. Une ardoise porte le *nombre* des bouteilles contenues dans chaque case; au-dessous on écrit le nombre de celles qui y ont été prises, avec la date du jour du prélèvement. Mme Beaumont a fait monter du vin de Bordeaux, du vin de Madère, et mettre de côté du champagne mousseux.

De la cave, elle m'a conduite à la lingerie. Que de linge, et de beau linge, chère amie! Ma belle-mère m'a montré de magnifiques services en toile damassée pour les jours de gala, et d'autres aussi élégants, mais plus modestes; elle a choisi un de ceux-ci.

Je ne savais pas encore combien nous sommes riches en porcelaines et en cristaux. Déjà, pourtant, j'aurais pu le reconnaître lors des grands repas qui ont été donnés pour fêter notre mariage; mais je n'y avais pas fait autant d'attention qu'aujourd'hui. Et l'ordre le plus parfait règne aussi dans toutes ces grandes armoires si bien garnies du haut en bas.

Suzette avait réuni sur la table les beaux fruits qu'on envoie ici de notre maison des champs, les petits-fours, les pâtisseries, les compotes, les confitures, qu'il s'agissait de dresser sur des assiettes, dans de jolies corbeilles et dans les compotiers. Pendant que ma belle-mère et moi nous nous occupions de ce soin, Suzette versait dans des carafons de cristal les différentes espèces de vin que Jean avait montées. Puis elle arrangea dans une corbeille destinée à cet usage les verres à vin de Champagne.

« Quand nous sommes en petit comité, dit ma belle-mère, qui remarqua mon étonnement, nous faisons revivre le vieil usage d'entourer de verres à vin de Champagne le maître de la maison, à qui revient de droit l'honneur de faire sauter le bouchon, afin qu'il puisse distribuer promptement le vin pétillant de mousse. Cette *manœuvre*, vivement exécutée, nous semble préférable à l'usage établi par la mode de placer un verre auprès de chaque convive. En petit comité encore, le potage est mis sur la table, avec une pile d'assiettes à côté; je sers, Suzette porte les assiettes, puis la soupière est enlevée, et le relevé apparaît aussitôt sur son réchaud. Pour les grands dîners, nous avons adopté le *service à la russe*, non parce qu'il fait plus d'étalage, mais surtout parce qu'il est plus commode aux maîtres de la maison, plus facile aux domestiques. »

Tu trouveras à la fin de ma lettre, chère Clémence, le *croquis* d'un *service à la russe;* j'y joindrai l'explication du *surtout* appelé DORMANT.

Notre simple dîner d'amis a été charmant, plein de gaieté; tout était excellent, et, pour la première fois de ma vie, je me suis réellement intéressée au service de la table. Il me semblait que j'avais droit à partager les éloges donnés à ma belle-mère; elle-même l'a reconnu en disant qu'elle trouvait en moi un *disciple* plein d'intelligence et de zèle.

Le surlendemain, nous avons offert à nos voisins de Martig un très-joli ambigu, et maintenant je ne serai pas fâchée de voir arriver l'occasion de prouver à Mme Beaumont que cette première leçon a profité. Je veux te dire notre *menu.*

### RELEVÉ.

Filet d'aloyau avec sauce piquante froide.

### ENTRÉES.

Un lièvre en daube; — carré de veau aux fines herbes; — anguille piquée (cette anguille monstrueuse sortait de notre vivier); — poulet à la parole (sortant de notre basse cour, mais pas tout accommodé, au moins).

HORS-D'ŒUVRE CHAUDS.

Pieds de cochon farcis; — petits pâtés.

HORS-D'ŒUVRE FROIDS.

Lapereaux confits; — anchois; — olives; — beurre aux noisettes.

ENTREMETS DE LÉGUMES.

Petits pois, *conserve;* — choux-fleurs au jus.

ENTREMETS FROIDS.

Crème veloutée; — gelée au rhum.

Pour le dessert, le plat du milieu était un beau fromage de crème fouettée, *à la Montmorency.*

Il est grandement question de partir pour notre maison des champs. Quelques affaires retiennent encore Édouard à la ville. Ma belle-mère et moi nous profiterons de ce retard pour passer l'inspection de toute la maison.

Au revoir, ma Clémence. Aime-moi.

*P. S.* Voici, chère amie, le *croquis* promis ; *ce service à la russe* offre un coup d'œil charmant.

ENTREMETS.

FRUITS. FRUITS.

ENTRÉE. ENTRÉE.

PREMIER SERVICE.

FRUITS. FRUITS.

RELEVÉ.

ENTREMETS. FRUITS. FRUITS. ENTREMETS.

DEUXIÈME SERVICE.

FRUITS. FRUITS.

RÔTI.

ENTRÉE. ENTRÉE.

FRUITS. FRUITS.

ENTREMETS.

Au premier service, le relevé de potage au milieu; les potages sont servis en dehors. Au second service, le rôti remplace le relevé ; les salades sont servies en dehors ; au dessert, les fromages sont de même servis en dehors ; les fruits doivent être entourés de fleurs; les sucreries se composent de petits-fours et de ce que l'art du confiseur peut produire de plus délicat au goût et de plus élégant pour la forme, de plus frais pour le coloris. Les hors-d'œuvre se placent de telle sorte, que chaque convive les ait à sa portée; à droite et à gauche de chaque couvert sont une carafe à eau et une carafe à vin; enfin, des verres de formes et de tailles diverses pour les différents vins servis en dehors.

Dans quelques grandes maisons, le service à la russe se modifie ainsi: la table, dont le milieu est occupé par un riche surtout ou par un *dormant*, n'est couverte que du dessert; chacun des convives trouve sous sa serviette le *menu* du dîner. Les domestiques font ensuite circuler autour de la table les plats dont se compose chaque service, et les convives choisissent à leur volonté. J'indique cette variante, sans te la recommander, car elle exige un grand nombre de domestiques.

Quant au *dormant*, rien de plus simple et de plus joli que ce surtout.

Fais faire un fond mince de bois de chêne, ayant de quarante à quarante-neuf centimètres de largeur; la longueur en sera proportionnée à celle de la table. Ce fond, arrondi des deux bouts, doit poser sur de petits pieds d'ébène tournés, pareils à ceux dont on se sert pour soutenir le socle d'une pendule. Tu couvres ce dormant de terre glaise mouillée

( trois centimètres d'épaisseur ) ; tu piques dans cette terre glaise de la mousse, de manière à présenter un frais gazon. Avec des fleurs naturelles en été, avec des fleurs artificielles en hiver, tu formes des dessins variés, mais réguliers. Quand le goût préside à ces dessins , on a un surtout des plus élégants.

C'est sous la dictée de ma belle-mère que j'ai décrit pour toi ces deux services à la russe. Quoique *provinciale* , elle est , tu le vois, au courant de la mode.

## III

### L'inspection.

Tes questions, ma chère Clémence, ont fait plaisir à ma belle-mère, je m'en suis bien aperçue. Elle me charge de te répondre, en ce qui concerne la desserte de la table, qu'elle donne ses ordres d'avance, et de telle sorte que les plats désignés ne vont point à la cuisine ; ils sont mis en réserve dans l'office. Ensuite elle a pour habitude de dire, aussi d'avance, sur quelle partie du dessert doit être pris ce qu'elle accorde aux domestiques ; car ici les domestiques ont du dessert : ma belle-mère trouve que c'est tout ensemble être juste et employer le meilleur de tous les *préservatifs* contre les larcins journaliers, auxquels pourrait exciter la vue de friandises constamment refusées à ceux qui les préparent et les servent; il en est de même des vins fins qui restent dans les flacons.

Quant à l'*étiquette*, ma belle-mère prétend qu'elle n'en connaît d'autre que celle-ci : servir, avant tout, les convives les plus âgés, à moins qu'on ait à sa table les *autorités constituées* de la ville; la prééminence appartient alors au fonctionnaire le plus élevé en *grade*. Celui-ci est placé à la droite de la maîtresse de la maison, qui lui donne pour voisine une des femmes les plus distinguées après la sienne, soit par les fonctions du mari, soit par le rang que cette femme tient dans le monde. La même chose a lieu pour le maître de la maison; la femme du fonctionnaire le plus élevé est placée à sa droite, et à la droite de celle-ci prend place l'homme le plus remarquable de la ville, soit par l'emploi qu'il occupe, soit par le rang, soit par la fortune. Les autres places doivent être distribuées de façon que les *voisins* et les *voisines* se trouvent *assortis* dans ce *voisinage* de deux ou trois heures. Ma belle-mère m'a dit que, du reste, l'usage de marquer la prééminence par la distribution des assiettes remplies n'a lieu que pour le potage; pendant le reste du repas, aucun ordre hiérarchique n'est plus suivi.

Ce n'est pas seulement dans les très-grands repas que Mme Beaumont fait usage du surtout appelé *dormant*; le dormant paraît aussi quand nous sommes de douze à quinze à table. Les relevés, les entrées, les hors-d'œuvre chauds, sont enlevés au dessert et remplacés par les plateaux pour le café, plateaux plus ou moins riches en porcelaine et en orfévrerie, suivant le nombre des convives et l'importance du repas.

Ma belle-mère a terminé ses explications en me disant que la mode change journellement pour certains usages ; qu'ainsi donc on doit, avant tout, s'attacher à suivre ceux qui seront de tous les temps, et qu'avec le respect pour la vieillesse, qu'avec la volonté de *rendre à César ce qui est à César*, chacun peut trouver en soi-même, sans recourir aux divers traités publiés sur le *savoir-vivre*, ce qu'approuveront partout et toujours les bienséances.

Nous avons commencé ces jours-ci notre inspection par ce que ma belle-mère appelle le *vestiaire ;* c'est une dépendance de la lingerie. Habits et robes d'hiver et d'été, nous avons tout passé en revue, avec un soin sérieux. Mme Beaumont consultait souvent un état qu'elle tenait à la main ; elle inscrivait sur un petit livre les vêtements mis à la réforme. Suzette les repliait et en formait des paquets.

Le contenu des armoires de la lingerie a été ensuite vérifié ; le vieux linge mis de côté par *sortes*, draps, chemises d'hommes, chemises de femmes, serviettes, etc., etc.

« Pour ceci, m'a dit Mme Beaumont, nous le

gardons précieusement. Le vieux linge a une valeur *intrinsèque*, qui le rend utile aux pauvres comme aux riches.

— Et le reste, ma mère, vous le donnez aux nécessiteux ?

— Oui, ma fille, mais pas *en nature*. Je fais le *commerce*.

— Comment, ma mère, vous vendez les vêtements hors d'usage ?

— Je vends tout ce qui se peut vendre, répondit-elle en souriant. Mais allons déjeûner ; quoique mon fils ne soit pas ici aujourd'hui, je tiens à ce que nous ne retardions pas l'heure du repas. La régularité en tout entretient l'ordre partout. Geneviève vient de me faire dire que nous sommes servies ; il faut se rendre à l'appel, autrement le déjeuner des domestiques se trouverait retardé comme le nôtre, et la journée tout entière s'en ressentirait ; or, nous avons beaucoup à faire aujourd'hui. »

Dès que Suzette eut apporté le café, ma belle-mère la congédia, et, reprenant notre entretien interrompu, elle répéta ; « Oui, je vends tout ce qui peut se vendre ! excellente habitude que je dois au bon M. Corbin, et dont je ne me suis jamais départie. Pendant longtemps je n'ai eu qu'une seule servante ; elle était honnête, dévouée. Un jour je crus faire merveille en lui donnant une de mes robes, et j'en fus d'autant plus persuadée, qu'elle se répandit en exclamations de joie et en remercîments sans fin.

« M. Corbin vint le soir, et je lui racontai le bonheur que j'avais procuré à Jeanne.

— Du bonheur! dites du malheur plutôt, répondit-il d'un air grave.

— Du malheur! répétai-je en riant. Ah! par exemple !

— Oui, mademoiselle Emma, Jeanne est coquette, et vous avez encouragé sa coquetterie. Avec cette robe, d'une étoffe trop fine, d'un dessin de trop bon goût pour elle, il lui faudra un bonnet à rubans, vous verrez, un col à la mode, et je ne sais quoi encore!... Si vous m'en croyez, ne recommencez pas. Donnez du neuf, toujours du neuf; d'abord, c'est plus flatteur pour celui qui reçoit; ensuite cela dure davantage, et enfin vous choisissez ce qui convient à la position, et vous n'éveillez pas des idées de luxe dans de pauvres cervelles si faciles à faire tourner à mal. De même pour les nécessiteux : donnez du neuf, de gros draps, de bonnes étoffes solides, et non pas de vieux habits de drap fin, des robes fines, mais aux trois-quarts usées, et qui pourtant *jurent* avec tout le reste, sans faire aucun profit.

— Mais, monsieur Corbin, faut-il donc jeter les vêtements hors de service?

— S'ils sont hors de service pour vous, ils le sont aussi pour ceux à qui vous les destinez, mademoiselle Emma. Vendez-les, et achetez du neuf, soit pour votre servante, soit pour les pauvres, avec le prix que vous en retirerez. Songez bien d'ailleurs que si vous accoutumez votre servante à compter sur vos vieilles robes, elle calculera le temps que vous aurez à les porter ; elle trouvera que ce temps se prolonge trop.... Vous nourrirez ainsi, sans vous en douter, toutes sortes de mauvaises pensées, et qui sait si une tache, une déchirure faites *en apparence* par mégarde, ne viendront pas hâter l'époque fixée par vous pour faire ce cadeau?

« La réflexion, continua ma belle-mère, me prouva que M. Corbin avait raison de tous points, et bientôt, ainsi qu'il l'avait prévu, j'eus lieu de me repentir d'avoir donné à Jeanne une robe qui ne lui convenait pas du tout. Je pris dès-lors la coutume de me défaire chaque année des vêtements de réforme et de consacrer cet argent à acheter des étoffes neuves et solides, non pour mes domestiques, mais pour les nécessiteux.

« Jeanne fut la première à m'accuser d'avarice ; elle avait compté que je défrayerais sa garde-robe avec celles de mes robes dont je me dégoûterais. Je lui en donnai de neuves ; mais les étoffes n'étaient pas aussi belles que celles que j'achetais pour moi-même.... Il fallut renvoyer cette fille.

« Plus tard, la première femme de chambre que je pris me déclara ouvertement ses prétentions à ce qu'elle appelait la *mise bas*, terme *consacré*. Je répondis qu'il n'y avait pas à y compter, que je donnais du neuf, et que je disposais à ma fantaisie de ceux de mes vêtements que je ne portais plus. Mais les cadeaux que je faisais ne plaisaient pas : on aurait voulu des robes de soie, des robes en belles étoffes, des bonnets en dentelle, en blonde même, et moi je voulais que ma femme de chambre fût toujours convenablement, mais simplement vêtue.

« Ma réputation *d'avarice* s'étendit, grandit sans que je m'en misse en peine. Lorsqu'une fois j'ai reconnu, avec le secours de la réflexion, qu'une chose est juste et bonne, rien ne peut me détourner de la voie que j'ai prise. Depuis dix ans que Suzette est à mon service, je suis, je crois, à peu près *réhabilitée* dans l'*opinion publique* en ce qui touche l'*avarice*. Deux robes neuves par an, un bonnet, un fichu de temps en temps, un châle, un manteau en cas de besoin, mais tout cela sortant de chez le marchand et non pas de ma propre garde-robe, ne permettent guère à mes domestiques de penser que je ne sais pas aller au delà de la rétribution due à leurs services ; et comme c'est Suzette elle-même qui fait les marchés avec les revendeuses, comme c'est elle qui achète les étoffes pour les nécessiteux, et qui les fait confectionner en vêtements bons et durables, il n'y a pas moyen de me *soupçonner* de tirer un lucre honteux de ce qui est hors de service pour mon fils et pour moi. Vous m'obligerez beaucoup, ma chère fille, d'agir à l'égard de Suzette comme je le fais moi-même. Songez, mon enfant, que le goût de la toilette est inné chez *toutes* les femmes sans aucune exception; que le nourrir par une générosité inconsidérée, c'est se rendre coupable devant Dieu des fautes qui en peuvent résulter. Ayez donc l'obligeance de me consulter toujours lorsque vous serez dans l'intention de faire un cadeau aux domestiques. »

Je l'ai promis volontiers, ma Clémence, tu le devines; mais je sens qu'il m'en coûtera de ne pas donner de temps en temps, à Suzette surtout, qui est si habile femme de chambre, quelque objet de parure. Et pourtant.... Oui, ma belle-mère a raison, il doit en être ainsi.

« Nous terminerons ce matin, m'a dit, ma bellemère, l'inventaire de nos *vieilleries*. Je vais faire appeler le jardinier. Montons au grenier.... »

Ce grenier se divise en trois grandes pièces. Dans celle du fond, il y a des coffres, des armoires pour renfermer les légumes secs; les fruits d'hiver sont placés sur des planches distribuées en étagères. L'ordre, la propreté, règnent ici comme partout.

Le grenier à côté contient des monceaux de chanvre et de lin; pendant l'hiver, Geneviève et la fille de cuisine filent pour la maison, qui leur paye à part ce travail.

Ma belle-mère m'a dit qu'à l'automne il y a souvent aussi des monceaux de laine et de mousse sèche et battue, destinés à former des matelas qu'on *prête* ou qu'on *donne* aux nécessiteux, aux malades, selon le besoin. Les toiles qui servent à cet usage sont blanchies et raccommodées avec soin et renfermées dans une armoire.

Sur des cordes est étendu par *sortes*, et déjà cousu en paquets, tout le linge qui a servi pendant l'hiver, et qu'au printemps on envoie à la campagne, où se fait la lessive, deux fois l'an.

Enfin, dans le grenier qui sert comme d'antichambre aux deux autres, il y a de tout : des meubles de toute façon, hors d'usage, mais qui, étant raccommodés, peuvent aider à meubler une pauvre mansarde nue ; des caisses, de la toile d'emballage, des planches, des cordes, des châssis de fenêtre, des volets, des ardoises, des briques en pile.... que sais-je? Tout cela a sa place. Ma belle-mère a pour principe de conserver tout ce qui peut servir à n'importe quel usage.

« Rien, dit-elle ne doit se perdre dans un ménage, les petits achats multipliés forment à la longue une grosse somme qu'on aurait pu épargner, si l'on avait eu le soin de garder les choses qui ont paru d'abord ne pouvoir être bonnes à rien. »

J'en ai eu la preuve, car Mme Beaumont a fait mettre à part plusieurs objets dont je n'aurais pas deviné l'usage, et qui seront employés dans des réparations qu'elle veut faire faire à la maison avant notre départ.

A midi, Mme Beaumont m'a rendu la libre disposition de mon temps, en m'avertissant que nous aurions à faire, les jours suivants, l'inspection de l'argenterie, de la porcelaine, des cristaux, de la vaisselle, des ustensiles de cuisine; ensuite celle des armoires de chaque pièce, salon, chambres à coucher, cabinets de toilette; puis de la literie et de tout l'ameublement. Le cabinet d'Édouard clôt *l'ordre et la marche*. Mon mari possède une bonne et belle bibliothèque fermant à clef, et dont il a dressé le catalogue; mais c'est ma belle-mère qui vérifie si les ouvrages qu'il a prêtés ont été inscrits, et s'ils sont rentrés; c'est encore elle qui met de côté, pour les rendre, ceux qu'il a empruntés. Elle a le soin de réunir et de faire relier les livraisons des différents recueils scientifiques auxquels il est abonné, puis elle fait choix, à l'avance, et place à part ceux qu'on doit emporter à la campagne.

Nous avons tout inspecté, tout terminé ces jours-ci, chère amie ; je suis un peu étourdie de ces divers inventaires, et j'ai encore la tête remplie de la multitude d'objets qu'il faudra remplacer ici et là lors de notre retour en ville. La semaine prochaine nous devons faire enlever les rideaux de partout. On défera les plis, on repassera ceux qui sont en soie;

ceux en damas de laine seront enveloppés à part, et ces derniers paquets contiendront, comme les paquets de couvertures, des sachets de tabac; ma belle-mère assure que c'est le meilleur de tous les préservatifs contre les mites....

Non, vraiment, être maîtresse de maison n'est pas une *sinécure!* Songe qu'une fois par semaine ma belle-mère passe ainsi en revue tantôt l'une, tantôt l'autre partie de la maison! Tous les trois mois a lieu l'*inspection;* car, suivant les saisons, il faut prévenir les détériorations que peuvent amener ici l'humidité, ailleurs la sécheresse.... Je n'ai pas pu m'empêcher de dire à Mme Beaumont que je trouve bien heureuses les femmes qui n'ont à diriger qu'un tout petit ménage, et une seule domestique à surveiller.

Elle s'est mise à rire, et elle m'a répondu : « Comme j'ai passé par là, je vous raconterai quelque jour ce qu'il en est. Vous pourrez alors seulement prononcer en connaissance de cause. »

Je vais demain au bal, chère amie. Cela me dédommagera des fatigues de la semaine et de celles qui m'attendent encore. Nous donnerons lundi prochain un grand dîner d'adieu, et puis nous emballerons et nous partirons pour la campagne. J'espère que là, au moins, je pourrai reprendre mes crayons et mes pinceaux.

A toi de cœur.

## IV

### Une maison des champs.

Ma bonne Clémence, te souviens-tu des *rêves* que toi et moi nous avons faits, tout éveillées, au sujet de la *vie des champs?* Celle que je mène aujourd'hui ne ressemble à aucun de nos rêves. Il est vrai que nous nous posions en *châtelaines*, et qu'au fond les *champs* entraient pour bien peu de chose dans nos combinaisons; ici ils jouent le premier rôle, puisque Édouard fait valoir par lui-même, et que ses fermiers ne le sont guère que de nom; mais ils tiennent à ce nom, et rejettent les titres de premier garçon de labour, de ferme, etc., etc.

Figure-toi, pour la maison d'habitation, un long bâtiment qui rappelle l'enfance de l'architecture : des chambres énormes, fort hautes d'étage, avec leurs poutres *visibles* à chaque plafond, et ces chambres ouvrant toutes sur un corridor aussi long que le bâtiment. Dans la cour, à gauche, les étables, les bergeries; celles-ci surmontées d'un pigeonnier, et la basse-cour enceinte d'un treillage; à droite, des granges, des greniers et la laiterie. En face, derrière la maison, un jardin où il n'y aura pas cet été un atome d'ombre, si ce n'est sous une vaste tonnelle, dont la porte principale est *gardée* par deux beaux acacias. Point de terrain *perdu*, c'est-à-dire consacré à la culture des fleurs; seulement au milieu des larges plate-bandes de plantes potagères s'élancent çà et là quelques rosiers à hautes tiges, qui prouvent que l'*horticulture* n'est pas absolument inconnue dans ce pays. Le long du mur, en plein midi, des espaliers que surmontent les tiges grimpantes, et en apparence mortes, de la vigne; de l'autre côté, une haie vive, tout aussi noire que le reste, car pas un bourgeon ne paraît encore; au delà, des champs d'un vert qui, du moins, repose la vue de tous ces arbres en espaliers et en plein vent, dont les rameaux noircis se détachent sur un ciel souvent tout gris; au delà des champs, des prairies; au delà des prairies, des champs.... Pas un point de vue, pas un accident de terrain, pas un bouquet d'arbres. Nous possédons pourtant des bois qu'on dit *charmants*. C'est à peine si de la maison on en aperçoit, dans le lointain, les masses vaporeuses.

Heureusement un beau verger termine le jardin, et là quelques bourgeons m'annoncent des panaches de fleurs d'amandiers, de pêchers, d'abricotiers, pour le mois prochain, en attendant que les pruniers, les poiriers, les cerisiers, les pommiers fleurissent à leur tour.

Une bien agréable surprise m'a été faite : lorsque je vins pour la première fois, à l'automne dernier, passer huit jours dans cette grande vilaine maison, je me récriai beaucoup sur les énormes chambres du rez-de-chaussée et du premier étage, si incommodes, si glaciales.... Édouard convint avec moi que la maison est des plus mal bâties, puis il n'en fut plus question. Qu'ai-je trouvé en arrivant? trois de ces énormes pièces, divisées par des cloisons, communiquant entre elles, élégamment décorées, et formant le plus charmant appartement qu'on puisse imaginer. Antichambre, petit salon, jolie chambre à coucher avec un cabinet de toilette, atelier pour le *peintre*, cabinet de travail pour l'*érudite*, comme dit mon mari en se moquant; et pour la bonne ménagère, ajoute ma belle-mère de son air grave et doux....

Juge de mon ravissement et de ma vive reconnaissance pour Édouard et pour maman! Tous les deux paraissaient bien heureux de la joie que je témoignais en courant d'une pièce dans l'autre et en revenant les embrasser, les remercier de tout cœur.

Oh! qu'ils sont bons! Édouard a aussi, dans mon appartement, son cabinet de travail, mais il n'y reste guère.

Ce n'est pas tout; nous possédons une carriole d'osier bien lourde, bien laide; Édouard a promis de la remplacer par un élégant char à bancs pour cet été, ce qui nous permettra d'aller visiter quelques voisins et de faire des parties de campagne. Ceux de ces voisins et voisines que j'ai pu entrevoir jusqu'à présent ne me séduisent guère, à te dire vrai; mais nous avons dans le pays une jeune cousine, Mlle Anaïs Nesle, qui est musicienne, et qui m'a paru fort gentille. Je ne sais pas pourquoi ma belle-mère et sa belle-sœur sont un peu *en froid* l'une avec l'autre; mais je le saurai, je te le dirai, et nous trouverons à nous deux le moyen de les remettre bien ensemble, n'est-ce pas? L'oncle d'Édouard, et le mien par conséquent, M. Nesle, frère de Mme Beaumont, porte dans le regard je ne sais quelle expression mélancolique qui vous émeut et vous attire en même temps. Mme Nesle, sa femme, est la personne la plus bougeante que je connaisse; elle ne tient pas en place un instant, et elle parle, elle parle, sans même se donner le temps de reprendre haleine. Quelle différence entre elle et ma belle-mère, si calme, si digne et si attrayante tout ensemble!

Rien n'a été changé à son grand et vilain appartement, situé au rez-de-chaussée. Je lui en ai fait la guerre; elle m'a répondu qu'à son âge on tient à ses habitudes; que cette salle à manger avec son énorme cheminée, dans laquelle brille un feu superbe, est parfaitement convenable pour recevoir tous ceux qui ont affaire à elle à chaque instant du jour; qu'un salon offrirait moins de convenance et *effaroucherait* ces bonnes gens chaussés de lourds sabots et qui, pour avoir accès auprès d'elle, n'ont qu'à faire jouer le loquet de sa porte. Autant à la ville Mme Beaumont se montre inaccessible aux oisifs, autant ici elle est généreuse de son temps envers chacun.... Mais jamais, non jamais, chère amie, je ne saurai être maîtresse de maison comme elle! C'est trop difficile! elle pense à tout, elle veille à tout, elle n'oublie rien, elle est partout.

Voilà huit jours à peine que nous sommes arrivés, et les rideaux sont posés, les housses blanchies recouvrent et *parent* les vieux meubles, tout resplendit de fraîcheur, de propreté, et les choses vont comme si notre installation datait d'un grand mois.... excepté pour ce qui me concerne. Je te dirai, à ma honte, que mon atelier est encore bien en désordre, ainsi que mon cabinet de travail. Mais ce n'est pas absolument ma faute. Pour faire plaisir à Édouard et *d'après le conseil de maman*, je cours les champs avec lui, et avec lui je m'inquiète des semailles de l'avoine, du trèfle, de la luzerne, du sainfoin, des pois, voire même des carottes et des panais, semailles qui ont lieu en mars et en avril, comme tu sais, ou plutôt comme tu ne le savais pas plus que moi ces jours derniers; ensuite, pour faire plaisir à maman, et *d'après le conseil d'Édouard*, j'ai visité le potager, je me suis intéressée aux semailles des plantes potagères; j'ai *admiré* notre oseille si verdoyante, nos épinards, nos chicorées, j'ai fait des questions au sujet de la taille des arbres fruitiers; j'ai planté, *en propre personne*, des fraisiers des quatre saisons; j'ai bêché; j'ai semé de la giroflée de Mahon, du réséda, des coquelicots doubles et panachés de diverses couleurs, des pieds-d'alouette; car j'aime les fleurs, et nous n'en aurons point, à moins que je ne m'en mêle. Mais ce n'est pas tout. J'ai demandé à visiter nos étables, qui renferment de superbe bétail, et, en voyant ma belle-mère aller et venir sans crainte au milieu de tous ces *ruminants*, j'ai tâché de faire comme elle. Sais-tu que la tête d'un beau bœuf est une chose très-remarquable pour un artiste! je n'y avais pas pris garde jusqu'ici. Il y a dans ce large front, dans ces yeux calmes et doux, un je ne sais quoi qui plaît et qui attire.... Cependant lorsque part un mugissement inattendu, je ne puis m'empêcher de reculer en tressaillant.

Dans la bergerie, j'ai choisi un agneau tout blanc; je veux lui apprendre à me suivre partout comme un chien, et à respecter les plantes du potager quand je l'y amènerai avec moi. Nos vaches aussi sont magnifiques, et tout cela est si propre, étables, bergerie et bétail! Notre laiterie m'attire chaque matin ; je reçois, pour la peine que je prends de regarder battre le beurre et mettre les fromages à égoutter, une tasse de lait tel que je t'en souhaiterais de pareil pour ton déjeuner, si la chose était possible à Paris. Il fait encore trop froid pour conduire au pré nos vaches laitières ; on continue de les nourrir avec des racines et des aliments cuits ; en avril, elles iront de temps en temps au pâturage.

Les hôtes de la basse-cour me connaissent déjà, ainsi que les pigeons. Dès que je parais, la gent emplumée accourt vers moi en coquetant, gloussant, piaulant, sur des tons si divers et si glapissants que j'en suis parfois assourdie.

Tout cela m'amuse jusqu'à présent, mais je ne sais pas si je pourrai y prendre le même intérêt que ma belle-mère.... Chut! ne dis rien de cette confidence qui vient de m'échapper. Je comprends que c'est *mon devoir* de m'intéresser vivement à ces diverses sources d'où découle la fortune d'Édouard.... Mais, que veux-tu? j'ai été élevée à la ville, en pension ; mes goûts n'ont pas pris cette direction.... Enfin, nous verrons.... Nos couveuses me paraissent fort touchantes, sans doute ; mais pourrai-je un jour, comme maman, songer *gravement* à l'époque où les couvées commencent et prendre les mille soins qu'elles exigent pour arriver à bien? Il est encore quelque chose de très-poétique *dans les livres*, et que je trouve pénible, presque rebutant, dans la réalité, quoique je sois bonne et assez charitable, tu le sais. Je veux parler des soins que ma belle-mère donne *elle-même* à des nécessiteux, vieillards, femmes, enfants, hommes faits, qui se présentent chaque matin au *pansement*. Elle n'a pas demandé que je vinsse la trouver dans la pièce qu'elle appelle sa pharmacie: mais j'ai senti qu'elle et Édouard jugeraient mal de mon cœur si je ne prenais pas assez sur moi pour offrir mes services, malgré la sorte d'effroi que m'inspire la vue du sang, d'une blessure, et les mouvements involontaires de répugnance qui me bouleversent au seul aspect d'une plaie.... Je vais donc dans ce lieu de supplice presque chaque matin, et, tout en frissonnant, tout en détournant les yeux tandis que ma main tremblante présente les divers objets dont ma belle-mère a besoin, j'admire son sang-froid plein de douceur. Pas un seul signe de dégoût ne lui échappe.... et si tu voyais ce que j'ai déjà vu!... La malpropreté unie à la misère et à des maux cruels!... Eh bien! elle touche à tout cela avec bonté, avec dextérité, et elle trouve des paroles consolantes pour les pauvres malades. Jamais elle ne refuse d'aller chez ceux qui ne peuvent venir à sa pharmacie.... C'est un ange, vois-tu, Clémence! Plus je la connais, mieux je comprends la vénération de son fils pour elle!... Crois-tu que j'en ressens parfois une sorte de jalousie? Ah! vois-tu, quand il compare sa femme à sa mère, qu'il doit me trouver peu digne de sa tendresse! Je pleure alors de dépit; puis, pour me consoler, je me dis que je n'ai que vingt ans! Oui, je veux être, je veux devenir ce qu'est Mme Beaumont. Ce sera difficile.... mais enfin j'essayerai.

Tu me parles de nos veillées ici : elles sont très-courtes. Peu accoutumée à l'exercice et au grand air, je m'endors de très-bonne heure, ce qui fait rire maman, et elle m'envoie me coucher. Édouard a rarement le temps de me faire la lecture; il a des comptes à régler avec des gens de toute sorte; maman aussi. Si je pouvais les aider, je ne m'endormirais pas dès huit heures du soir....

Des habitudes toutes nouvelles sont difficiles à prendre, et il faut nous attendre, nous femmes, à cette difficulté quand on nous marie, puisque notre premier devoir est de vivre pour la famille qui nous adopte. Comment se fait-il que personne ne songe à nous le dire d'avance? Grâce à moi, te voilà avertie, chère Clémence. Sans me trahir, avertis à ton tour nos compagnes; ce sera leur rendre service, je t'assure.

## V

### L'autorité.

Que tu es bonne, ma Clémence! Ta lettre m'a fait un bien infini! J'étais plus découragée que je ne le disais, et tu as tout deviné! Me pardonneras-tu d'avoir montré cette lettre à ma belle-mère? Je m'y suis trouvée entraînée par l'émotion que tes douces paroles me causaient, et aussi parce que je me sentais fière de toi.

« Voyez, maman, ai-je dit, si je n'ai pas une amie sincère, sage! mille fois plus sage que moi! »

Mme Beaumont a lu lentement; elle a souri plusieurs fois, et enfin, en me rendant ta chère lettre, elle s'est écriée : « Pauvres jeunes filles! à chaque pas que vous êtes appelées à faire dans la vie, quelque illusion s'évanouit! Et vous vous étonnez, et vous vous affligez en voyant la réalité remplacer vos rêves!... Il faut du temps, je le sais, pour arriver à reconnaître que la bonté de Dieu nous donne de vrais biens en dédommagement de ces illusions perdues et si vivement regrettées.... Voulez-vous que je vous en offre un exemple dès à présent?

— Je ne demande pas mieux, ai-je répondu, non sans quelque hésitation.

— Je vois, d'après cette lettre, a repris Mme Beaumont, que vous vous êtes plainte à votre amie de n'avoir pas trouvé aux champs toute la *poésie* des idylles de Florian. Voilà une douce illusion disparue; vous la regrettez, je le comprends; mais, en compensation, vous avez recouvré deux grands biens que vous aviez perdus à la ville, l'appétit et le sommeil. Vous riez?

— Oui, chère maman, je ris de la *compensation*, sans nier pourtant qu'elle a son prix. Mais je ne voudrais pas, pour tout au monde, arriver à ne vivre que pour faire mes quatre repas et pour dormir depuis huit heures du soir jusqu'à huit heures du matin.

— En ce moment, dit ma belle-mère, qui riait aussi, vous vous acquittez envers le passé d'un arriéré qu'à votre âge il faut payer, sous peine de perdre le plus précieux des biens, la santé. Avant deux mois d'ici vous serez aussi matinale que l'alouette, et je retrouverai en vous, ma chère Pauline, le zèle dont je vous ai vue animée pour la prospérité de la maison.... Vous vous taisez.... »

J'ai senti que je rougissais, et, en baissant les yeux, j'ai avoué que je n'éprouve aucun attrait pour les occupations rurales.

« Comment pouvez-vous parler ainsi ? s'est écriée Mme Beaumont. Vous n'en avez pas la plus légère idée.

— Pardonnez-moi, chère maman. Je vous vois faire sans dire mot. »

Elle sourit encore.

« Eh bien ! demanda-t-elle, que voyez-vous et quelles sont celles de ces occupations qui vous déplaisent ?

— Jamais, non, jamais, me suis-je alors écriée, je ne pourrai.... m'astreindre à une surveillance de tous les jours, de tous les instants ! Je ne sais pas ce qui se passe avant l'heure où je me lève ; mais je devine que de grand matin vous avez visité la maison, les étables, la bergerie, la basse-cour, le jardin potager, l'écurie même....

— Il faut bien, mon enfant, que je m'assure si les ordres donnés la veille ont été compris, exécutés, et si chacun est à sa besogne.

— Ensuite vous tenez note de tout, du lait tiré tous les matins, du lait tiré tous les soirs ; du nombre des œufs recueillis dans les poulaillers ; des poules, des oies, des canes qui veulent couver ou qui couvent. La veille des jours de marché, c'est devant vous qu'on charge les charrettes ; vous inscrivez sur votre calepin tout ce qui sort de la ferme, depuis les paniers de volailles jusqu'aux bottes d'épinards et d'oseille ; le beurre, les fromages, jusqu'aux bottes de persil.... En faire autant ne m'amusera jamais, j'ai peur.

— Vous amuser! répéta ma belle-mère avec un accent, mais un accent.... qui précipita les battements de mon cœur, car je compris que je venais de dire une sottise.

« Ma chère Pauline, continua Mme Beaumont d'un ton plus doux, la tâche que je remplis chaque matin de l'année n'est assurément pas *amusante*, mais elle est l'accomplissement de l'un des plus graves devoirs imposés à la femme, soit comme mère, soit comme épouse. Asseyez-vous là, près de moi, et causons quelques instants. Voyons, lorsque votre tuteur vous a parlé de mariage, l'un des premiers rêves que vous avez faits n'a-t-il pas eu pour objet l'espoir d'être *maîtresse* dans votre maison?... Vous rougissez, c'est répondre. Mais maîtresse *comment et de quoi?...* »

J'ai senti que je rougissais encore plus, car le souvenir de toutes nos folies me revenait à l'esprit. Placée comme je l'étais sur un petit tabouret aux pieds de maman, je ne pouvais éviter son regard qu'en baissant les yeux.

« Je vous dirais bien ce que vous avez rêvé, ajouta-t-elle lorsqu'elle vit que je ne répondais pas, mais ce serait du temps perdu : vous savez aujourd'hui qu'un mari n'est pas un soupirant, un complaisant uniquement occupé de satisfaire les mille fantaisies de sa jeune femme. (Hélas ! oui, Clémence, je le sais ! ) Vous savez encore que le mari, chargé du fardeau des affaires du dehors, se mêle peu des affaires de l'intérieur ; c'est donc dans sa maison, dans son ménage, que la femme *peut* et *doit* être maîtresse. Voyons le *comment*.

« Si la nouvelle épouse est frivole, si elle aime la dépense, si elle se montre disposée à donner tout à sa toilette et aux exigences de l'ostentation, l'empire dont chacune est assurée, du moins pendant les premiers temps du mariage, sera de courte durée. Le chef, le *maître* tardera peu à remettre en tutelle celle qu'il voit disposée à obéir au caprice et non à la raison ; la jeune épouse s'irritera, s'indignera, elle criera à l'injustice, à la parcimonie, à la tyrannie surtout, et la discorde, le malheur, entreront dans le nouveau ménage, souvent pour de longues années, quelquefois pour toujours. Il n'en est pas de même de la jeune femme qui commence par s'enquérir de ses *devoirs*, avant de songer à faire valoir ses *droits* au *partage* de l'*autorité* domestique, vous le comprenez sans nul doute, ma chère Pauline. Elle ne veut pas qu'aux soucis, qu'aux inquiétudes des affaires du dehors, viennent se joindre ces tracasseries de ménage, supportées par le mari d'autant plus impatiemment que sa compagne doit veiller à ce qu'à son retour chez lui tout soit en ordre et en paix. Cet ordre si nécessaire, cette paix si douce, ne peuvent s'obtenir qu'à la condition d'une surveillance sérieuse, exercée sur les domestiques d'abord, puis sur tous ceux que la maison emploie à différents titres. La femme doit être en état de dire, si son mari se plaint, soit du service, soit de l'augmentation de la dépense commune, pourquoi le service est moins bien fait que de coutume; le peut-elle, si elle ne s'est pas assurée que tous ses ordres ont été exécutés ? le peut-elle, si elle ignore que tel ou tel est malade, que tel ou tel a fait un excès? Du moment qu'elle l'ignore, la colère du maître peut tomber sur un malheureux et non sur un coupable, et elle concourt ainsi des premières à faire accuser d'injustice le chef que tous doivent aimer et respecter. Quant à l'augmentation de la dépense commune, lui sera-t-il possible de la justifier, si elle n'a pas veillé à ce que les provisions soient distribuées de manière à satisfaire, sans gaspillage, aux besoins de chacun ? à ce que des mains négligentes ou infidèles n'aient pas employé en un jour ou n'aient pas dérobé une trop grande partie des produits du jardin, du verger, du potager, de la basse-cour, des prairies et des champs, produits que dès lors il a fallu remplacer par des achats dont on aurait pu se dispenser ?... Vous ne dites rien, mon enfant ?

— J'écoute, ma mère, » ai-je répondu toute pensive.

Mme Beaumont a une manière à elle de présenter les choses.... qui fait.... qu'en vérité je ne trouve jamais aucune raison à opposer à ses raisonnements ; et toi, Clémence ?

« Vous pensez bien, a continué ma belle-mère, que l'homme qui voit dans sa compagne un être intelligent, rempli de bonne volonté et doué d'une activité sage, ne songe nullement à lui rien disputer de l'autorité qu'elle exerce dans l'intérieur de la maison. L'estime qu'il lui montre, sa confiance en elle, consolident son empire. Personne, parmi les domestiques, personne parmi les travailleurs employés dans une maison ainsi dirigée, n'a l'idée d'en appeler de *madame* à *monsieur* ; si surtout à un sentiment de justice la maîtresse de maison joint la douceur mêlée de dignité et une véritable bonté.

— Comme vous, chère maman ! me suis-je écriée en lui sautant au cou et en l'embrassant avec effusion.

— Merci, ma fille, merci de ce témoignage de votre affection pour moi ! a dit Mme Beaumont, sensiblement émue. Je ne vous répondrai point, avec une fausse modestie, que je me crois indigne de vos louanges ; je sens, au contraire, que je les mérite, mais sans m'en enorgueillir, car je ne suis que ce que Dieu et les circonstances m'ont faite. Peut-être si, dès l'enfance, je n'avais pas eu à lutter, à lutter sans cesse contre mon entourage et contre moi-même, serais-je devenue ce que deviennent tant de femmes soutenues ou gâtées par la tendresse de parents irréfléchis, imprudents, ou par les aisances de la fortune. Mais j'étais privée de l'appui de ma mère ; mais j'avais un père livré au tourbillon des affaires ; il a fallu me former et me réformer presque seule ; Dieu, dans sa bonté, m'avait donné une volonté ferme ; il me suscita plus tard un ami, ce pauvre commis, M. Corbin, dont je vous ai parlé, dont je vous parlerai souvent encore, car je lui dois tant pour ses bons conseils ! La réflexion, l'âge aidant, j'ai pu acquérir peu à peu une expérience dont vous voudrez profiter, je l'espère.... Mais revenons à ce que je vous disais tout à l'heure, à cette autorité que toute femme, jeune ou vieille, est désireuse d'exercer dans sa maison.

« Je viens de vous montrer à quel prix elle s'obtient, comment elle se conserve, au prix de cette surveillance qui vous paraît, je le conçois, fastidieuse, ennuyeuse, mesquine même dans ses mille détails. Mais si j'ignore le nombre, la valeur des différents objets que je fais vendre, comment pourrai-je demander un compte rigoureux de cette vente aux personnes qui en sont chargées? Si je ne surveille pas la qualité, la quantité de nourriture nécessaire aux gens, aux animaux; si je ne m'assure pas que cette quantité a été donnée et non dépassée, ne suis-je pas facilement dupe de l'improbité de l'un ou de l'autre?

« Ne croyez pas, ma chère Pauline, qu'il faille pousser cependant cette surveillance jusqu'aux dernières limites; quelques dépenses à peu près inutiles, quelques infidélités, ont lieu nécessairement dans une maison aussi considérable que l'est la nôtre. Le plus sage est de faire en ceci la part de la faiblesse humaine; mais il faut veiller à ce que cette faiblesse ne dépasse point les bornes qui lui ont été assignées après réflexion. Vous comprenez bien, ma chère enfant, que je n'irai pas demander compte aux filles de basse-cour d'un litre de lait ou de quelques œufs en plus ou en moins; il me suffit qu'elles sachent que je suis en mesure de calculer, *au plus juste*, le *rendement* de la laiterie, du poulailler et du pigeonnier. Il en est de même du fourrage pour les étables, pour l'écurie; de même encore pour les produits du potager. Un peu de *laissé* est nécessaire en tout et partout; ceci est de la charité, de l'indulgence pour le prochain. D'ailleurs, j'ai trouvé moyen d'*intéresser* tout notre monde à la prospérité de la maison.

— Oui, me suis-je écriée; je sais, chère maman,

que vous faites des rentes à vos anciens serviteurs.

— Ma chère enfant, on vous a mal renseignée.

— Mais c'est Édouard qui m'a dit cela.

— Il se sera mal expliqué, ou vous aurez mal entendu. Ce sont mes serviteurs qui se créent à eux-mêmes des rentes, en aidant à l'accroissement des revenus de la maison.

— Comment cela, ma mère?

— Je vous le dirai un autre jour. Voici l'heure où le bétail va revenir de la prairie; j'ai quelque chose à dire au bouvier et une course à faire jusqu'au village. Viendrez-vous avec moi?

— Oh! très-volontiers.

— Eh bien! nous continuerons en chemin notre causerie. Mais laissez-moi vous faire remarquer, ma chère Pauline, pendant que notre entretien est présent à votre esprit, que l'*exercice* d'une *autorité*, quelle qu'elle soit, n'est jamais *amusant*, dans le sens qu'à votre âge on attache à ce mot. Qui dit *autorité* dit *devoir* et *travail*. Mettez-vous bien cela dans l'esprit. L'autorité d'*un jour* de la nouvelle épouse ne devient *autorité de toute la vie* que par une attention soutenue à remplir les nombreux devoirs que la nouvelle épouse a acceptés. Leur accomplissement, après avoir donné le *droit* à la femme de diriger la maison, la conduit tôt ou tard à devenir le conseil de son mari en ce qui touche les affaires du dehors.

Il est rare que l'homme qui a reconnu dans sa compagne de la raison, un esprit de justice et d'ordre, ne la consulte pas lorsqu'un projet le préoccupe; ce sont là de nouveaux liens qui resserrent encore les nœuds si saints du mariage.... Allez mettre votre manteau et votre chapeau. »

Qu'en dis-tu, Clémence? Encore un de nos rêves évanouis!... *Être maîtresse*, comme nous l'entendions toi et moi, c'était si doux et si beau! Mais la réalité!... Enfin nous verrons.

## VI

### L'ostentation.

Cette lettre, ma chère Clémence, est *pour toi seule*; et cependant combien de leçons utiles nos jeunes amies trouveraient dans le récit de ce que j'ai vu! Mais il s'agit de la famille de mon mari.... Je te prie même de ne point me répondre à ce sujet. Jamais Mme Beaumont et Édouard ne parlent de ce qui se passe à la forge, et sans une circonstance bien inattendue, j'ignorerais encore combien M. Nesle est malheureux. Sois donc discrète!... Peut-être me diras-tu qu'alors je devais l'être la première et me taire, même avec toi.... Mais j'ai le cœur si plein!... Lis et juge.

Depuis notre arrivée ici, la visite que nous devions faire en famille à la forge s'était trouvée retardée par mille et mille empêchements. L'autre jour enfin nous sommes montés tous les trois dans notre vilaine carriole d'osier, bien laide, mais fort commode, et que le char à bancs, je le reconnais tout bas, ne remplacera qu'imparfaitement. Je t'ai décrit l'année dernière la jolie maison d'habitation de M. Nesle, sa situation charmante sur le penchant d'une colline verdoyante, les beaux bois dont elle est entourée, le jardin d'où l'on découvre des points de vue si pittoresques, et enfin l'ameublement élégant de l'appartement d'*apparat*. Je n'avais vu *que cela*, lors de ma première visite, et sans doute aujourd'hui encore n'aurais-je vu *que cela*, sans la nécessité où ma belle-mère et moi nous nous sommes trouvées d'accepter l'hospitalité pour la nuit, parce que mon mari a dû accompagner M. Nesle à deux lieues plus loin pour une affaire très-importante ; ces messieurs ne pouvant être de retour que fort tard, nous avons été obligés de renoncer à revenir au logis le soir même.

Mme Nesle et Anaïs nous ont reçus à bras ouverts ; mais, au fond, je crois qu'Anaïs seule était contente d'une visite qui lui apportait un peu de distraction. Elle est gentille, ma cousine ; sans être jolie, elle plaît, elle attire.

Après avoir pris quelques rafraîchissements, servis avec une sorte de pompe et avec un grand étalage de bandéges peints, dorés, de cristaux, de porcelaines, nous sommes partis tous pour la forge.

De la maison d'habitation, on entend le bruit des marteaux; le soir, à travers les arbres, on voit petiller les flammes et voler les étincelles. Mme Nesle ne cesse de se plaindre de cet *odieux* voisinage. Elle a mis en œuvre toutes les séductions pour obtenir de son mari d'acheter une belle maison placée bien plus loin de la forge; mais M. Nesle s'est borné à répondre avec persévérance : « Je suis né au bruit des marteaux de cette forge qui nous fait vivre; dans cette maison, que mon père a bâtie, il a vécu; il y est mort après avoir travaillé, sans jamais se lasser, à créer une fortune à ses enfants; je veux vivre et mourir dans la maison bâtie par mon père! »

Je te dirai, chère amie, que ma belle-mère ne vient jamais au village des Bois sans émotion; au moment où nous arrivions, j'ai vu des larmes briller dans ses yeux.... C'est ici qu'elle a fait le rude apprentissage de maîtresse de maison, et je devine, maintenant que je la connais, ce qu'elle souffre en voyant le luxe qui remplace la simplicité de si bon goût à la campagne. Mme Nesle se croirait déshonorée si elle n'avait pas dans son salon des meubles de Paris, des tentures de Lyon. Son mari, pour obtenir la paix, a dû céder; mais il s'est opposé formellement à toute espèce de changement dans la petite bicoque située tout près de la forge, et où sont ses bureaux et son cabinet. Jusqu'aux vieux meubles ont été conservés avec un soin religieux; rien n'a été changé de place. Le portrait de M. Nesle père est suspendu au-dessus du casier de l'antique bureau, et j'ai remarqué que, tout en parlant, mon oncle tourne souvent les yeux vers ce portrait.

Il nous a reçus avec affection, mais sans aucune de ces démonstrations dont sa femme est si prodigue. Jamais autant qu'aujourd'hui je ne me suis sentie émue de l'expression de tristesse empreinte sur son visage. Ma belle-mère aussi était plus sérieuse que de coutume. Je l'ai compris : ses souvenirs d'enfance, de jeunesse, sont ici, et il est trop probable que son frère a plus d'un sujet de regretter la paix et l'ordre qu'elle faisait régner dans sa maison; même après s'être mariée, elle a continué de la diriger, jusqu'au jour où, bien malheureusement pour lui, il a voulu se marier à son tour.

J'ai demandé à visiter la forge : Mme Nesle s'est récriée sur cette *fantaisie*; mais j'ai vu que M. Nesle, Édouard, Mme Beaumont me savaient gré de ma curiosité.

« Je vous laisse, a dit Mme Nesle d'un air d'humeur, mon *domaine* n'est pas ici, et j'ai des ordres à donner pour le dîner. Anaïs, prends bien garde aux étincelles! Tu mets aujourd'hui pour la seconde fois cette jolie robe de taffetas chiné que Mme et Mlle Aubert t'envient tant!... Ne vas pas la gâter!

— J'engage ma fille à te suivre, ma chère amie, a dit à son tour M. Nesle d'un ton froid. Elle n'est pas vêtue, comme sa cousine, de manière à braver les accidents auxquels expose une visite à la forge, visite dont elle se soucie fort peu d'ailleurs. »

Et aussitôt il s'empara de mon bras.

Mme Nesle, en murmurant, emmena sa fille, qui me parut enchantée de se trouver ainsi dispensée de nous accompagner ; et pourtant je crois que sa présence aurait fait grand plaisir à son père.

Je ne te raconterai pas, chère amie, ce que j'ai entrevu pendant notre promenade : à dire vrai, il me serait impossible de t'offrir même le plus court exposé de travaux absolument nouveaux pour moi; mais j'ai senti la joie que donnaient mes questions, parfois bien naïves, ainsi que l'intérêt que je prenais aux objets sur lesquels on attirait mon attention; aussi sommes-nous restés plus de deux heures à la forge, et dans les magasins où se serrent les divers outils à mesure de la fabrication.

« Merci, ma nièce, ma bonne et chère Pauline, m'a dit M. Nesle, au moment où nous allions nous acheminer vers la maison. Vous m'avez procuré la plus douce des jouissances, celle de voir mes travaux appréciés; jouissance qui me manque ici !... Qu'il doit être heureux votre mari, et combien ma sœur, qui se connaît en belles âmes, doit vous aimer! »

Les larmes me sont venues aux yeux. Il y avait

tant de souffrance dans l'accent qui accompagnait ces paroles! et ces paroles elles-mêmes disaient si bien de quelle amertume le cœur de l'époux et du père est gonflé!

Tu ne pourrais te figurer, chère amie, l'élégance du service de la table pour ce dîner de famille, car nous étions entre nous, ni l'air effaré des domestiques. Mme Nesle prit le soin de nous apprendre qu'ils étaient tous nouveaux, qu'elle avait fait maison nette peu de jours auparavant, que cela lui arrivait souvent : « Car, ajouta-t-elle en ricanant, je ne suis pas douée de la patience de Mme Beaumont, qui endure sans se fâcher les maladresses. »

Nous en eûmes la preuve à l'instant. Le valet qui nous servait ayant laissé tomber une assiette de dessert fort belle, Mme Nesle s'emporta.... Ma Clémence, mon pauvre oncle doit être bien malheureux!

Après le dîner, quelques personnes du voisinage vinrent en visite. On complimenta Anaïs au sujet de deux belles jardinières remplies de fleurs en papier de sa façon. Ma cousine a réellement l'habileté des fées. Les rideaux en tricot à jour, les embrasses, les toilettes de tous les meubles, en filet brodé et au point de crochet dans tous les genres, le riche tapis du guéridon, les lambrequins en tapisserie, ainsi que les bordures des portières, les bandeaux des fenêtres, les coussins des divans, les vide-poches, les corbeilles à ouvrage, aussi multipliés qu'élégants et variés, tout cela est son œuvre.

« Croiriez-vous bien, dit Mme Nesle, ravie des compliments mérités adressés à sa fille, que M. Nesle lui fait presque un crime de ces travaux à l'aiguille où elle excelle!

— Je ne lui en fais pas *un crime*, répondit M. Nesle; seulement, je regrette de lui voir abandonner pour des occupations manuelles, qui prennent beaucoup de temps et qui coûtent fort cher d'exécution, le crayon et le pinceau que jadis elle maniait si bien, et jusqu'à son piano que maintenant elle n'ouvre pas une seule fois dans tout un mois. Quant à la lecture, il n'en est plus question : livres français et anglais dorment en paix; mais la bibliothèque sans cesse consultée est celle qui se compose de journaux remplis de dessins de broderies, de tricots.... Que sais-je?

— Ne vous le disais-je pas bien? s'écria Mme Nesle avec aigreur. »

Aussitôt s'engagea une discussion très-vive, soutenue par toutes les personnes qui se trouvaient là, sur la nécessité où sont les femmes qui vivent beaucoup chez elles et à la campagne de se créer, par les travaux à l'aiguille, les distractions dont la solitude leur fait un besoin, et sur l'utilité de ces travaux, nécessité et utilité fort controversées par les uns et les autres. Ceux-ci disaient que les travaux de ce genre ne servent qu'à nourrir la vanité, le goût de luxe; ceux-là prétendaient qu'ils convenaient mieux aux femmes que la peinture, la musique, la lecture; que la lecture surtout, qui les dispose au pédantisme. Tous et chacun soutenaient ces diverses opinions avec tant de vivacité que je crus un moment qu'on allait en venir aux mains.... Seule, ma belle-mère et moi nous n'avions rien dit, non plus qu'Édouard. L'arrivée de deux nouveaux visiteurs fit prendre un autre tour à la conversation, et bientôt on parla de danser, proposition qui fut accueillie avec joie. Mais aucune de ces demoiselles ne voulait faire danser les autres. Ma qualité de jeune femme m'imposait le devoir de *me sacrifier*.... Je me mis au piano.... Il n'était pas d'accord et deux cordes se trouvaient cassées. Alors les jeux *innocents* vinrent nous offrir l'occasion de rire, de ce bon rire qui fait tant de bien.

La soirée avançait cependant, et je croyais que nous allions bientôt partir, lorsque Mme Beaumont vint me dire qu'une affaire imprévue ayant obligé M. Nesle de se rendre à un village assez éloigné, Édouard avait voulu l'accompagner, et que nous passerions la nuit chez sa belle-sœur. Je n'en fus pas fâchée, car je m'amusais de tout mon cœur.

Ces deux messieurs n'étaient pas encore rentrés lorsque tout le monde se retira. Anaïs en profita pour m'entraîner dans sa chambre, après m'avoir montré celle qu'on avait préparée pour mon mari et moi.

Ma Clémence, comment te peindre le désordre de cette chambre de jeune fille! pas un meuble qui ne fût encombré de vêtements épars! Des soies, des laines empilées pêle-mêle dans des corbeilles, ou jonchant le plancher; deux ou trois jupons tout blancs, les uns sans cordons, les autres déchirés, jetés ici, là, avec des bas dans le même état et des bottines sales; sur le métier à broder, un corset hors de service et en partie recouvert de fleurs en papier ébauchées, de dentelles au tricot et au crochet non achevées.

« Ce que c'est, dit Anaïs en prenant à deux mains tous ces objets divers et en les jetant ensemble dans le cabinet de toilette, ce que c'est que de ne pouvoir se procurer dans ce misérable pays une femme de chambre un peu soigneuse! Nous avons beau en changer, nous ne trouvons pas un seul sujet capable. Figurez-vous, ma cousine, qu'il m'arrive souvent, comme aujourd'hui, de n'avoir pas un jupon, pas une paire de bas en bon état! N'est-ce pas pitoyable?

— Oui, très-pitoyable, répondis-je. Mais pourquoi ne les remettez-vous pas en état vous-même?

— Moi? Est-ce que j'ai le temps?... Je médite une œuvre colossale! Il s'agit de faire des rideaux au tricot pour le lit de maman et pour les fenêtres de sa chambre ; de grands et de petits rideaux, entendez-vous bien ! manteau de lit au crochet carré, manteau d'édredon en filet carré brodé en reprises ! Quand ce grand ouvrage sera terminé, mon père ne pourra plus se refuser à acheter pour la chambre de maman un beau lit en palissandre, un *tête-à-tête*, de grands fauteuils dormeuses ; alors, je compléterai l'ensemble en faisant des toilettes pour chaque meuble.... Les dessins seront de mon invention.... j'ai déjà jeté quelques croquis sur le papier ; je vais vous les faire voir.... Et ainsi maman ne sera plus obligée de recevoir l'hiver dans le salon, en bas. Elle aura une chambre qui fera l'admiration de tout le monde. »

Tout en parlant, Anaïs ouvrait les tiroirs de la commode ; elle y fouillait avec activité, sans se mettre en peine d'augmenter le désordre qui y régnait déjà.... Heureusement pour moi, car j'aurais fini, je crois, par lui dire quelques mots piquants, la femme de chambre vint me prévenir du retour d'Édouard. J'embrassai Anaïs, et je me retirai.

Clémence, le même désordre règne *dans toute la maison !* J'ai pu l'entrevoir, et ce désordre m'a frappée d'autant plus qu'il forme un contraste saisissant avec l'ordre qui règne chez ma belle-mère. A l'exception de l'appartement du rez-de-chaussée, la négligence, le manque de soin se font sentir partout. Je n'ose te dire les mille détails qui m'ont conduite à comprendre qu'ici luttent le luxe et la misère ; oui, chère amie, la misère résultant du désordre de tous les jours, et le luxe imaginé et soutenu par une ostentation puérile.

Le lendemain matin, Anaïs est venue me montrer ses *croquis de rideaux* ; puis elle m'a parlé de dessins de broderie en lacet fin et point de dentelles, qui imiteront le point d'Angleterre où les plus belles malines *à s'y méprendre.* Pendant qu'elle me racontait ses projets de travaux de fée, je regardais les serviettes de toilette toutes déchirées qu'on avait placées la veille sur la table dans cette chambre d'*amis*, où le papier de tenture se détache en longs pans dans les encoignures du plafond, et où les rideaux *blancs* attestent de plusieurs façons leurs très-anciens et très-constants services.

Comme je passais près de l'office pour me rendre dans la salle à manger, j'ai entendu une discussion qui m'a prouvé que si la porcelaine, les cristaux, le vermeil abondent pour le service de la table, les ustensiles les plus ordinaires manquent dans la cuisine, et que si les maîtres font bonne chère, les domestiques n'ont pas toujours une nourriture suffisante....

Mon amie, je suis sortie de cette maison le cœur navré. Je comprenais enfin quelques mots qui avaient échappé une ou deux fois, devant moi, à ma belle-mère.... Oui, mon malheureux oncle lutte vainement, par son travail et son économie, contre les dilapidations qui résultent de la vanité, de l'insouciance et de la paresse, j'ose le dire, de sa femme et de sa fille; toutes deux amèneront sa ruine, et toutes deux l'accusent de lésine, d'avarice même! Te figures-tu une maison où le linge, les vêtements qui ont besoin de réparation sont laissés de côté, ou bien employés en mauvais état pour tout ce qui *ne paraît pas*, et remplacés sans cesse par du neuf? Te figures-tu une maison où l'on change de domestiques presque tous les huit jours? Puisque ceux qui gardent plusieurs mois au moins les gens qui les servent ont tant de peine à obtenir d'eux, en les surveillant, de l'ordre et de la propreté, juge de ce que ce doit être chez M. Nesle, où si souvent il faut mettre au fait de nouveaux serviteurs, que bientôt le refus des choses usuelles les plus nécessaires, les colères de la maîtresse et la famine font fuir!

Je n'ai pas dit une seule de mes remarques à Édouard ni à ma belle-mère; c'eût été toucher une plaie bien douloureuse, je le sais à présent; mais j'ai fait en moi-même des réflexions sérieuses sur ce que je venais de voir? Non, chère amie, aucun des *sermons* de Mme Beaumont, sur l'importance dont est l'épouse dans le ménage, n'aurait produit une impression aussi profonde que ce que j'ai *vu*, *vu* de mes propres yeux.... et deviné!

Maintenant, après le déjeuner, je dessine, je peins

ou bien j'étudie mon piano ; cela me délasse des soins domestiques qui ont occupé toute ma matinée. J'ai offert mes services à Édouard pour sa correspondance avec l'Angleterre ; enfin, chère amie, je suis décidée à me surveiller, pour ne pas retomber dans l'indolence à laquelle je m'étais abandonnée parfois depuis mon mariage.

Hier, ma belle-mère me voyant laisser de côté, pour visiter les bas d'Édouard et les miens, une jolie broderie que je voudrais pourtant bien achever, m'a dit en me prenant la main : « Pauline, je remercie Dieu chaque jour de vous avoir unie à mon Édouard ! »

Nous nous sommes embrassées avec émotion.

Clémence, sans me trahir, sans désigner personne, raconte à toutes nos amies ce que j'ai *vu*.... Ah! dès le berceau, on devrait nous apprendre que dans les mains de l'épouse, Dieu a mis le bonheur, la fortune et l'honneur de tous!

## VII

### Une lessive.

Si l'on nous avait dit, ma Clémence, à toi et à moi, il y a un an, que non-seulement je m'intéresserais aux opérations qu'exige une lessive, mais encore que j'aurais la prétention de t'y intéresser à ton tour, toi et moi nous aurions ri de bon cœur de l'*impertinence,* en déclarant la chose tout à fait *impossible*. Eh bien! aujourd'hui, charmée de ma science de fraîche date, je viens la partager avec toi, et comme je sais quelle est ton ardeur pour t'instruire d'avance des obligations que doit t'imposer un jour ou l'autre le titre de maîtresse de maison, je suis bien certaine d'être lue attentivement et même avec plaisir.

Tu sauras d'abord qu'il s'agissait d'inaugurer

une nouvelle buanderie, ou plutôt des *outillages* nouveaux qu'Édouard a fait venir de Paris pour le blanchissage du linge à la vapeur. Or, dans le pays il avait été proclamé presque à son de trompe, par toutes les femmes *expertes* en semblable matière, que la nouvelle méthode ne valait pas l'ancienne; que ma belle-mère se repentirait d'avoir écouté son fils le *savant* (tel est le surnom donné à mon mari par ses envieux), et que la vapeur *brûlerait* le linge qu'on prétendait blanchir avec son seul secours. D'autres bonnes âmes avaient eu le soin de faire savoir à tous et à chacun que nous allions ôter ainsi le travail aux femmes de journée, et l'on ajoutait que toutes ces belles inventions n'avaient jamais pour but que d'enrichir encore les riches et d'augmenter la misère des pauvres gens.... Tu sauras, chère amie, que le contraire a lieu depuis qu'Édouard a fait établir dans la buanderie une machine à vapeur pour fabriquer de l'huile avec toute sorte de graines dont j'ai oublié les noms, mais que les enfants, les vieillards ramassent dans les bois en automne et trouvent à vendre ici, tandis qu'autrefois on n'en faisait rien du tout.... Je te conterai cela un autre jour *par le menu. Tant y a*, comme dit notre bon curé, que cette machine a déjà fait beaucoup de bien en donnant du travail à ceux qui n'en avaient pas et en diminuant le nombre des mendiants; car ma belle-mère et Édouard savent trouver de l'occupation pour quiconque veut s'occuper.

Depuis longtemps Édouard méditait son blanchiment à la vapeur ; il a étudié la question ; il est allé visiter à Paris les beaux magasins où l'on trouve des *buanderies économiques* de différentes grandeurs, et lorsque notre *outillage* a été prêt, nous avons fait notre lessive *à la vapeur* avec un succès dont je suis ravie ; car, vois-tu, il s'agissait dans tout ceci, et avant tout, de l'*honneur* de mon mari comme *savant* et comme *homme de bien*.

Mais d'abord il faut que je te dise de quelle manière se fait ordinairement la lessive, chose dont tu ne sais pas le premier mot (c'est ma belle-mère qui me l'a raconté ; car pour moi je n'ai pas *vu* cette grande opération, qui met en rumeur toute une maison); tu comprendras mieux ensuite les avantages offerts par le blanchiment à la vapeur.

La lessive ordinaire exige *six* espèces de travaux. On commence par *essanger*, c'est-à-dire par laver le linge à blanchir ; tout ce que l'eau froide peut enlever s'en va alors : on met le linge à mesure dans un cuvier, tout le linge fin par-dessous ; ce cuvier est percé par en bas et muni d'un robinet qu'on ouvre à volonté ; on fait ensuite le *coulage à froid*, c'est-à-dire qu'on verse de l'eau sur le linge encuvé, jusqu'à ce que cette eau sorte claire par le bas du cuvier ; puis on laisse tremper vingt-quatre heures. Alors on vide l'eau du cuvier, et l'on étend par-dessus une grande toile forte appelée *cendrier*, on couvre le cendrier de cendres de bois neuf, mêlées d'une certaine quantité de soude ou de potasse; on fait tiédir de l'eau dans une chaudière et on la verse sur le *cendrier*. Cette première *coulée* passe à travers le linge contenu dans le cuvier; on la recueille à sa sortie du robinet pour la faire chauffer de nouveau et la verser de nouveau sur le linge. Sais-tu combien de temps dure cette opération? *de quinze à dix-huit heures*, parce qu'il faut arriver, en chauffant la lessive de plus en plus, à la verser bouillante sur le cendrier. Voilà déjà quatre opérations; ce qu'il y a de curieux, et ce dont tu ne te doutes guère, pas plus que je ne m'en doutais moi-même, c'est que l'eau de cendres ou de soude, ou la lessive, étant *alcaline*, c'est-à-dire chargée des sels que contient la cendre et de ceux qui forment la soude, se mêle, se combine avec les taches grasses, transforme ces taches en *savon*, en vrai savon, puisque le savon n'est pas autre chose qu'un mélange d'huile ou de graisse et de sels alcalins. N'est-ce pas bien curieux? Tu comprends que, dès lors, ces taches doivent partir au lavage comme part le savon. La cinquième opération consiste à savonner le linge lessivé; la sixième à le rincer à grande eau, et Dieu sait comme les battoirs jouent leur jeu pendant le savonnage! On frappe à tour de bras sur les paquets de linge tordus ensemble, puis il faut raccommoder les *crevures* produites par les battoirs.

C'est en *grande compagnie* que l'on a fait notre lessive à la vapeur; tout le monde a voulu y assister, et beaucoup avec l'espoir que nous échouerions complétement. Ma belle-mère et Édouard ont conduit eux-mêmes l'opération.

On a *encuvé* dans un grand cuvier le linge de la maison; dans un autre cuvier plus grand celui de la ferme et les paquets de linge que nos voisins ont bien voulu soumettre au blanchissage à la vapeur; et ceci sans l'*essanger*.... Mais d'abord je dois te dire qu'au centre de chaque cuvier, dans le fond, se trouve placée une espèce de grande pomme d'arrosoir toute percée de trous; c'est par là que la vapeur doit arriver quand il en est temps; la seule *cérémonie* préliminaire consiste à tremper chaque paquet de linge, *non essangé*, dans de la lessive ou eau alcaline préparée d'avance avec du cristal de soude et à les empiler ensuite dans le cuvier; cette fois, par exemple, le linge fin est placé en dessus, afin qu'il ne subisse pas le contact immédiat de la vapeur.

Tout étant ainsi préparé, mon mari a fait éteindre le feu du fourneau de briques sur lequel est placé le *bouilleur* ou *générateur* de la vapeur pour notre machine, et il a annoncé que le lendemain seulement, à trois heures du matin, il *lâcherait* la vapeur qui serait alors tombée à 110 où 112 degrés; chacun s'est retiré. Mais à trois heures du matin nous étions tous sur pied, voisins, voisines. Mon mari a ouvert les deux robinets qui fermaient les tuyaux venant aboutir sous les cuviers aux pommes d'arrosoir, et nous avons entendu la vapeur *gazouiller*, comme le disaient quelques bonnes femmes, sous le linge à lessiver. Nous sommes restés là trois heures, attendant avec une grande impatience et quelque inquiétude pour ma part, je l'avoue, le moment du *décuvage*.

« C'est fait! » a dit mon mari comme six heures sonnaient à l'église du village.

Chacun s'est avancé pour prendre son paquet de linge lessivé.

« Point de savon, point de battoirs! disait mon mari. Rincez seulement. »

Vois-tu, Clémence, le cœur me battait en m'élançant dans la cour, où se trouvaient d'énormes cuviers remplis d'eau pour le rinçage.... Le linge était blanc!... d'un blanc de neige!... Le linge fin surtout, car le gros linge avait conservé sa teinte rousse. J'ai sauté au cou d'Édouard, puis je me suis enfuie, car je pleurais malgré moi, et de joie cette fois-là! C'est si bon, c'est si doux de voir ceux qu'on aime confondre par leur supériorité les envieux et les sots!

L'année prochaine nous aurons une *essoreuse;*

c'est une grande *toupie* (mot technique) en treillage, dans laquelle on jette le linge mouillé sans le tordre; l'essoreuse tourne si rapidement, que l'eau est expulsée presqu'à l'instant des paquets de linge qu'on y jette, et il n'y a plus qu'à faire sécher; nous aurons aussi un séchoir, que notre machine chauffera et qui sera placé au-dessus de la buanderie, de sorte qu'on pourra faire la lessive en tout temps, et sans s'inquiéter des giboulées de mars et de celles d'avril. Comme nous n'en sommes pas encore là, j'ai surveillé, avec ma belle-mère, le *soin* de notre *blanche* lessive; j'aurais été désolée que le mauvais temps fût venu nous la gâter, et tu aurais été émerveillée si tu avais vu mon activité à enlever le linge fin à mesure qu'il séchait. Jamais de ma vie je n'aurais pensé qu'une *affaire de ménage* me donnerait tant de préoccupations et d'anxiété.

Quelques personnes ont *feint* de s'étonner de ce que l'action de la vapeur n'eût pas mis le linge en charpie; d'autres ont prétendu qu'il paraissait être bien blanc, mais que sous le fer chaud les taches renaîtraient : enfin, chère amie, il n'est sorte de suppositions malveillantes et de petites malices pitoyables dont on n'ait assailli mon Édouard. Il a tout supporté avec une patience héroïque, et que je n'aurais pas eue à sa place, je l'avoue; il a prié M. le curé et M. le maire de prévenir les pauvres gens que, pour eux, une fois par semaine il y aura une lessive à la vapeur.

« Belle générosité! a dit quelqu'un que je ne veux pas nommer. Qu'est-ce que cela lui coûte? un peu de vapeur qui ne sert à rien, puisque la machine ne fonctionne pas toujours la nuit! »

Mon oncle avait voulu, lui aussi, assister à l'expérience, ou plutôt à la réussite; mais ma tante et Anaïs n'ont point paru; ces choses-là ne les intéressent guère; pourtant elles auront une buanderie à la vapeur. Édouard a expliqué à mon oncle qu'il suffit d'une chaudière établie sur un fourneau économique pour donner de la vapeur; un tuyau conduit cette vapeur au fond du cuvier rempli de linge trempé dans de l'eau alcaline, et l'opération se fait tout aussi bien. Édouard compte ajouter à son *outillage* une des *buanderies baignoires* de M. S. Charles, afin de donner ici aux pauvres malades des *bains à domicile;* il veut aussi s'adresser à M. Charles pour avoir un cuvier à compartiments, dans lequel se trouve séparé le linge de corps du linge de table, le linge fin du gros linge; les perfectionnements peuvent venir après une réussite si complète [1].

Les femmes de journée, qu'on employait les années précédentes, pendant six ou huit jours, à la lessive du printemps, n'ont pas trop murmuré, parce que

1. Les magasins de buanderies à la vapeur sont maintenant quai de la Mégisserie et place du Châtelet.

les travaux des champs et du jardinage ont permis de les occuper pour notre compte; c'est une chose à laquelle ma belle-mère et mon mari prennent toujours garde : ils disent l'un et l'autre que les inventions nouvelles ne sont réellement utiles que lorsqu'elles apportent une amélioration quelconque au sort des pauvres gens. M. le curé a déjà fait comprendre à quelques-uns l'avantage d'avoir leur linge blanchi chaque semaine avec une demi-journée de travail et sans qu'il leur en coûte ni savon ni bois; j'espère donc que les plus obstinés en viendront à bénir mon Édouard.

J'ai aidé au repassage ; notre linge, qui embaume, est déjà rangé dans les armoires; et j'éprouve une sorte de contentement intime que tu partageras, ma Clémence, toi qui trouves tant de joie à l'accomplissement d'un devoir, et qui comprends si bien quel bonheur on ressent à voir ceux qu'on aime devenir de plus en plus dignes de l'affection et de l'estime de tous!

Je voulais te parler de plusieurs de nos voisins; mais ma lettre est déjà longue, et je dois aller avec ma belle-mère faire quelques visites. A bientôt, chère et excellente amie!

## VIII

### Les devoirs du voisinage.

Te souviens-tu, Clémence, d'un autre de nos rêves, *la liberté des champs?* Je ne sais pas si elle existe réellement cette douce liberté de sortir quand on veut, de rester chez soi dans un complet négligé, de se promener à ses heures et de fermer sa porte aux ennuyeux; je ne l'ai pas trouvée ici : et, bien plus, ici, autant qu'à la ville, règne l'étiquette, c'est-à-dire que nos *aimables voisines* se montrent avant tout préoccupées de prouver qu'elles sont au courant des modes nouvelles et qu'elles possèdent un parfait savoir-vivre. Nos voisins, au contraire, sous prétexte de cette liberté des champs tout à fait fabuleuse pour moi, sont d'un sans façon, d'un sans gêne qui passent toute croyance. Ma belle-mère, avec une admirable résignation, rend ponctuellement les visites de cérémonie qu'elle reçoit, écoute sans paraître s'en ennuyer le détail des modes, les commérages (où n'entre point la médisance: car sur ce chapitre elle est impitoyable et si bien connue pour telle, que personne n'ose, en sa présence, s'attaquer au prochain). On dirait même qu'elle prend un véritable plaisir aux non-sens de M. le maire qui discourt sur tout, à propos de tout, et qui en revient toujours aux pêches partielles ou générales qu'il fait dans son grand vivier ; je sais que, pour moi, j'ai du poisson d'eau douce par-dessus la tête. Puis, c'est le notaire, qui vaut à lui seul deux ou trois gazettes des tribunaux ; M. le notaire m'ennuie moins que les autres, excepté lorsqu'il parle procédure, parce qu'il raconte quelquefois de ces histoires terribles que toi et moi nous aimions tant.... quand nous étions *petites*, et que toi et moi nous aimons encore assez aujourd'hui. Ajoute à ces importants personnages et à leurs *épouses*, un gros fermier qui a des prétentions au bel esprit, deux *éleveurs* dont la préoccupation unique est l'engrais du bétail, et tu auras un aperçu des jouissances intellectuelles qu'on trouve en ce pays. Il y a bien dans les environs deux ou trois châteaux où nous allons quelquefois ; mais, hélas ! l'ennui *gourmé* y règne sans obstacle. Pourtant la plupart de ces dames ont de l'instruction, les jeunes filles sont musiciennes et peintres, ou à peu près; mais, comme ma tante et ma cousine Anaïs, elles ne comprennent pas qu'on puisse vivre sans fêtes, sans plaisirs, et que l'occupation de l'esprit fasse passer les heures avec la rapidité de l'éclair. Quand ces dames et ces demoiselles viennent nous voir à leur tour, elles ne cessent de s'émerveiller de ce que j'ai le *courage* de faire quelque chose en peinture, de lire de la musique nouvelle, et de ce que je ne regrette pas qu'il y ait dans l'année une saison qu'on est décemment *obligé* de passer à la campagne. Quant aux *messieurs* qui accompagnent ces dames, ils ne parlent que de chevaux, de chiens, de courses et de chasses.

Édouard, en sa qualité d'homme, et d'homme occupé, échappe à toutes les corvées que nous imposent, à ma belle-mère et à moi, les devoirs de bon voisinage. Mme Beaumont les accepte sans sourciller; il n'en est pas de même de ton amie. Je me suis montrée tout à fait déraisonnable, j'en conviens, ces jours derniers, au sujet du grand dîner que devait donner M. le maire en l'honneur de la première séance des comices agricoles que mon mari est parvenu à fonder en ce pays. J'avais en perspective un repas de cinq heures de durée, l'avantage certain d'être placée à la droite de M. le maire, et de voir, à ma gauche, ce gros fermier qui ne parle que par calembours et rit aux éclats à tout propos ; en face de moi serait indubitablement Mme la *notairesse*, si roide, si sèche et qui *éplucherait* sans pitié ma toilette et ma personne.... Enfin je devinais d'avance que pendant ce mortel dîner il ne serait question que d'engrais, de fumier, de bêtes à cornes et sans cornes, des soins du bétail, des marchés, du concours de Poissy.... Et d'avance je pleurais sur moi-même du meilleur cœur du monde, lorsque ma belle-mère m'a surprise dans ce beau désespoir.

« Eh! mon Dieu, ma chère Pauline, qu'est-il arrivé ? Auriez-vous reçu de fâcheuses nouvelles de Paris ? Mme votre tante serait-elle malade ? Mlle Clémence aurait-elle perdu quelqu'un de ses proches ? »

Tu juges, chère amie, si toutes ces questions, qui me montraient un tendre intérêt et la ferme croyance que je ne pouvais m'affliger ainsi que pour des douleurs réelles, me rendaient honteuse de moi-même ! Que répondre ?

Voyant que je continuais à garder le silence, ma belle-mère me dit avec un peu d'émotion et en baissant la voix : « Édouard, sans le vouloir, vous aurait-il fait de la peine ?

— Lui ? mon mari, le meilleur des hommes ?... non, non, ma mère.... Je suis une folle, une folle, voilà tout,... Et pour me punir je vous dirai que ce qui me fait pleurer ainsi.... c'est.... la nécessité....

c'est la pensée.... de cet..... odieux repas de dimanche prochain.

— Est-il possible? s'écria Mme Beaumont avec l'expression de l'étonnement.

— Je suis lasse de m'ennuyer! m'écriai-je du ton du dépit. Nous sommes plus esclaves ici encore qu'à la ville. A la ville nous pouvons quelquefois échapper à ces interminables banquets inventés par la sottise pour faire languir à petit feu les gens qui ont autre chose qu'un estomac; à la ville aussi nous pouvons consacrer un jour, un seul jour par semaine, à recevoir les ennuyés et les ennuyeux, et un autre jour à leur rendre les visites obligées; mais ici, c'est tous les jours, à toutes les heures du jour qu'ils vous écrasent de leur présence.... Certes si l'on pouvait mourir d'ennui, j'en mourrais!

— Comment, Pauline, dit ma belle-mère en s'asseyant auprès de moi et en prenant une de mes mains qu'elle retint dans les siennes, vous aimez assez peu votre mari pour vous désoler à ce point de ce qui est, en quelque sorte, la consécration de son succès? Avez-vous donc oublié combien de peine il s'est donnée pour arriver à fonder ici des comices agricoles? Avec le secours de ces comices il parviendra à remplacer, par les procédés nouveaux, les procédés routiniers qui font que la terre, dans ce pays, est si loin de produire tout ce qu'elle peut produire; les prix que sa générosité a presque seule fondés, exciteront l'émulation, et un jour son nom sera béni comme celui du bienfaiteur d'une contrée d'où il aura contribué puissamment à faire disparaître la misère.

— Je ne dis pas non, ma mère, et certes personne n'admire plus que moi son dévouement et sa bonté éclairée.... Mais n'est-ce donc pas assez de donner à dîner à nos ennuyeux voisins, de les voir quand il leur plaît de venir faire peser sur nous leur oisiveté, et d'aller leur rendre visite? Faut-il encore les supporter tous à la fois cinq heures durant !

— Mon enfant, reprit Mme Beaumont, vous reconnaîtrez, lorsque vous serez plus calme, que cinq heures d'un ennui supportable au fond sont bien peu de chose, si vous les mettez en comparaison avec tous les soins, toutes les démarches que l'établissement de ces comices a coûtés à mon fils.

— Il peut du moins, quand il le veut, se dispenser de voir *journellement* nos *assommants* voisins et voisines. Mais moi....

— Et moi donc, ma fille! reprit ma belle-mère, croyez-vous qu'ils me paraissent plus aimables qu'à vous? En ceci comme en tout, c'est notre devoir, à nous femmes, de verser goutte à goutte l'huile sur les mille rouages de cette grande machine appelée société, afin que tous fonctionnent sans secousse et sans bruit.

— Ah! si la société était partout ce qu'elle est ici!....

— Elle est partout la même, ma chère enfant.

— Oh! par exemple, maman!

— Eh! mon Dieu, nous connaissons, à la ville, des gens tout aussi discoureurs à *vide* que notre pauvre maire, et peut-être ne rachètent-ils pas, comme lui, leur faconde par la bonté du cœur; j'en dirai autant du notaire, et de nos autres relations de ce pays; la seule différence visible ou sensible, comme vous voudrez, tient à ce vernis que donnent l'éducation et l'usage du monde.

— Mais cette différence fait beaucoup!

— D'accord; *mais*, dirai-je à mon tour, nous qui possédons, il me semble, plus que ce *vernis*; nous à qui une éducation religieuse a enseigné les devoirs de la charité, l'amour du prochain, l'humilité et non l'orgueil, ne pourrons-nous rien pardonner, rien concéder à ceux qui se trouvent moins bien partagés que nous? Les traiterons-nous du haut de notre grandeur parce qu'il n'a pas dépendu d'eux de devenir ce que nous sommes.... ou ce que nous croyons être?... Ma fille, ma fille, de l'indulgence toujours lorsqu'il s'agit des autres, et pour nous-mêmes une sévérité dont nous avons grandement besoin! »

Encore cette fois je sentis que ma belle-mère avait raison, comme toujours; pourtant je ne pus m'empêcher de murmurer contre cette obligation à laquelle, nous autres femmes, nous nous trouvons soumises, de faire sans cesse les choses qui nous déplaisent le plus.

« Que voulez-vous, c'est notre lot! répondit Mme Beaumont. Les devoirs de bon voisinage se composent de mille détails dans lesquels l'homme ne peut pas entrer. Emporté par le courant des affaires, et chargé de maintenir, de faire respecter les droits de la famille, il a besoin que quelqu'un s'occupe journellement d'aplanir certaines aspérités, d'émousser certaines épines qui pourraient obstruer la route ou produire des blessures difficiles à cicatriser; à la femme appartient ce soin; à elle il appartient d'entretenir, par le sacrifice de ses goûts, de ses plaisirs, les relations de bon voisinage; grâce à son obligeance, grâce à sa bienveillante politesse, les discussions nées d'intérêts contraires ne dégénèrent pas en querelles et en procès: cachant soigneusement son ennui, elle parvient à faire supporter, sans trop d'irritation de la part des autres, l'amour-propre, la supériorité incontestable d'un époux, d'un fils; et non-seulement la paix règne partout, mais cet époux, ce fils rencontre moins d'obstacles lorsqu'il s'agit de conduire à bien une entreprise pour le succès de laquelle il a besoin du concours de ses voisins. C'est ainsi que notre Édouard a pu fonder ici des comices et surmonter des difficultés innombrables; c'est ainsi qu'il arrivera encore à fonder une crèche et une école. Ma fille, ne sentez-vous pas maintenant tout ce que possède de puissance la femme pénétrée de l'amour de ses devoirs de femme? Ne reconnaissez-vous pas avec une joie profonde l'importance de ce rôle qu'elle est appelée à jouer, et qui n'est pas aussi secondaire qu'on se l'imagine généralement? »

Pour toute réponse j'ai embrassé ma belle-mère, et je me suis occupée de préparer une de ces simples toilettes qui sont si convenables à la campagne.

Les femmes, les filles de nos notables ont mis au contraire *toutes-voiles dehors*, après avoir consulté le seul journal de modes qui parvienne en ce canton; il en est résulté que seule j'avais une robe de mousseline à volants élégamment brodée, tandis que toutes ces dames paraissaient être en uniforme avec leurs robes de soie brochée de la même couleur, couleur donnée par le journal de la mode; seule aussi j'avais les cheveux en bandeaux; seule enfin je portais au cou un ruban rose de largeur ordinaire, formant un nœud *sage;* tandis que le *ruban cravate* était du même bleu pour toutes ces dames, la couleur du ruban de la gravure de modes, et offrait deux énormes coques dans lesquelles disparaissait presque le menton. Enfin ce même journal ayant indiqué la manière dont les bras doivent s'appuyer au bord de la table, pour faire valoir les manches pagodes et les bracelets, cette manœuvre a été exécutée avec un tel ensemble qu'un régiment se mettant au port d'armes n'aurait pas mieux fait. Ah ! qu'on devrait bien se défier, en province, des enseignements de certains journaux, et consulter avant tout le simple bon sens, en fait de modes comme en beaucoup d'autres choses ! Le simple bon sens qui nous dit que, suivant la figure, la tournure, les lieux, il faut *modifier* les modes et non se borner à les copier *textuellement !*

Anaïs et ma tante n'avaient pas plus échappé que les autres dames à la *contagion* de l'uniforme. Ma cousine montrait sur sa figure la contrariété que lui causait l'obligation d'assister à l'*éternel* banquet des comices. Quant à ton amie, elle a été *gracieuse* tout le temps, m'a-t-on dit. Il est vrai qu'au lieu du fermier bel esprit, j'avais à ma droite notre digne curé, qui ne dîne jamais, jamais hors de chez lui, et qui n'aurait point paru au banquet si Édouard ne lui avait pas fait comprendre que, membre des comices agricoles, sa présence était indispensable.

Nous avons causé pendant que tous les invités buvaient, mangeaient, péroraient et criaient. En vain Anaïs me faisait de loin des signes moqueurs en désignant telle ou telle personne parfaitement risible; je n'ai ri de personne. Le moyen, auprès de notre respectable curé, si indulgent pour les petits ridicules? Grâce à lui, j'ai compris l'importance de cette fondation de prix pour l'agriculture et pour l'élève du bétail que vient de faire mon mari; et grâce à lui encore j'ai compris aussi qu'il faut *amadouer* M. le maire pour obtenir le local nécessaire à une crèche, et celui, non moins utile, dont nous avons besoin pour une école. J'y ai travaillé de mon mieux; aussi M. le maire raffole-t-il de moi. J'en peux dire autant des autres notables et de leurs *épouses;* il paraît que décidément j'ai été *charmante.* Enfin ma proposition de clore la journée par un bal dans la prairie m'a conquis les cœurs des jeunes filles et des jeunes gens.

Tu sauras, chère amie, qu'on était venu de dix lieues à la ronde pour assister à l'ouverture de nos comices; nous avons donc eu une salle de danse très-animée. Les dames des châteaux des environs ont bien voulu prendre leur part de ce bal impromptu, qui a duré jusqu'à deux heures du matin.... Te l'avouerai-je? moi qui avais eu tant de peur de cet ennuyeux banquet et qui m'étais effrayée des dix ou douze heures à donner à toutes ces cérémonies, je me suis réellement amusée, et je me suis fait des amis de tous nos voisins.

Maintenant il s'agit, pour les conserver, de les *endurer* journellement *miette à miette;* et depuis trois jours ma patience a été mise à plus d'une épreuve; mais je sens la nécessité de ces relations de bon voisinage, car j'ai reconnu que mon mari, si supérieur à tout ce monde-là, a besoin de se faire pardonner sa supériorité, et que sa mère et moi nous devons travailler à changer en amis les ennemis que pourraient lui susciter tant d'amours-propres blessés. Et puis, c'est si bon la paix! c'est si doux de ne rencontrer partout que des visages bienveillants! Cette bienveillance cache souvent de mauvais sentiments, je le sais; mais si de bons procédés et une constante politesse les empêchent d'éclater, n'est-ce pas avoir déjà beaucoup obtenu?

Ma belle-mère a raison, il faut savoir sacrifier quelque chose de nos goûts, de nos habitudes, pour nous faire tolérer au moins, aimer un jour peut-être. Je me répète sans cesse que mon devoir est d'aplanir pour mon mari les difficultés qui pourraient contrarier ses généreux projets; aussi j'accueille gracieusement les plus ennuyeux, aussi j'espère parvenir, avec le temps, à les supporter sans trop de fatigue.... Ah! Clémence! Clémence! que la vie réelle est loin de ressembler à la vie telle que nous l'avons rêvée!

## IX

### Devoirs de l'hospitalité.

Tu te plains de la rareté de mes lettres, ma chère Clémence, et tu as raison, en apparence, du moins; mais tu me pardonneras, lorsque tu sauras de quelle manière je viens de passer trois semaines entières.

Un peu étourdiment, je l'avoue; j'avais invité, en quittant la ville, plusieurs personnes à nous donner deux ou trois jours dans notre maison des champs; tu sais comme bien des fois nous nous sommes promis, lorsque nous posséderions une campagne, d'y attirer du monde, sans cesse du monde, parce que nous ne nous figurions pas que le séjour de la campagne pût être tolérable sans cela pendant *toute une saison;* d'un autre côté, chaque année des amies de ma belle-mère, quelques amis de mon mari, viennent passer ici tour à tour une semaine, quinze jours, et ma tante, ainsi que ma cousine, qui aiment le plaisir de passion, profitent de l'occasion pour s'installer dans la maison aussi longtemps que durent les visites. Eh bien ! tout ce monde-là nous est arrivé presque à la fois, et la plupart des joies que je m'étais promises de ce qui allait rompre la paisible uniformité de ma vie se sont changées en de véritables corvées. Tu vas en juger.

Notre maison est fort grande, mais très-mal distribuée et fatigante pour les domestiques. Nous n'en avons que deux qui s'entendent bien au service, la cuisinière Geneviève et Suzette la femme de chambre, puis un domestique qui suit Édouard dans ses voyages. Il a fallu loger et faire servir aussi bien que possible dix personnes étrangères. Mme Beaumont ne quitte jamais son appartement, situé au rez-de-chaussée, et cela se conçoit : elle est âgée, souffrante. Mais moi, j'ai dû céder le mien à deux étourdies, qui ont tout bouleversé, déménagé, emménagé à leur guise, salon, chambre à coucher et cabinet de travail : c'était ma faute, je les avais invitées, ne me doutant pas que j'attirais chez moi les personnes les plus indiscrètes du monde. Ma tante et Anaïs se sont montrées très-mécontentes de n'avoir pas leur logement ordinaire ; elles ont boudé pendant deux jours, ce qui a mis Édouard de fort mauvaise humeur. Et ce n'est pas tout. Tu comprends que le service devient difficile lorsqu'on a pour hôtes des gens accoutumés à avoir leurs aises ou bien à les prendre, et des domestiques habitués à la direction de bons maîtres, justes, indulgents et qui veillent à ce que l'ordre établi règle tout, en même temps qu'ils ne demandent jamais que les choses possibles. Aussi, quoique ma belle-mère eût adjoint à Geneviève deux filles de basse-cour déjà au fait des travaux de la cuisine, Mlle Geneviève a laissé deviner plus d'une fois qu'elle était fort ennuyée d'avoir tant à faire, et un jour surtout, où nous avons toutes voulu pétrir des tartelettes et des gâteaux, elle a été tellement maussade en voyant sa batterie de cuisine mise au pillage, ses tables envahies par nos provisions de farine, de beurre, d'œufs et de fruits, que j'ai dû, pour ne pas lui dire ce que je pensais, faire un violent effort sur moi-même. Cet effort m'a d'autant plus coûté, qu'Anaïs m'a dit en ricanant : « Il me paraît que les domestiques sont maîtres ici !... » Mais j'ai tenu bon. Ma belle-mère m'a tant de fois recommandé de ne pas compromettre mon autorité naissante en réprimandant avec impatience mes domestiques exaspérés par un surcroît de travail ! Je sais bien que, si j'avais suivi mon envie, j'aurais ordonné à Geneviève de sortir de la cuisine, et même de la maison, pour peu qu'elle m'eût répondu avec impertinence, et nous nous serions trouvées dans un bel embarras !... Heureusement Mme Beaumont est arrivée au moment même où Anaïs m'excitait à une sotte impatience ; un coup d'œil lui a suffi pour voir ce qui se passait, et, avec un sang-froid que j'ai bien admiré, je t'assure, elle a dit à Geneviève : « Si vous faisiez chauffer le four pendant que ces dames préparent leurs gâteaux, tout serait terminé avant l'heure où vous devez commencer le dîner. »

La figure de Geneviève est restée rechignée, mais elle a obéi sans dire mot, et elle est même venue au secours de l'inexpérience de quelques-unes qui avaient de grandes prétentions à donner des formes nouvelles à leurs *compositions* culinaires.

La plupart des gâteaux n'étaient pas mangeables ; Geneviève le savait d'avance, aussi a-t-elle pris sa revanche par quelques moqueries que j'ai entendues à l'instant où Suzette, après le dîner, achevait de porter la desserte à la cuisine. Ceci m'a encore impatientée, et lorsque le soir je me suis trouvée seule avec ma belle-mère, je n'ai pu m'empêcher de lui parler avec un peu d'animation de la petite scène du matin et de dire que j'espérais bien ne pas la voir se renouveler.

« Ma fille, a répondu doucement Mme Beaumont, Geneviève va venir prendre nos ordres pour demain ; nous lui parlerons. Mais, je vous en prie, rendez-vous maîtresse de cette impatience que vous venez de me montrer, et n'en laissez rien paraître.

— Pourtant, ma mère, me suis-je écriée, il serait un peu fort que les maîtres fussent obligés de n'inviter chez eux que les gens qui plaisent à leurs domestiques !

—Toujours de l'exagération! a répondu Mme Beaumont; et avec l'exagération on fait beaucoup de mal à soi comme aux autres. A quoi nous serviraient, en ce moment surtout, l'humeur, la colère même, qui n'est jamais bonne à rien, que je sache? Vous voulez, n'est-ce pas, remplir envers vos hôtes les devoirs de l'hospitalité, c'est-à-dire leur rendre aussi agréable que possible leur séjour ici, séjour que nos invitations ont provoqué. Le pourrez-vous, si vous vous privez, par une injustice, du secours de l'une des personnes dont vous avez le plus besoin ?

— Par une injustice, ma mère!

— Voyons, parlons paisiblement. C'est pour votre plaisir que vous avez invité Mme Darnetal et Mlle Marans à venir passer quelques jours ici, n'est-ce pas ?

— Sans doute; mais si j'avais su combien toutes les deux sont exigeantes et tracassières....

— Ma fille, ce sont vos hôtes; il ne vous est pas permis de juger sévèrement des personnes qui sont sous votre toit et que vous y avez attirées. Mais revenons. Que vous vous soyez ou non trompée dans l'attente du plaisir que vous espériez de leur séjour ici, là n'est point la question ; leur présence, comme celle de tous nos hôtes, trop nombreux peut-être, augmente le travail de nos domestiques ; vous vous pardonnez quelquefois d'avoir un peu d'humeur lorsque quelque chose vous fatigue ou vous contrarie, mais l'éducation que vous avez reçue vous enseignant à la dissimuler, vous parvenez à l'empêcher de percer au dehors ; il n'en est pas de même de nos domestiques. Dérangés dans leurs occupations habituelles, obligés de veiller tard pour faire face à tout, très-naturellement ils ressentent cette lassitude et cette contrariété qui excitent la mauvaise humeur ; et lorsque le caprice de jeunes étourdies vient augmenter leurs fatigues, entraver leurs travaux, comme il est arrivé ce matin, cette humeur augmente ; et tout naturellement aussi ils la montrent, parce que l'éducation ne leur a pas appris à la cacher. Ne concluez-vous pas avec moi de tout ceci qu'il y aurait *injustice* de notre part à punir, par des paroles dures, un mécontentement que la lassitude justifie jusqu'à un certain point, et dont le manque d'éducation peut rendre la manifestation excusable ? »

J'allais répondre, mais Geneviève entrait.

A sa vue, j'ai senti mon sang bouillonner.

Mme Beaumont, toujours calme, a réglé les comptes de la journée, puis elle m'a consultée pour l'ordonnance des repas du lendemain, et enfin elle a dit à Geneviève : « Vous avez beaucoup à faire en ce moment, Geneviève ; si une troisième aide pouvait vous être nécessaire....

— Madame est bien bonne, a-t-elle répondu d'un ton bourru ; si seulement on voulait me laisser tranquille dans ma cuisine, tout irait bien ; mais quand je vois gaspiller tout, l'humeur me prend malgré moi.

— Je le conçois, a répondu Mme Beaumont ; cependant vous savez que le grand plaisir des personnes qui n'habitent pas ordinairement la campagne est d'y faire ce qu'elles ne feraient pas à la ville, de se mêler de pâtisseries, par exemple....

— Avec cela qu'elles s'y entendent !

— Qu'importe, si cela les amuse ? Puisque nous les invitons à venir nous visiter, c'est afin qu'elles prennent du plaisir. Lorsque, chez votre père, on invite des parents, des amis, tout n'est-il point *par les places* comme vous le dites quelquefois ?

— Je le crois bien !

— Ma fille et moi nous désirons qu'il en soit de même ici ; et je vous prie, Geneviève, de ne point gâter les amusements de nos hôtes et le nôtre par des tons d'humeur qui ne servent absolument à rien, vous devez le savoir (Geneviève baissa la tête d'un air confus) ; tandis que la bonne humeur, les prévenances, ajouta ma belle-mère, sont comptées pour beaucoup, vous le savez encore, par des maîtres justes au moins.

— Et généreux aussi! ajouta la bonne fille avec un élan plein de cœur.

— Oui, Geneviève, dis-je à mon tour, nous tenons compte de la peine que vous avez en ce moment, et, si vous l'acceptez de bonne grâce, mon mari et moi nous saurons vous en récompenser.

— Madame peut être tranquille! aujourd'hui j'étais si lasse d'hier!... et quand j'ai vu tout ce *gâchis*, toutes mes casseroles, toutes mes terrines en branle pour faire des rien qui vaille.... ç'a été plus fort que moi. Je m'en suis repentie tout de suite après....

— Sans qu'il y ait paru! me suis-je écriée étourdiment.

— Madame verra qu'il y paraîtra demain et les autres jours, » a répondu Geneviève d'un ton de douceur qui m'a touchée en me faisant rougir du peu d'empire que j'avais sur moi-même.

Après le départ de Geneviève, ma mère m'a grondée ; je le méritais, et je suis remontée chez moi très-ennuyée de la journée.

Ce n'est pas chose toujours possible, ma Clémence, d'amuser pendant trois semaines entières des hôtes dont les habitudes et les goûts sont si différents. Les uns aiment le mouvement, les jeux bruyants, ces jeux surtout qui mettent toute une maison sens dessus dessous ; les autres prétendent vivre à la campagne comme à la ville, avec une régularité parfaite. Ma belle-mère s'est chargée d'amuser ceux-ci et de leur faire prendre en patience les cris, les rires que suscitent les *attrapes* imaginées par les jeunes gens, et qui ne sont pas toutes du meilleur goût ; moi j'ai dû me charger d'entraîner le plus possible loin du logis la troupe bruyante, à laquelle viennent souvent s'adjoindre nos voisins et voisines. Les premiers jours, j'ai ri de bon cœur et j'ai pris grand plaisir à nos courses lointaines, à nos danses, à nos repas sur l'herbe ; il me semblait que c'était vivre réellement que de passer sa vie ainsi, toujours en char à bancs, à cheval, en bateau, toujours en mouvement, en fêtes ; mais je sentais qu'Édouard, obligé par politesse d'accompagner nos hôtes si bougeants, ne s'amusait pas du tout, et petit à petit son ennui m'a gagnée. Au fait, gaspiller constamment le temps devient fastidieux à la longue, surtout pour des gens qui savent l'employer. Et puis, quand je rentrais, il fallait m'occuper du service et me résigner, quoique très-fatiguée, à me servir moi-même. Suzette oubliait souvent de préparer dans ma petite chambre, la plus vilaine de la maison, ce dont nous pouvions avoir besoin, et il me fallait suppléer à ces oublis sans qu'Édouard s'en aperçût. Édouard est excellent ; mais il est vif, mais il est accoutumé à trouver prêtes les choses matérielles qui sont partout du ressort des femmes, et il aurait grondé Suzette s'il s'était douté de ce que, sans le vouloir, elle me laissait à faire. La pauvre fille ! elle ne savait à qui entendre, et plus d'une fois j'ai admiré la bonté de son caractère. Anaïs et ma tante l'occupaient à elles seules plus que toutes les autres jeunes femmes, tandis que ma belle-mère exigeait, de son côté, que les personnes âgées fussent ponctuellement servies.

Non, recevoir du monde à la campagne n'est pas aussi facile ni aussi amusant, tu le vois, que nous nous l'étions figuré jadis; moi surtout qui me souviens encore de la charmante semaine que je suis allée passer avec ma tante chez une vieille dame fort riche, Mme de Cérisay. En partant, ma tante m'avait dit : « Mme de Cérisay reçoit beaucoup de monde à sa terre qu'elle habite toute l'année; elle a un nombreux domestique habile au service, une femme de charge non moins habile, et elle laisse à ses hôtes la plus grande liberté. Je t'engage à observer la conduite de tous et de chacun. Tu verras là des gens de bonne compagnie, usant, mais n'abusant pas de l'indulgence de la maîtresse de la maison, ponctuels à l'heure des repas, soigneux de ne point déranger l'ordre établi, évitant les jeux bruyants et se souvenant toujours que la maison où ils sont invités n'est pas une hôtellerie. — Mais, ma tante, si l'étiquette règne chez Mme de Cérisay, on doit s'y ennuyer? » Ma tante sourit et me répondit simplement : « Tu verras. »

Le premier jour, je fus un peu embarrassée;

j'avais peur de commettre quelque étourderie au milieu de tout ce monde instruit du vrai savoir-vivre : Mme de Cérisay m'imposait malgré moi, quoiqu'elle fût bienveillante pour chacun et charmante pour la jeunesse surtout. Le lendemain, j'étais à l'aise sans trop savoir comment ni pourquoi, et enfin, le troisième jour, je compris qu'on pouvait s'amuser réellement sans jeter des cris et sans rire aux éclats. Plus tard, j'appris que Mme de Cérisay, lorsqu'elle avait reçu par hasard de ces gens qui font consister le plaisir dans une gaieté bruyante ou dans la mystification des personnes réservées ou timides, avait soin de ne plus les inviter.

C'est un grand art que de réunir chez soi seulement les personnes qui se conviennent; ma belle-mère dit que c'est en outre un devoir; et ce devoir, elle le remplit avec le plus grand soin, comme tous ses autres devoirs, du reste. Mme Darnetal est partie ces jours derniers avec Mlle Marans; je me suis promis de ne jamais leur faire de nouvelles invitations, ainsi qu'à deux jeunes gens qui ont manqué, l'un de nous faire chavirer lors d'une partie en bateau que nous avons faite, l'autre de mettre le feu aux moissons en tirant des fusées au milieu des champs, ce qui nous a causé à toutes une vive frayeur, car personne n'avait été *prévenu* de *l'aimable surprise*. Je m'arrangerai aussi pour qu'à l'avenir il ne nous vienne pas tant de monde à la fois.

Il faut bien le reconnaître, une maîtresse de maison qui n'a pas de femme de charge, doit être elle-même cette femme de charge, sur laquelle reposent tous les soins à prendre pour que chacun soit servi, pour que rien ne vienne troubler les plaisirs de ses hôtes, et, en outre, elle doit varier ces plaisirs et ne montrer jamais ni fatigue ni ennui de ce qui peut leur plaire.... C'est une corvée, cela, Clémence, bien plutôt qu'une jouissance. Il faut donc que cette corvée ne dépasse pas les forces et ne se renouvelle pas souvent. Maintenant je comprends le mot que me dit ma belle-mère lors de notre départ de la ville : « *Heureusement* notre campagne est assez loin pour que nous n'ayons pas à *craindre* les visites *journalières* des importuns. » Dans ce temps-là, je trouvais que c'était un malheur et non pas un bonheur ; aujourd'hui je ne suis plus du même avis. Vivre pendant toute la belle saison comme nous avons vécu depuis trois semaines, mais ce serait à n'y pas tenir !

Ma tante et Anaïs nous ont quittés les dernières. Elles sont invitées dans je ne sais combien de châteaux, et à je ne sais combien de fêtes ; elles recevront à leur tour vers l'époque des vendanges. Pendant leur absence, la maison n'en va pas plus mal, je suppose.... Chut ! il est convenu qu'on ne parlera jamais de ce qui ne peut qu'amener tôt ou tard la ruine de mon bon oncle. Toutes deux m'ont adressé de grands compliments sur la manière dont je fais les honneurs de ma maison, et elles ont bien voulu dire qu'on ne s'amusait pas si bien ailleurs. « Vous aurez encore du monde, sans doute, cette année, a ajouté Anaïs ; j'espère, ma cousine, que vous ne nous oublierez pas. »

Encore du monde!... non, non! L'ordre n'est pas rétabli ici, il s'en faut, et, lors même que j'aurais pris beaucoup de plaisir pendant ces trois semaines, je me garderais bien d'imposer à ma belle-mère et à mon mari un genre de vie qui ne leur va pas du tout. Mme Beaumont a plus de courage que de force, Édouard a plus de politesse que de patience; je préfère le repos de ma belle-mère et la satisfaction de mon mari à la société de tout ce monde qui ne vit que de plaisirs, au fond toujours les mêmes.

Oui, Clémence, oui, il faut bien le reconnaître, le rôle de la femme est tout de sacrifices; ceux qu'elle fait au monde ne lui apportent que déceptions, mais ceux qu'elle fait à sa famille trouvent dans une tendre affection une récompense bien douce et bien chère.

Aime-moi comme je t'aime.

# X

## Une révolution de ménage.

Ma chère Clémence, il t'est bien facile à toi, qui n'as d'autres soucis que tes devoirs de pensionnaire, d'autre embarras que de te mettre à table pour prendre tes repas, de m'écrire lorsque bon te semble et de me dire : Écris-moi ! Quelque jour tu sauras à ton tour ce que c'est qu'un ménage, et tu verras si ce *monstre dévorant* te laissera, *pendant des semaines entières*, la libre disposition d'*une seule heure* dans la journée ! Et nos *tracas* vont doubler, tripler d'ici à un mois ; car Suzette nous quitte, Suzette se marie ! Oui, cette Suzette que ma belle-mère a mis dix années à former et dont elle a fait une femme de chambre modèle !

Dans le premier moment, en apprenant cette

nouvelle, j'ai été un peu vive, je le reconnais, et j'ai reproché à Suzette son ingratitude.... Je reconnais aussi qu'il m'a fallu les remontrances de ma belle-mère, les sages raisonnements de mon mari et une foule de débats avec moi-même, avant d'arriver à reconnaître qu'au fond Suzette n'est pas ingrate.... Aussitôt je me suis reproché de l'avoir fait pleurer, et je le lui ai avoué en la priant de ne pas m'en vouloir de ma vivacité. Elle m'a répondu avec naïveté : « Si madame se souvient qu'elle a songé bien des fois au mariage avant de se marier, elle me pardonnera d'y penser à trente ans passés. L'envie que j'ai d'être chez moi, après avoir servi si longtemps chez les autres, est bien naturelle ! »

Les premiers mots de Suzette m'avaient un peu embarrassée ; mais, ne voulant pas le laisser paraître, je répondis : « Vous faites une folie à trente ans, voilà tout. Sans doute, vous êtes en service, vous êtes chez les autres, et, en devenant la femme de Simon, vous allez vous trouver fermière, dame et maîtresse chez vous. Mais aussi que de soucis ! Vous n'en avez aucun ici : vos gages sont bons ; chaque année ma belle-mère, mon mari et moi nous plaçons quelque chose pour vous à la caisse d'épargne ; ce quelque chose monte à plus de cent francs, que vous gagnez bien par l'ordre que vous entretenez dans tout ce qui vous est confié, par l'économie que vous apportez en tout dans l'intérêt de vos maîtres. A peine avez-vous quelques dépenses à faire pour votre entretien.... Quand vous serez Mme Simon, vous aurez à craindre de mauvaises années, vous aurez des non-valeurs ; vos économies ne s'augmenteront point; et qui sait si la grêle, en hachant vos blés, ne vous obligera pas de les donner, ces économies, pour acquitter une partie de votre fermage.

— On fera comme font tous les autres, répondit Suzette; et puis, madame ne parle que de malheurs.... Mais il y a aussi bien de petits bonheurs qu'il faut compter.... et pour une pauvre fille comme moi qui ai toujours obéi....

— Bon! vous vous imaginez que vous serez la maîtresse!... Mais votre mari?

— Mon mari, madame, sera le maître comme de juste, et comme l'est monsieur; moi, je serai la maîtresse après lui....

— Comme moi, n'est-ce pas?

— Oh! je ne me permettrais pas d'établir une comparaison....

— Vous l'avez bien fait pour mon mari!... Ensuite, ma pauvre Suzette, avez-vous réfléchi que vous aurez une belle-mère qui ne ressemble en aucune façon à Mme Beaumont?

— Mon beau-père et ma belle-mère ne resteront avec nous que la première année, pour nous mettre au fait comme madame le sait; ils iront ensuite vivre sur leur petit bien.... Ce n'est donc que douze mois à passer.

— Mme Simon vous trouve un peu *pimpante*, Suzette !

— On prendra les vêtements de son nouvel état. Si j'osais dire une chose....

— Dites, Suzette.

— Eh bien! madame n'est plus aussi occupée de sa toilette qu'elle l'était dans les commencements de son mariage.... Ces goûts-là.... cela passe quand on a en tête des idées plus sérieuses.

— Allons, vous avez réponse à tout, ce qui me prouve que c'est un parti pris.

— Madame comprend qu'il faut bien faire une fin, et que moi, pauvre fille sans dot, je ne pouvais guère espérer de trouver à épouser un fermier.

— Sans dot! me suis-je écriée. Suzette, vous en avez une qui vaut mieux que plusieurs sacs de mille francs! Vous êtes laborieuse, vous possédez un esprit d'ordre très-rare.... Mme Simon sait bien ce qu'elle fait en vous préférant à la fille de Thomas, qui apportera de l'argent à son mari, mais qui n'est bonne à rien qu'à faire la demoiselle le dimanche à l'église et à la danse.... Je vous promets une belle noce, Suzette ; vous pensez bien que nous saisirons avec plaisir cette occasion de prouver le cas que nous faisons de vous, et combien nous vous regrettons.

— Ah! madame! madame! » s'est écriée la pauvre fille en fondant en larmes; et elle couvrait mes mains de baisers. Je l'ai embrassée, me sentant presque aussi émue qu'elle, puis je suis allée marcher pendant près d'une heure dans la grande allée du jardin; pour la première fois de ma vie je réfléchissais avec une *ténacité* singulière à une foule de choses qui, jusqu'alors, ne s'étaient pas présentées à mon esprit.

C'est pourtant vrai, Clémence, qu'une pauvre servante qui se marie n'est pas ingrate envers les maîtres aux soins desquels elle doit les bonnes qualités qui lui servent de dot.... Si nous appelons cela de l'ingratitude, que dire alors de nous qui nous séparons, et souvent avec une joie blessante, de nos institutrices, de nos parents eux-mêmes, pour nous marier? Ces pauvres filles appellent cela *faire une fin;* et cette fin est souvent bien malheureuse! Pour nous, au contraire, c'est *commencer à vivre*, car nous n'appelons pas *vivre* l'existence paisible passée sous la tutelle protectrice à laquelle nous sommes parfois si impatientes d'échapper, pour prendre un *joug* bien réel et plus ou moins lourd!

Édouard étant parti ce matin, ma belle-mère et moi nous avons dîné en tête-à-tête, ce qui ne nous était pas arrivé depuis longtemps ; puis nous sommes allées au presbytère nous entendre avec notre vénérable curé, au sujet d'une œuvre dont nous sommes tous bien préoccupés, l'extinction complète de la mendicité dans le pays, et nous avons terminé doucement une délicieuse soirée d'été sous la tonnelle de notre jardin.

Ma belle-mère s'est montrée charmée de me trouver juste envers Suzette.

« La justice comme la vérité, m'a-t-elle dit, est ce qu'il y a de plus beau en ce monde après l'amour du prochain, après la charité ; et la charité, l'amour du prochain, conduisent naturellement à la justice. Suzette, je le crois, nous regrettera plus d'une fois : vous savez par vous-même, ma fille, que tout n'est pas rose dans le ménage ; mais elle ne fait point une folie en épousant un homme rangé, qu'elle secondera activement. Quant à nous, nous allons avoir à former une autre femme de chambre, et si vous ne me secondez point en y mettant bien de la patience, ce travail sera difficile.

— Maman, me suis-je écriée, prenez, je vous en prie, une jeune fille d'un extérieur agréable et d'un bon caractère.

— Mon enfant, a répondu Mme Beaumont, un bon caractère est chose fort rare, et passe, à mes yeux, avant les agréments extérieurs.

— Oh ! quand on a le caractère bien fait, la physionomie le dit de suite. Suzette ne sera pas facile à remplacer sous ces deux rapports. Jamais d'humeur sur sa figure, tandis que Geneviève....

— Geneviève, ayant des relations moins répétées que Suzette avec vous et moi, a conservé quelque chose de sa rudesse native ; mais je la remplacerais encore plus difficilement que Suzette.

— Pourvu que Geneviève ne tourmente pas trop la nouvelle femme de chambre !.... Maman, je ne comprends pas comment, chez votre père qui recevait du monde, vous avez pu vous contenter si longtemps d'une seule domestique !

— Il le fallait bien ; je faisais la moitié de la besogne, et j'ai appris ainsi, mieux que par tous les enseignements qu'on aurait pu me donner, ce qu'il est raisonnablement possible d'exiger des domestiques. En ceci encore M. Corbin fut mon conseil.

« Dans les premiers temps de mon *règne*, comme maîtresse de maison, je gardais une bonne un ou deux mois à peine. Sans cesse on voyait à la maison un nouveau visage, et sans cesse j'avais à mettre une personne nouvelle au courant de nos habitudes. M. Corbin m'avertit un jour que je me donnais à moi-même une très-mauvaise réputation dans le voisinage, et que, si je continuais de la sorte, pas une servante un peu capable ne voudrait entrer en condition chez mon père.

— Mais comment faire ? demandai-je avec douleur. Mon malheur veut que je ne trouve jamais que des filles sans propreté, sans ordre, sans activité....

— C'est-à-dire, mademoiselle Emma, répondit paisiblement M. Corbin, que vous avez *trop* de tout cela, et que vous en exigez tout autant d'une servante, ce qui n'est pas juste. La maison de votre père vous intéresse depuis la cave jusqu'au grenier; c'est naturel: plus vous apporterez d'ordre, d'économie dans votre gouvernement, plus la maison prospérera. Mais à cette servante que vous voulez trouver déjà toute faite à votre main, que lui importe la prospérité d'une maison dans laquelle elle n'a aucune certitude de rester? Donnez-lui cette certitude....

— Le puis-je, m'écriai-je avant de savoir si ma nouvelle domestique a la capacité nécessaire?...

— Là! voyez comme vous êtes prompte!... Vous dites à la nouvelle servante: Vos devancières ne sont point restées par telles et telles raisons; si vous tombez dans les mêmes fautes, vous ne resterez pas non plus; si, au contraire, vous êtes désireuse de bien faire, s'il y a progrès chez vous, à la fin de l'année, je vous donnerai, en sus de vos gages, *tant*, que je placerai pour vous à la caisse d'épargne. Si, l'année d'ensuite, vous êtes devenue économe, pour la cuisine surtout, je calculerai les économies que vous aurez faites, et j'ajouterai à vos étrennes la moitié de la somme économisée; à la troisième année, sachant que je peux compter sur vous, que vous avez à cœur les intérêts de la maison, je fixerai d'une manière définitive la somme qui vous sera allouée en sus de vos gages ; et j'augmenterai ceux-ci, si votre besogne augmente, jusqu'à *tel taux.* »

(Je té dirai, ma Clémence, entre parenthèse, que notre maison de ville et notre maison des champs sont ainsi installées : jusqu'aux filles de basse-cour, jusqu'aux garçons de labour, trouvent leur intérêt à aider à la prospérité des deux maisons ; il y a bien par-ci, par-là, encore quelques petits abus ; mais ma belle-mère, usant tour à tour d'indulgence et de sévérité, vient à bout de les déraciner peu à peu. Maintenant, je ferme la parenthèse, et je laisse parler Mme de Beaumont.)

« L'idée de M. Corbin me parut excellente ; mais il fallait obtenir l'assentiment de mon père. Il m'écouta gravement, puis un sourire effleura ses lèvres.

— Corbin a raison, dit-il. Je ne l'aurais pas cru capable de s'occuper d'autre chose que de sa caisse.... J'ai eu tort. Son conseil est bon. La domesticité n'est pas autre chose qu'un métier : si les domestiques trouvent leur intérêt à l'exercer en conscience, si leur prospérité s'accroît du concours qu'ils apportent, en ce qui les regarde, à la prospérité du maître, nul doute que tout en ira mieux. Faites, ma fille, et tâchez de mettre un terme à cette revue de toutes les servantes des environs à laquelle vous m'obligez depuis quelque temps. »

— De ce moment, tout marcha bien, n'est-ce pas, maman?

« Ah! ma fille, reprit Mme Beaumont en souriant, vous êtes plus prompte encore que je ne l'étais à votre âge! Non, tout ne marcha pas bien, car moi qui devais enseigner à une servante ce que je savais à peine, l'ordre, l'économie du temps comme du reste, je faisais bien des écoles. Heureusement, M. Corbin m'avait découvert, je ne sais où, une brave fille qui, ayant été fort malheureuse dans la maison d'où elle sortait, se trouvait, disait-elle, chez mon père, comme en paradis. Elle avait tant de bonne volonté, tant de zèle, que je mettais dans mes enseignements plus d'indulgence que je ne l'avais fait jusqu'alors, et le service se réglait, et j'apprenais par expérience que le sang-froid est de beaucoup préférable à l'impatience, à l'humeur; qu'il faut donner aux intelligences peu développées le temps de comprendre ce qu'on exige d'elles; qu'il faut aussi, sans cesser un instant de montrer de la fermeté, savoir fermer les yeux sur quelques maladresses.... Enfin, ma chère enfant, j'arrivai insensiblement, par l'effet des conseils de M. Corbin et par le résultat de mes propres observations, à comprendre que nous, femmes, nous devons apprendre à commander; que cet apprentissage n'est pas l'affaire d'un jour; que nous n'y parvenons qu'en mettant, comme on le dit vulgairement, *la main à la pâte.* J'avais eu des servantes qui riaient en dessous lorsque je manquais le plat que j'avais entrepris de faire avec le secours de *la Cuisinière bourgeoise*; au lieu de ne pas m'en *apercevoir*, je m'étais fâchée, et l'*insolente* avait été renvoyée. Jeannette, elle, ne riait pas de mes essais malheureux; elle les déplorait, parce que c'était une perte pour la maison, et quoique ses doléances, en se prolongeant et en se répétant, m'impatientassent souvent, je n'en témoignais rien.

« Faible d'intelligence, elle était bonne, et la bonté, ma chère Pauline, est quelque chose de si précieux, que cette qualité seule fait pardonner bien des défauts.... Mais la rosée commence à se faire sentir. Rentrons, mon enfant : nous reprendrons une autre fois ce sujet très-important, *les domestiques.* On a dit, il y a longtemps, que c'est *la plaie* de la plupart des maisons; le mot est dur et vrai trop souvent. Mais à qui la faute? Les maîtres, les maîtresses de maison surtout, n'ont-elles jamais rien à se reprocher en ce qui concerne ces pauvres gens, dont la plupart ne sont et ne seront jamais que des enfants privés d'éducation! »

Suzette en ce moment arrivait avec une pelisse pour ma mère et un châle pour moi.... Ah! Clémence, tu sauras un jour quel chagrin peut causer la perte d'une bonne domestique, douce, attentive.... Enfin, elle veut se marier!

Au revoir, mon amie, à bientôt! Je profiterai pour t'écrire un peu longuement de l'absence d'Édouard, et du temps pendant lequel Suzette nous reste encore.

## XI

### Le choix d'une domestique.

Comme tu n'as pas, ma chère Clémence, la plus légère idée des mille détails d'un ménage, je crains parfois de t'ennuyer en te parlant de ce qui est devenu, malgré moi, je l'avoue, ma principale occupation; mais presque aussitôt je me dis que, si tu lis *à présent en diagonale* ce que je t'écris à ce sujet, *plus tard* tu reliras mes lettres *consciencieusement*, et peut-être me remercieras-tu, quand tu te trouveras à la tête de la maison de ton oncle, de t'avoir prévenue d'avance de certaines difficultés. Pauvre amie! tu n'auras pas comme moi pour te guider une femme vraiment femme, et qui fait passer avant tout les devoirs de femme! Plus je vois agir ma belle-mère, plus j'admire son bon sens et sa droite raison.

Ma tante nous a adressé, avec les plus vives recommandations, une femme de chambre *incomparable :* à son bien grand regret, et par l'effet d'une *mesquine* économie de cent francs, mon oncle n'a pas voulu lui permettre d'acquérir pour elle-même ce *véritable trésor.* Mlle Julie n'a servi encore que dans deux maisons; elle a d'excellents certificats, d'après lesquels non-seulement cette fille est la probité même, mais elle possède tous les talents. Adroite couturière, modiste au besoin, elle sait remettre à neuf les dentelles, elle repasse dans la perfection, et elle coiffe admirablement.

Les exagérations habituelles de ma tante m'avaient peu disposée en faveur de Mlle Julie. Sans doute une femme de chambre si habile me plairait fort.... à la ville ; mais nous passons les trois quarts de l'année à la campagne, et il s'agit ici de toute autre chose que de dentelles mises à neuf, de bonnets montés, de coiffures en cheveux; d'ailleurs j'ai en tête une jeune fille qui me plaît beaucoup et qui sera plus attentive, je crois, auprès de ma belle-mère, presque toujours souffrante, qu'une *véritable* femme de chambre.

Mlle Julie est tout à fait convenable, et j'ai craint un moment pour ma protégée; mais, sans le savoir, Mme Beaumont m'a bientôt rassurée.

« Voilà, a-t-elle dit, après avoir fait subir à Mlle Julie un assez long examen et l'avoir congédiée en promettant une prompte réponse, voilà une fille dont le service doit être fort attrayant pour des femmes qui ne se mêlent qu'à regret de leur domaine, le ménage.

— Alors elle conviendrait parfaitement à ma tante! me suis-je écriée.

— Et par conséquent elle ne peut nous convenir, a repris ma belle-mère.

— Oh! tant mieux!

— Vous déplaît-elle donc, ma chère Pauline?

— Non, maman.... Et pourtant je ne saurais dire qu'elle me plaît. Il y a en elle un certain *quant à moi* qui me fait présumer que, si son service doit être agréable sous certains rapports, il peut devenir fort désagréable du moment qu'on se *permettrait* non une réprimande, mais une simple observation.

— J'ai fait la même remarque, a repris Mme Beaumont qui sourit, et, en la regardant, j'ai cru retrouver quelque chose de la manière d'être d'une excellente domestique que j'ai gardée cinq ans à mon service, et que j'ai plus d'une fois regrettée. Tous, ma chère Pauline, petits ou grands, pauvres ou riches, ignorants ou instruits, nous avons les *défauts de nos qualités*, voilà ce qu'il faut bien se répéter à soi-même, et tous, gens d'esprit ou sots, nous sommes possédés de l'esprit de domination : or, cet esprit-là est plus développé encore chez les personnes douées d'une grande capacité; y résister n'est pas facile, je l'ai éprouvé. Lorsque je me mariai, je laissai à mon père cette excellente Jeannette dont je vous ai parlé et que j'avais formée, non sans peine, et je pris *une apprentie*, c'est-à-dire une jeune fille dont le langage, les manières pleines de vivacité, me promettaient l'activité dont j'avais grand besoin, puisqu'il fallait désormais me partager entre mon ménage et la surveillance d'une ferme. Je ne m'étais pas trompée dans le jugement que j'avais porté tout d'abord de l'activité et de l'intelligence de Prudence. Levée tous les jours à quatre heures du matin, été comme hiver, elle avait pris en fort peu de semaines les habitudes de la maison, en même temps qu'elle semblait deviner mes goûts; aussi me donnait-elle la joie d'avoir une maison bien tenue. Ne sachant ni lire ni écrire, elle possédait à un degré surprenant la mémoire *locale*, et des lieux et des choses; il me suffisait de lui lire deux fois tel ou tel chapitre de la *Cuisinière bourgeoise*, pour qu'elle exécutât un mets dont jusqu'alors elle n'avait jamais entendu parler. Propre, prompte, travailleuse infatigable, elle ne se couchait jamais avant minuit, et si à cette heure-là sa besogne n'était pas terminée, elle prolongeait la veillée. A l'heure fixée, les repas étaient prêts; au moment indiqué, chaque chose était faite et bien faite. Aux époques de grands nettoyages, elle me disait : « Si madame veut me donner les rideaux et les housses, madame pourra travailler tranquillement dans le bureau, que je nettoierai à fond demain avant le lever de madame. » Et ces jours-là, comme les jours de lessive, comme à l'époque des foins, des moissons, des vendanges, rien ne souffrait de ce surcroît d'occupations; mon mari et moi nous étions servis avec la même ponctualité que de coutume.

— Quel trésor! me suis-je écriée tout émerveillée.

— Je vous ai montré le bon côté de la médaille, reprit Mme Beaumont, en voici le revers. Active, mais irascible, pleine de zèle et de courage, mais violente, mais emportée, Prudence me faisait payer chèrement, par ses humeurs, par ses colères, un excellent service. Elle ne souffrait pas la moindre observation, ni au sujet du ménage, ni au sujet de la cuisine ou de son travail de couture. Devant mon mari, elle se contenait, mais devant moi elle se laissait aller à des emportements qui étaient de véritables accès de folie. Dure au mal, elle travaillait toujours, malade ou non. Il ne fallait pas la plaindre, s'inquiéter si elle passait plusieurs jours de suite sans boire ni manger; représentations, prières, ordres même, rien ne pouvait la décider à se laisser soigner. Comme elle ne se ménageait pas, elle se montrait sans pitié pour les filles de ferme et de basse-cour; aussi toutes la détestaient, quoiqu'elle les aidât souvent, sans que jamais il fût besoin de lui donner même à entendre que telle ou telle chose était en souffrance. Chaque soir, pour les comptes de la journée, j'avais à endurer des impatiences et un déluge de larmes. Elle ne voulait pas que rien manquât jamais à ses comptes, et lorsque j'avais le malheur de trouver un total différent de celui de la dépense faite, soit en plus, soit en moins, c'étaient des désolations ou des colères sans fin.

— Et vous avez enduré ce supplice pendant cinq ans, ma mère?

— Oui, pendant cinq ans, a répondu Mme Beaumont. Cette fille, en dépit de si graves défauts, était d'une probité à l'épreuve et réellement bonne; il y avait en elle un amour de la famille qui me faisait beaucoup pardonner; le dévouement qu'elle professait pour les siens, elle le montrait pour ses maîtres. Mon mari avait été malade : jamais garde-malade plus attentive, plus douce, plus patiente, ne m'avait mieux secondée. J'avais été très-malade moi-même; Prudence m'avait soignée avec le même zèle, la même douceur.... Mais, du moment que j'avais pu reprendre la direction de ma maison, Prudence avait repris, elle, son affreux caractère. Vous l'avouerai-je, ma chère Pauline? cette fille me dominait, et par ses qualités et par ses défauts mêmes. Cent et cent fois je m'étais dit : Il faudra finir par la renvoyer.... Mais comment la remplacer? Chez qui trouver tant de qualités réunies?... Elle sentait le besoin que j'avais d'elle; elle comprenait sa valeur, et, avec la rudesse d'une personne à qui toute éducation a manqué, elle appesantissait le joug auquel sa capacité bien réelle m'avait soumise : car, mon enfant, nous avons en nous un penchant inné à l'indolence, à la paresse, penchant qui nous fait supporter bien des choses, pourvu que cette indolence, cette paresse, y trouvent leur compte.... Le hasard ayant rendu mon mari témoin de l'une des scènes de violence que je subissais plusieurs fois par jour, il voulut renvoyer Prudence à l'instant même. Elle eut une attaque de nerfs si violente, elle versa des larmes si abondantes, que j'obtins pour elle de n'être pas traitée avec tant de rigueur; il fut convenu qu'elle resterait une semaine encore.... Mais, dès le lendemain, aux pleurs, aux supplications, avaient succédé de nouveaux emportements.... Elle partit. Bien des fois, depuis, elle me fit demander à rentrer chez moi; chaque fois je refusai de la reprendre, mais je l'ai regrettée souvent, cette *terrible* Prudence. Lorsque tout à l'heure Mlle Julie m'a dit qu'une fois au fait de notre service elle se faisait fort de ne mériter jamais la plus légère réprimande, j'ai frissonné en me rappelant jusqu'où peuvent aller les domestiques *capables* et qui ont le sentiment souvent exagéré de leur capacité.

— Ainsi nous ne prendrons pas Mlle Julie! Tant mieux, ma mère. Je crois qu'elle aurait jugé audessous de sa dignité d'aider Geneviève à la cuisine lorsque nous aurons du monde, de se mêler de la lessive....

— Et surtout, a ajouté ma belle-mère, de se prêter, lors des grands travaux des champs, aux soins qui ont pour objet les faucheurs, les moissonneurs, les vendangeurs. Il nous faut une fille née et élevée à la campagne; notre manière de vivre l'exige.

— Alors, maman, prenons Laurence.

— Laurence, je le sais, est votre protégée, ma chère Pauline; mais c'est une apprentie à former. En aurez-vous la patience?

— On la dit très-douce de caractère.

— Alors elle doit être lente.

— Ah! j'aime encore mieux un peu de lenteur qu'une activité orageuse comme celle dont était douée Prudence.

— Mais vous êtes vive, impatiente....

— Je me modérerai, maman, je vous le promets.

— Ma chère Pauline, je vous en prie, réfléchissez bien à la tâche que vous voulez vous imposer! Mme Darville me propose une femme de chambre déjà formée....

— Ah! chère maman, elle vous a déplu comme à moi par son air décidé. Prenons Laurence, je vous en prie! Songez que ce sera en outre faire une bonne action, aider une honnête famille à sortir de la misère....

— Ma fille, commencer une bonne action sans

être certain de pouvoir l'achever, c'est courir le risque d'augmenter la misère qu'on a voulu soulager. Lorsqu'on prend une *apprentie servante,* comme le disait M. Corbin, on s'impose la loi de faire d'abord par soi-même afin de pouvoir dire : Il vous faut une heure, deux heures, pour faire bien cet appartement; pour tel travail à l'aiguille, il vous faut tant d'heures; pour tel ou tel mets, vous emploierez telle quantité de tels et tels ingrédients, la cuisson exigera tel laps de temps et telle quantité de combustible....

— Mais, maman, je n'ai pas à me mêler de cuisine!

— Comment cela, ma fille? Voulez-vous donc faire perdre à Geneviève la bonne habitude de vous voir, ainsi que moi, aller et venir dans sa cuisine? Voulez-vous donc lui confier la direction de la nouvelle femme de chambre dans tout ce qui regarde l'office? Mais ce serait vous mettre vous-même entre les mains de Geneviève; ce serait vous livrer pieds et poings liés à l'esprit de domination que je ne contiens chez elle qu'en lui faisant sentir sans cesse le frein. Sachez-le bien, mon enfant, une maîtresse de maison doit conserver soigneusement le droit de se mêler de tout, de surveiller tout. Lorsqu'elle est contente du service, elle peut laisser quelque latitude à ses domestiques; mais cette latitude ne doit jamais aller jusqu'à les conduire à l'oubli d'une autorité qui domine partout, et passe, dès qu'elle le veut, de l'ensemble aux plus petits détails. Si, d'après votre désir, nous prenons Laurence, vous aurez, pendant les premiers temps, à faire le ménage avec elle, ou plutôt à lui montrer, dix fois, vingt fois, s'il est nécessaire, comment il faut s'y prendre; et ceci avec douceur, avec patience, et en faisant faire bien plutôt encore qu'en faisant vous-même.

— Oh! montrer, montrer!

— Oui, ma chère Pauline, *montrer*, *enseigner* sans cesse et non pas *exécuter soi-même*. Vive comme vous l'êtes, ceci vous sera difficile, je le comprends; mais agir autrement, ce serait favoriser l'indolence de la personne que vous devez former à vous servir. Et ce n'est pas l'affaire d'un jour que d'accoutumer une domestique à la propreté *réelle* et non pas *apparente* seulement; à voir d'un coup d'œil dans quel ordre doivent être rangés les meubles, les bagatelles qui décorent un appartement. Le besoin de la *symétrie* ne se développe pas de suite, et si un goût naturel ne se fait pas sentir à votre *apprentie*, les leçons devront être bien des fois répétées. Vous aurez aussi à lui enseigner le service de la table, service qui doit être fait avec autant de ponctualité et de soin lorsque nous sommes entre nous que lorsque nous avons du monde. Vous aurez à l'*enseigner* encore pour les entre-mets, qui dépendent surtout de l'office. Peu à peu et à mesure que la saison avancera, vous aurez beaucoup d'autres leçons à lui donner. M. Corbin me disait souvent, bien souvent, qu'une maîtresse ne sait commander que lorsqu'elle est en état d'exécuter elle-même ce qu'elle commande; alors seulement elle ne demande jamais que des choses possibles, et ces choses, elle est en droit de les exiger. »

Je te l'avouerai, ma chère Clémence, à mesure que ma belle-mère parlait, je sentais mon penchant pour Laurence se refroidir un peu. Laurence est ouvrière de village, il est vrai, mais elle est douée de goût et d'adresse; elle coud finement et elle fait bien les reprises. Elle espère, dit-elle, se trouver bientôt en état de nous servir, parce qu'en allant travailler dans le très-petit nombre de maisons bourgeoises des environs elle a observé, à ce qu'elle assure, comment se fait le service *des chambres* et de la table. Et puis sa mère est une pauvre veuve qui a grand'peine à suffire aux besoins de quatre autres enfants plus jeunes. Les journées d'ouvrière ne vont pas, ici, au delà de cinquante centimes, et encore faut-il, pour arriver à ce chiffre, être habile dans son métier....

« Oh! pourquoi, me suis-je écriée après avoir pensé à tout cela un instant, pourquoi cette idée de mariage est-elle venue à Suzette? Tout marchait si bien.... Et nous voici dans des embarras sans fin!

— Ma fille, a répondu Mme Beaumont, l'idée

d'un affranchissement ou d'un établissement quelconque doit venir nécessairement tôt ou tard aux personnes qui exercent le pénible métier appelé domesticité. De votre aveu même, la condition de ces pauvres gens condamnés à toujours obéir, à n'avoir jamais de volonté, est bien rude.... Ne vous étonnez donc pas si leur principale préoccupation est d'en sortir, et réjouissez-vous en chrétienne d'avoir, avec l'aide de Dieu, concouru à amoindrir leurs défauts, à développer en eux l'amour de l'ordre, du travail, ces sources fécondes de prospérité pour toutes les classes!... Cette pensée vous soutiendra dans les enseignements que vous donnerez à Laurence, si vous persévérez à la prendre de préférence à toute autre. Vous ne croirez pas, en la formant, avoir acquis des droits à sa reconnaissance, puisqu'en réalité vous aurez travaillé d'abord pour nous, pour vous, et vous ne crierez pas à l'ingratitude si, lorsque votre élève aura été mise en état par vos soins de gagner au delà de ce que vous lui donnez, elle cherche, sur votre refus d'augmenter ses gages, à se placer ailleurs.

— Pourtant, ma mère....

— Ma chère Pauline, grâce à mon vieil ami, M. Corbin, j'ai compris de très-bonne heure, je vous l'ai dit déjà, qu'il ne sort rien de bon de l'injustice. Vous payez peu la jeune servante que vous voulez former; elle, en vous donnant pour si peu *tout* son temps, elle *paye* de son côté son *apprentissage.* Elle vous doit sans doute, en grande partie, les capacités qu'elle acquiert; mais vous, vous lui devez d'être servie à bas prix. Eh bien! par l'effet d'une sotte économie, beaucoup de ménagères laissent aller ailleurs la bonne domestique qu'elles ont formée ; elles renoncent ainsi à profiter des peines qu'elles se sont données. De nouveau, en prenant une nouvelle servante à former, elles travaillent pour autrui; pour autrui elles développent de bonnes habitudes d'ordre, d'économie, et elles s'indignent lorsque l'*apprentie* devenue *ouvrière* leur dit: J'ai payé en temps mon apprentissage; il faut, à présent que me voici ouvrière, que ce temps me rapporte assez pour que je puisse m'assurer quelque chose pour mes vieux jours! »

Nous en sommes là, ma chère Clémence.... Que d'ennuis dès à présent, sans compter tous les ennuis que je prévois!.... La vie de pensionnaire est bien monotone sans doute, mais on a de moins les tourments que donne un ménage, et c'est bien quelque chose.

Adieu, et aime-moi.

# XII

## Le double apprentissage.

La *grande affaire* est terminée, chère amie; dirai-je à ma satisfaction? je n'en sais trop rien encore. Mme Beaumont a consenti à prendre Laurence. Celle-ci me paraît être moins intelligente que je ne me l'étais imaginé; la timidité, l'excès de zèle, peuvent au reste contriber à paralyser momentanément ses facultés. Sa figure si agréable m'a séduite, je l'avoue, et ma belle-mère s'en inquiète.

« N'allez pas la gâter, me disait-elle hier au soir. C'est dans les commencements surtout qu'il faut montrer une volonté inflexible. Pardonnez une première faute, mais réprimandez avec calme, quoique sévèrement, si la même faute se renouvelle. J'ai cédé bien à regret à vos instances et à celles de Suzette, qui a sollicité la faveur de dégrossir Laurence. Suzette n'est point parfaite, personne ne l'est ici-bas. Presque toujours on a lieu de se repentir d'avoir mis en contact journalier deux domestiques, dont l'une se retire et dont l'autre doit la remplacer.

— Et pourquoi donc, maman? Cette marque de confiance....

— Est mal placée, mon enfant. Vous-même vous avez remarqué que depuis quelques mois Suzette se négligeait dans certaines parties du service.

— Elle avait le mariage en tête.

— Aujourd'hui, continua Mme Beaumont, elle a en tête son trousseau, les cadeaux que nous pouvons lui faire, le repas de noces.... que sais-je? Croyez-vous qu'avec des préoccupations de ce genre elle soit bien attentive à remplir la tâche qu'elle s'est imposée? Croyez-vous aussi que dans le fond de l'âme elle ne désire pas, sans croire commettre une faute, que nous sentions la différence qu'il y a entre une fille *comme elle* et une enfant de vingt ans telle que Laurence? Elle nous quitte de son plein gré, mais l'amour-propre est là; il lui souffle tout bas plus d'une mauvaise pensée: elle ne serait pas positivement fâchée que Laurence se montrât incapable....

— Ah! maman, comment pouvez-vous avoir des idées semblables?

— Ma chère Pauline, elle est triste, l'expérience journalière du cœur humain! je l'ai acquise, cette expérience, à mes dépens. Remarquez de quel air Suzette regarde Laurence. Il y a de la jalousie dans cet air-là; jalousie injuste comme toujours, puisque enfin c'est volontairement que Suzette renonce à notre service. Mais elle ne peut supporter l'idée d'être *remplacée*, et, en se souvenant de nos bontés pour elle, son cœur se serre, car *une autre* va en devenir l'objet. Remarquez aussi de quel ton elle parle à notre jeune fille; elle la traite du haut de sa grandeur de femme de chambre émérite; et Laurence perd la tête, et Laurence pleure, quand elle croit n'être point vue, désespérant de pouvoir jamais arriver à la perfection de celle qui se pose en modèle.

— Eh bien! maman, je vais dire à Suzette que je veux qu'elle travaille uniquement à son trousseau afin que tout soit prêt pour le jour de la noce, et je prierai Édouard de fixer celui-ci au plus tôt possible. Laurence recevra l'ordre de m'éveiller demain de grand matin, et ce sera moi qui la mettrai au fait de tout ce qui a rapport à vous et à notre service particulier, afin que mon mari, en arrivant, voie régner partout l'ordre accoutumé.

— Si vous avez ce courage, ma chère Pauline, a répondu Mme Beaumont, vous agirez sagement. Un peu de nonchalance peut-être vous a fait prêter l'oreille aux supplications de Suzette. Hélas! ma fille, je vous l'ai prouvé par mon propre exemple : la nonchalance de la maîtresse de maison fait la puissance de ceux qui la servent. »

Oui, Clémence, Mme Beaumont a deviné juste. En véritable étourdie que je suis, je m'étais mis dans la tête que Suzette apporterait le plus grand zèle à enseigner Laurence, et que celle-ci, au bout d'un mois, serait ce que Suzette n'est devenue qu'au bout de bien des années. Tout cela n'est pas possible, je l'ai compris, et depuis huit jours je fais mon apprentissage en faisant faire le sien à Laurence. Ce n'est pas *amusant* du tout ; je ne le dis qu'à toi, car tu te souviens du sermon que m'a valu une plainte de ce genre *exhalée* devant ma belle-mère ; mais mon mari, à qui j'ai exposé mes raisons pour avoir préféré Laurence, m'a donné une approbation si douce et en termes si flatteurs que je me sens armée, non de patience positivement, mais de persévérance.

Mlle Suzette a fait d'abord un peu la moue ; pourtant, comme je lui ai permis de prendre une ouvrière pour la seconder, je n'ai pas tardé à voir que son trousseau est l'objet de toutes ses pensées, et que j'aurais eu grand tort de chercher en elle une aide dévouée. Elle passe ses journées à travailler pour elle dans sa chambre, et moi, depuis le matin jusqu'à l'heure du déjeuner, je suis sur pied, uniquement occupée de ménage.

Jamais je n'avais réfléchi, pas plus que toi, chère amie, nos compagnes non plus, à ce que nous exigeons de la pauvre jeune fille qui est à notre service; maintenant que je le vois par mes yeux, je me demande laquelle de nous serait capable de déployer sans cesse tant de forces physiques, de courage, dé bonne volonté, d'obéissance! Je me demande aussi laquelle de nous ne mériterait pas cent fois par jour d'être grondée pour ses oublis ou ses étourderies. Afin d'éviter à Laurence des réprimandes répétées, j'ai eu l'idée, comme elle sait lire et écrire passablement, de faire un tableau de ses travaux de chaque jour, puis de lui en faire faire deux copies, l'une, qu'elle a toujours dans sa poche, l'autre, en gros caractères, qu'elle a attachée dans la ruelle de son lit. Mais préparer ce tableau n'a pas été une petite affaire. J'ai recommencé cinq ou six fois; toujours j'omettais quelque chose, ou bien je me perdais dans une multitude de détails faits pour embarrasser une débutante. Par amour-propre, peut-être, je ne voulais pas consulter ma belle-mère; par crainte de l'ennuyer je n'osais pas consulter mon mari.... D'ailleurs, est-ce qu'il sait, est-ce qu'il peut savoir en quoi consiste le service d'une femme de chambre?... Oh! si j'avais eu là le bon M. Corbin!....

Lassée de mes tentatives malheureuses, je me

suis décidée enfin à montrer mon tableau, encore en projet, à Mme Beaumont; elle ne s'est point moquée de moi, comme je le craignais; au contraire, elle a trouvé l'idée bonne, et, à nous deux, nous sommes venues à bout de dresser ce chef-d'œuvre. Heure par heure, à partir de cinq heures du matin en été et de six heures en hiver, Laurence sait ce qu'elle a à faire. D'abord le service de ma belle-mère, qui, même lorsqu'elle se sent indisposée, est toujours levée la première; puis notre service, pour lequel j'aide grandement Laurence; mon mari est si bien accoutumé à l'esprit d'ordre et de ponctualité qui distingue Suzette, et à un respect *religieux* pour ses papiers, que j'ai dû et devrai me mêler longtemps de ce qui le regarde, afin qu'il n'ait rien à dire. J'aide encore Laurence à faire mon appartement; novices comme nous le sommes toutes les deux, l'opération ne va pas vite; aussi j'ai à peine le temps de m'habiller, presque toujours sans le secours de *ma femme de chambre*, avant l'heure du déjeuner; mais je dois dire que ses progrès en fait de ménage sont plus rapides que les miens. Il est vrai qu'elle y apporte une grande bonne volonté.

Je descends pour passer l'inspection du couvert; j'ai bien de la peine à ne pas réparer moi-même les omissions, les oublis; mais ma belle-mère me répète à satiété de *faire faire* et de ne point *faire moi-même*, à moins que je ne veuille avoir une personne *toujours incapable* à mon service.

Je veille à la mise en place de chaque chose ; en fait d'ordre, Laurence a tout à apprendre : je le conçois, en voyant comment le désordre règne ici dans la plupart des ménages. A la gêne, à la misère, qui découragent, se joint chaque jour le manque de temps. Une pauvre femme qui a souvent à soigner de vieux parents, de jeunes enfants, et qui doit aller travailler aux champs, au jardin, laver au lavoir, n'a pas la moindre possibilité d'entretenir autour d'elle la propreté minutieuse et l'ordre, cette source inépuisable de prospérité pour les petits comme pour les grands.... Ainsi que le dit ma belle-mère, avec de la persévérance je réussirai, je l'espère, à faire aimer l'ordre à Laurence, comme je l'aime moi-même, grâce à maman. Dieu sait si je me doutais de ce que c'est lorsque je me suis mariée!

Quant à la couture, Laurence est réellement passée maîtresse. Elle possède un talent de premier ordre dans une femme de chambre, celui de bien faire les reprises, et elle met autant de goût que d'amour-propre à se montrer habile ouvrière.

Du moment qu'elle est à travailler dans la lingerie, je suis libre jusqu'à l'heure du dîner, où recommencent mes fonctions de surveillante pour le couvert.

Tout le monde, même mon mari, encourage Laurence pour le service de la table, et lui indique avec douceur ce qu'il y a à faire. Je ne peux encore noter des progrès bien marqués; mais il y en a pourtant.

Le soir je passe l'inspection partout, et je t'assure que je me sens heureuse lorsque je peux, sans rien perdre de mon air de dignité, donner un éloge mérité; la pauvre fille en est si joyeuse! et elle dit avec tant d'émotion : « Ah! que ma mère sera contente, si madame est contente! »

J'ai su par Geneviève qu'elle ne mangeait pas; qu'en se mettant à table elle fondait en larmes, et n'acceptait jamais, cédant aux instances, qu'une très-petite portion des mets les plus simples. Avec beaucoup de peine je suis parvenue à lui faire avouer que son cœur se serre en voyant une table si bien servie, parce qu'elle dit qu'en ce moment sa mère et ses jeunes frères et sœurs n'ont qu'un plat de pommes de terre cuites à l'eau, ou du pain sec.

Cet aveu m'a émue jusqu'au fond de l'âme; j'allais lui promettre étourdiment de faire participer sa famille à cette bonne chère qu'elle repousse pour elle seule.... Mais ces mots : *Ne la gâtez pas*! me sont venus soudain à l'esprit, et j'ai compris que je ne devais rien promettre sans l'aveu de Mme Beaumont.

« Ma chère Pauline, a répondu maman avec ce

ton paisible qui m'a fait douter autrefois de sa sensibilité si réelle, songez que nous n'habitons pas la campagne toute l'année; qu'accoutumer ces pauvres gens à recevoir *journellement* une partie de notre desserte, ce serait leur rendre un fort mauvais service; mais, comme les bons mouvements du cœur doivent être encouragés, dites à Laurence que de temps en temps sa mère, ses frères et sœurs, seront *invités* à la ferme; que ces jours-là elle dînera avec eux, et que, si vous êtes contente d'elle, nous donnerons quelquefois à Julienne un pot de beurre, un morceau de lard fumé, pour rendre meilleure sa nourriture et celle de ses enfants; mais en même temps, ma fille, amenez-la à bien comprendre qu'elle doit manger pour être en état de faire son service, et en outre que, s'il en était besoin, vous lui feriez quelque avance sur ses gages afin qu'elle pût aider sa famille. Entretenez en elle, ma chère fille, la répugnance naturelle que toute âme un peu élevée éprouve pour l'aumône; montrez-lui le bien-être de tous les siens comme la juste récompense de l'accomplissement des devoirs de la domesticité, qu'elle a acceptée dans l'unique but d'être utile à sa mère et à ses jeunes frères. Nous trouverons moyen d'occuper sa mère, et votre mari saura alléger la charge que quatre enfants font peser sur cette pauvre veuve. »

Tu n'as pas d'idée, ma chère amie, de la joie

de Laurence lorsque je lui ai porté ces bonnes paroles.

« Ah ! madame ! madame !.....Je suis à madame à la vie, à la mort ! »

Et elle pleurait, et elle couvrait de baisers une de mes mains dont elle s'était emparée.

Je n'ai pas voulu troubler sa joie en lui rappelant plusieurs oublis qu'elle a commis dans la journée ; mais le lendemain je lui ai parlé avec autant d'*onction*, je crois, que l'aurait pu faire ma belle-mère.

N'importe, ma Clémence, ce que j'ai entrepris n'est pas *amusant;* je le répète avec un soupir. Et quand je pense qu'à la ville Laurence aura bien plus à faire qu'ici ; qu'il faudra, là aussi, la *styler*, la former.... Mais, bah ! j'ai six mois devant moi. Prie Dieu qu'il daigne me donner de la patience !

J'ai prolongé la veillée pour t'écrire ; j'ai si peu de temps à ma disposition ! Bonsoir, et, si tu m'en crois, ne hâte pas de tous tes vœux le moment où tu te trouveras à la tête de la maison de ton oncle !

## XIII

### Devoirs envers les serviteurs.

Imagine-toi, chère amie, que ma tante et Anaïs sont venues nous voir quelques jours avant la noce de Suzette, pour savoir quel genre de fête serait donnée à cette occasion-là! Elles ont, l'une et l'autre, un tel amour de la parure et des plaisirs, que toute occasion leur paraît bonne pour faire toilette, et que toute fête leur paraît convenable, quel qu'en soit le motif.

« Je ne vous comprends pas, ma sœur, a dit Mme Beaumont, de cet air..., non pas froid, non pas hautain, non pas.... que dirais-je? enfin de cet air qui n'appartient qu'à elle, et qui vous déconcerte de la tête aux pieds, ma tante exceptée.

— Je m'explique pourtant assez clairement, a repris Mme Nesle. Puisque la noce se fait chez vous, rien de plus facile que de profiter de la circonstance pour donner un bal sous la feuillée, en invitant tout le voisinage.

— En vérité, a répondu ma belle-mère, je ne vois pas de quelle manière je pourrais m'y prendre pour vous inviter, ma sœur, ainsi que les dames du château, les familles du maire et du notaire, à la noce de ma femme de chambre.

— On a deux salles à manger, deux salles de bal : la compagnie d'un côté, les paysans de l'autre.

— Rien, ma sœur, ne serait plus blessant pour une excellente domestique, à laquelle nous voulons donner une dernière marque d'estime et d'affection.

— Ainsi vous n'inviterez personne?

— Absolument personne.

— Ce sera amusant! » a murmuré Anaïs.

Je t'avouerai, Clémence, que je pensais comme elle; seulement je me gardai de le dire. Édouard, après s'être concerté avec ma belle-mère, avait décidé qu'il fallait laisser toute liberté aux mariés d'inviter leurs parents, amis et connaissances. Suzette a mis dans ses invitations une réserve dont je lui ai su gré. Pour le bal seulement, elle a demandé la permission de réunir autour d'elle les deux seules femmes de chambre dignes de ce nom qui soient dans le pays; Simon, de son côté, a soumis sa *liste* à mon mari et à ma belle-mère, en disant avec son gros rire : « Puisque monsieur Beaumont, sa mère et sa femme nous conduiront à l'église et nous recevront à leur table, faut n'avoir que du monde *propre*. Pour le bal, je ne dis pas! Les parents, les témoins pour le dîner, s'il vous plaît, monsieur Beaumont : les amis et les *loustics* pour la danse.

— Et le souper, a ajouté mon mari.

— Comment! y aura un souper après un dîner? Fameux! Ça consolera ceux qui ne seront pas du dîner. »

Et il s'en est allé en se frottant les mains avec un air de joie qui nous a fait plaisir.

Suzette aurait bien voulu se mettre à la *mode de la ville*, le jour de son mariage. Maman lui a dit : « Mon enfant, vous allez redevenir villageoise, et vous allez, en outre, devenir maîtresse d'une ferme. Quoique la domesticité ne soit pas un déshonneur, vous le savez, il est mieux, croyez-moi, que rien ne rappelle l'état que vous quittez ; adoptez, dès ce jour-là, le bonnet, les vêtements qui conviennent à votre nouvel état. »

Suzette ne paraissait pas convaincue.

« Vous choisirez, lui dis-je alors, de la forme qu'il vous plaira, le bonnet de dentelle que je vous ai promis ; mais songez, Suzette, que le jour de son mariage la jeune fille fait montre en quelque sorte, par sa toilette, non pas du rang qu'elle occupait, mais de celui où elle va se placer.

— Vous avez raison, madame, a-t-elle dit, après un moment d'hésitation. Et puis ma belle-mère sera bien aise de voir.... C'est dit ... Heureusement, a-t-elle ajouté, que les jeunes ne portent pas des casaquins comme les vieilles, et que les femmes de fermier font faire leurs robes à la façon de la ville. Oh! le casaquin, voyez-vous!... pour le bonnet, il est joli....

— Avant un an d'ici, a dit ma belle-mère en souriant, Suzette sera dans sa ferme, en casaquin, en gros jupons de molleton à raies blanches et noires, et elle ne songera à mettre une robe que dans les grandes *occasions*, aux fêtes des environs ou pour quelque course d'affaire à la ville. Les coquetteries de la jeune fille disparaissent bientôt devant les devoirs de la femme. »

Et ceci est bien vrai, ma Clémence; j'en fais l'épreuve chaque jour. Maman, mon mari et moi, nous avons réglé *l'ordre et la marche*. Suzette, n'étant pas de ce pays, n'y a aucun parent. Ma belle-mère et mon mari se sont chargés de la présenter à l'autel. Tout s'est passé convenablement. Au dîner, les invités, contenus par notre présence, ont senti pourtant que nous n'étions pas ennemis d'une franche gaieté. Édouard, qui est aussi bon que sa mère, a chanté le premier au dessert; et tous les visages, un peu contraints jusque-là, se sont épanouis. Suzette, embarrassée d'abord de se trouver à table à côté de celui qui hier était son maître, s'est montrée assez gauche ; quant à Simon, placé entre ma belle-mère et moi, il paraissait être à l'aise.

« De fermier à fermier, de fermière à fermière, disait-il avec son gros rire, il n'y a que la main ! »

Les violons ont donné le signal, nous avons tous passé dans la grande salle de la ferme, fort élégamment décorée avec des guirlandes de feuillage et de fleurs. Édouard a ouvert le bal avec Suzette, et moi avec Simon, puis nous nous sommes retirés, ainsi que ma belle-mère ; mais de temps en temps, Édouard et moi nous reparaissions dans la salle, où régnait une vive gaieté. Nous avons fait les honneurs du souper, et, contre mon attente, je n'ai pas eu un moment d'ennui. Tout ce monde-là était si heureux ! Il y avait tant de joie sur ces figures épanouies, que j'aurais eu regret de n'en pas jouir. Geneviève, Laurence, sa mère, ses jeunes frères et sœurs, habillés de neuf par nos soins, étaient de la fête. A deux heures du matin, tous les convives s'en allaient par les rues du village, chantant à tue-tête et multipliant les vivats.

« Ah ! madame, que c'était beau ! me dit Laurence le lendemain en mettant tout en ordre avec Geneviève, sous ma direction. On se jetterait dans le feu pour de si bons maîtres ; pas vrai, Geneviève ?... Une noce comme ça, et pour une femme de chambre!... Toute la porcelaine, tous les cristaux et l'argenterie!

— Oui, riposta Geneviève, aussi il y a de la besogne aujourd'hui! » Je n'eus pas l'air de m'apercevoir de l'humeur de Mlle Geneviève, et je dis en riant: « Quand le tour de Geneviève viendra, nous en ferons tout autant, et elle ne s'en plaindra pas.

— Oh! une cuisinière!.... Une femme de chambre, à la bonne heure! ça vous a l'oreille de madame, c'est toujours autour de madame....

— Vous savez, Geneviève, répondis-je d'un ton sérieux, que nos serviteurs ont autant de droits les uns que les autres à notre bienveillance. Ce que nous avons fait pour Suzette, nous le ferons pour vous le jour de vos noces, je le répète; car vous remplissez bien vos devoirs et vous nous êtes attachée, du moins je le crois. »

Geneviève ne répondit pas. En vain Laurence la poussa du coude et lui fit signe des yeux; elle persévéra dans son silence et dans son air refrogné.... Vois-tu, Clémence, cette fille est un excellent sujet, irréprochable dans son service; mais elle est maussade parce qu'elle est envieuse, et j'ai bien de la peine parfois à ne pas lui dire ce que je pense de son vilain caractère.

Maman, à qui j'ai raconté cette petite scène, m'a félicitée de ma réserve, en me faisant observer que, dans la disposition où était Geneviève, celle-ci aurait pu se permettre quelque sotte réponse.

« Souvenez-vous toujours, ma fille, a-t-elle ajouté, de ce que bien des fois je vous ai déjà dit : que les domestiques sont pour la plupart et seront toujours de grands enfants mal élevés qu'il faut aider sans cesse de nos avertissements, de nos conseils, et soutenir de notre raison. Beaucoup ont du cœur, car l'espèce humaine n'est pas aussi méchante que le prétendent les gens chagrins ; mais bien peu ont appris à maîtriser ou seulement à cacher les passions qui les agitent comme nous. Geneviève sent malgré elle sa maussaderie ; elle comprend que ses manières rudes ne peuvent rendre son service agréable comme l'était celui de Suzette ; au lieu de s'amender, elle est prête à en vouloir à tout le monde, et plus sa conscience lui dit qu'elle a tort, qu'elle se rend détestable, plus l'humeur qu'elle en ressent la *hérisse*, pour ainsi dire, de nouvelles épines.

— Ma mère, j'admire votre charité, votre patience ! me suis-je écriée ; mais je doute de pouvoir jamais vous imiter. L'autre jour encore, avec quelle douceur vous avez rappelé Mathurine à la raison ! Ses plaintes n'avaient pas le sens commun ! Où est-elle la maison dans laquelle les domestiques sont traités comme ici ?

— Mon enfant, non-seulement nous faisons notre devoir, a répondu Mme Beaumont, en veillant à leur santé morale et à leur santé physique, en les logeant sainement, en les nourrissant bien, en ménageant leurs forces, mais nous travaillons encore pour nous-mêmes. Mathurine, qui est ce qu'on appelle ici *femme de ménage*, c'est-à-dire chargée de traire les vaches et de battre le beurre, se montre, comme Geneviève, peu reconnaissante de ce qu'on fait pour elle et très-envieuse de ce qu'on fait pour les autres. Son matelas de mousse n'a pas encore besoin d'être renouvelé; mais on en a donné un neuf à la fille de basse-cour, et elle s'est regardée comme lésée; il aurait fallu donner son *vieux* matelas à Toinette et lui donner le neuf à elle, attendu qu'une *fille de basse-cour* ne *vaut pas*, à son avis, une *femme de ménage*. Ne jugeons-nous pas ainsi nous-mêmes en bien des circonstances? Ne nous croyons-nous pas sans cesse supérieurs aux autres? Ne pensons-nous pas souvent subir des passe-droits?

— Ah! maman, par exemple....

— Les objets qui font fermenter en nous les mêmes passions sont plus relevés, plus recherchés, voilà tout, ma fille; et, comme l'éducation ne nous a pas donné toujours le moyen de dompter ces misérables passions, nous nous contentons, par respect humain, de les dissimuler avec plus ou moins d'adresse; mais le frein devient trop frêle, lorsque quelque circonstance nous surexcite, et alors nous nous montrons de même parfaitement détestables ou pitoyables, du moins aux yeux des gens réfléchis. »

C'est encore vrai, Clémence !

Ma belle-mère est unique pour unir la bonté à la fermeté. Elle-même veille à la nourriture de tout son monde, et elle trouve moyen, sans faire une grande dépense, de marquer les jours de fête par un meilleur repas. De temps en temps aussi, elle permet aux domestiques d'aller, pendant l'été, aux fêtes des environs ; en hiver, elle permet de danser, si quelque ménétrier vient à passer dans la contrée. Le lendemain de la noce de Suzette, les reliefs ont aidé à donner un banquet à ceux qui, la veille, ayant été chargés du service, n'avaient pas pu jouir des plaisirs de la noce, et les violons ont été retenus pour les faire danser à leur tour.

Que j'avais mal jugé ma belle-mère ! Je la croyais sévère jusqu'au rigorisme, et j'ai trouvé en elle une femme indulgente, sage et bonne, qui sait que quelques distractions sont nécessaires aux serviteurs comme aux maîtres, et que le meilleur moyen de les empêcher de songer à mal faire, c'est de leur accorder au logis quelques-uns des plaisirs qui rendent moins pesants les travaux de tous les jours. A la ville, elle-même avait fait faire de bonnes connaissances à Suzette ; elle permettait quelques sorties, sachant bien chez qui Suzette allait de préférence. Les jours où nous recevions, les domestiques étaient certains d'avoir leur part de punch et de friandises.... Et cependant plusieurs nous ont quittés, parce que, si ma belle-mère est bienveillante, elle tient la main à l'exécution de ses ordres, parce qu'elle exige de la ponctualité.... Comme on les soigne aussi quand ils sont malades! que de charité unie à une fermeté toute dans leur intérêt!... Oui, ma belle-mère est une femme admirable!... mais combien je suis loin encore de marcher sur ses traces! oh! bien loin!...

Je viens d'apprendre à mes dépens qu'il ne faut louer, alors même qu'on est très-content, qu'avec mesure. Laurence a fait une reprise perdue à celle de mes robes de mousseline brodée que j'aime le plus. Je me suis tant récriée, j'ai tant admiré, que Laurence a trouvé moyen pendant huit jours de revenir, par les chemins les plus détournés, sur cette reprise, afin d'entendre encore les louanges qui ont si doucement chatouillé son amour-propre. Cela m'a impatientée; je lui ai dit un peu sèchement que je voudrais pouvoir proclamer de même la *perfection de son service*, parce que du moins je ne serais plus obligée de répéter cent et cent fois la même chose.

La pauvre fille s'est mise à pleurer, je l'ai laissée là; mais j'étais beaucoup plus mécontente de moi que d'elle; car c'était bien ma faute si son amour-propre avait ainsi grandi en quelques instants.

Ma belle-mère ayant surpris Laurence en pleurs, et n'ayant pu savoir d'elle à quel sujet elle versait tant de larmes, m'en a parlé. Après un moment d'hésitation, j'ai tout avoué. Je m'attendais à un *sermon* bien mérité; ma belle-mère s'est contentée de dire. « Cette leçon vous profitera, mon enfant, et elle profitera aussi à Laurence. »

On va commencer à faire les foins; te rappelles-tu, chère amie, qu'un jour, à l'époque de la fenaison, chez M. Lioté, nous avons trouvé charmant le métier des faneuses? Quel plaisir d'enlever et de retourner cette herbe embaumée et fraîchement coupée! J'entrevois ici le revers de la médaille. Me voilà déjà aidant ma belle-mère à passer l'inspection de toutes les fourches, de tous les râteaux de la ferme; j'apprends, en outre, qu'il faudra faire faire bonne cuisine pour les faucheurs, qui ne sont pas tous du pays et se montrent presque toujours fort exigeants. Ah! ma pauvre Clémence, que j'étais loin de me douter de ce que j'acceptais lorsque je me suis mariée! Les travaux des champs, dont nous avons lu ensemble de si belles descriptions dans Thompson, et que toi et moi nous avons *rêvés* tant de fois *con amore*, ne ressemblent guère, en réalité, aux tableaux que nous présentent les poëtes! D'abord les *desservants du temple de la nature*, comme disent ces messieurs, sont des gens fort positifs et fort grossiers : la vue de nos bergères me donne une pauvre idée de celles de l'Arcadie même, et la vie *pastorale* se montre à moi, aujourd'hui, non comme une vie de poésie, mais comme une vie de labeurs sérieux et rudes.

Édouard comprend qu'un changement si complet dans mon existence doit m'étonner au moins, me lasser peut-être. Il m'a proposé de me conduire chez l'un de ses amis, marié à une femme du monde qui passe seulement l'été à la campagne, en grande compagnie, et sans se mêler en rien des travaux champêtres; mais je ne laisserai pas peser tout le fardeau sur ma belle-mère. Ses forces n'égalent pas son courage, et, puisqu'une partie de la fortune de mon mari dépend du produit des biens qu'il fait valoir, il faut que je m'accoutume à prendre ma part des travaux qui sont du domaine de la ferme.

Chère amie, la vie est très-sérieuse au fond!... Quand je vois comment vont les choses chez mon malheureux oncle, où la mère et la fille sont aussi peu raisonnables l'une que l'autre, je rougis des ennuis et des dégoûts qui me saisissent quelquefois, malgré moi, et, courageusement, je quitte crayons et pinceaux pour aller, soit à l'office, soit à la cuisine, soit à la ferme..... Aime-moi du moins comme au temps de nos rêves!

# XIV

## Travaux des champs.

Je viens, chère amie, de voir des moutons blancs comme neige, tels que nous les montrent les peintures du siècle dernier. Le procédé est des plus simples pour les obtenir ainsi, et se désigne dans le pays par l'expression peu poétique de *lavage à dos*. On les retient tout bonnement dans l'eau courante, pendant que leur *baigneur* presse dans ses mains toutes les parties de la toison. On choisit, pour faire cette opération, une journée de beau soleil, afin que les moutons puissent sécher leur laine à ses rayons; puis on les ramène à l'étable, où ils sont comme enfouis dans de bonne litière fraîche et préservés des courants d'air. Ce n'est guère qu'au bout de huit jours que leur laine défrisée et mêlée a re-

10

pris sa finesse et son éclat. Vient ensuite le moment de la tonte pour les moutons lavés ou non lavés; alors arrivent les tondeurs; car :

Pauvres moutons, ah! vous avez beau faire,
Toujours on vous tondra, toujours on vous tondra!

Quand j'ai vu la manière dont on s'y prenait pour les dépouiller de leur toison, je me suis écriée que je ne voulais pas que mon *agneau*, qui est devenu un superbe bélier, fût tondu comme les autres; mais maman m'a fait observer que la tonte préserve ces pauvres bêtes d'une grande partie des souffrances de la mue, et j'ai consenti, à la condition que ce serait la mère de Laurence qui le tondrait. C'est que tous les tondeurs ne sont pas habiles, vois-tu! Tu devines que j'ai essayé de rendre ce *service* à mon mouton; mais j'ai dû y renoncer : il faut de l'habitude pour manier les lourds ciseaux appelés *forces* dont on fait usage, et une certaine habileté, car il s'agit de dépouiller l'animal de sa robe sans hacher celle-ci par de fausses coupes, et sans blesser le *patient*. Entre deux tondeurs, à cheval chacun sur l'extrémité d'un banc de bois, le mouton, les quatre pieds attachés, est d'abord étendu sur le dos; l'un des tondeurs le tient par les pieds de derrière, l'autre le tenant par la tête et par les pieds de devant, fait jouer les cisailles en commençant par la poitrine. Puis, sans pitié, on tourne et retourne en tous sens, la victime, qui ne dit mot, mais mord quelquefois malgré sa douceur proverbiale. Chose singulière, le mouton ne bêle que lorsque, remis à terre sur ses quatre pieds, il s'en retourne à la bergerie dépouillé de sa robe. Est-ce un chant de triomphe ou un chant de détresse? Personne n'a pu me le dire. Mon agneau traité plus doucement par Julienne et une femme qu'elle s'était adjointe, est maintenant aussi laid que les autres.

Je dois ajouter que le lavage à dos ne se fait pas toujours avant la tonte. Ordinairement, la laine est coupée en *suint*, c'est-à-dire qu'elle n'est lavée qu'à mesure du besoin.

Pour ces différents travaux, ma mère et mon mari emploient de préférence les gens du pays, qu'ils y ont formés; tous les deux sont d'avis que la meilleure manière de sauver les pauvres gens de la misère, c'est de leur donner une industrie. Comme toujours, la *part des pauvres* a été faite sur la tonte des moutons ordinaires; cette laine fournira du travail aux cardeuses, aux fileuses, aux tisseuses, aux tricoteuses, quand viendra le temps où les travaux des champs sont forcément suspendus; la moitié du salaire qu'elles gagnent ainsi leur est payé soit en denrées, soit en argent, et l'autre moitié en vêtements composés de cette étoffe qu'elles ont ouvrée. Tu penses bien, ma Clémence, que le prix des façons que ma belle-mère débat *sérieusement* avec les ouvrières, est plus élevé que celui qu'on paye ailleurs, parce qu'au fond c'est une aumône. Il en est de même, dans un sens opposé, du prix des denrées, des étoffes, qui sont *cédées* à ces pauvres gens, c'est-à-dire qu'ils ne pourraient s'en procurer nulle part à si bon marché ; mais on fait disparaître ainsi le plus possible le caractère d'aumône, afin d'exciter ou d'entretenir l'amour du travail. Mme Beaumont et mon mari ont su trouver une multitude de ces ruses-là, pour arriver à développer dans l'âme des nécessiteux la satisfaction que donne un salaire acquis par son labeur et la crainte d'être regardés comme des mendiants. Oh! nous avons bien des projets en tête pour cet hiver, et surtout depuis que nous avons entendu parler d'une société qui s'est formée dans l'Isère, à Voiron, pour l'extinction du vagabondage et de la mendicité. Chacun des membres donne 25 *centimes par mois ;* entends-tu? 25 centimes par mois! et dans une année, cette société a pu secourir efficacement huit cent cinquante-huit personnes! M. Dumont, le notaire d'ici, a promis d'écrire à M. Roger, président de l'association de Voiron, pour lui demander tous les détails possibles à ce sujet.[1] Tu penses bien que beaucoup de per-

1. Nous engageons nos lectrices à faire de même; les comptes rendus de l'Association voironnaise, *pour l'extinction de la mendicité et l'assistance générale des indigents*, prouvent tout le bien

sonnes font des dons en outre de leur cotisation mensuelle; mais l'ordre dans l'administration des fonds, mais la règle d'après laquelle les secours sont distribués, doivent concourir grandement à l'accomplissement de cette bonne œuvre. M. le curé nous disait que l'aumône des *petits sous* produit souvent beaucoup à ceux qui les recueillent, mais en les accoutumant à vivre dans l'abjection de la mendicité et dans l'oisiveté que procure un gain facile; tandis que cette aumône des *petits sous*, confiée à des mains charitables et sages, pourrait au contraire produire les plus grands biens, guérir la classe nécessiteuse de beaucoup de vices et la préserver sérieusement de la misère.

Combien de choses dont je ne me doutais guère j'ai apprises depuis que je vis à la campagne! Ne m'étais-je pas imaginé que personne n'y pouvait manquer de feu, puisqu'il y a des bois, des buissons, des haies à peu près partout?

« Mais, a dit ma mère en riant lorsque je lui ai raconté mon *imaginative*, si chacun pouvait disposer du bois, des haies, des buissons même, les propriétés particulières ou communales seraient prompte-

auquel il est possible de parvenir par l'accumulation de faibles aumônes sagement réparties entre les nécessiteux, et la régénération morale qui en résulte; on ne saurait lire ces comptes rendus sans être ému jusqu'aux larmes, et sans reconnaître le bien qui résulterait pour la France entière d'associations semblables établies partout.

ment dévastées. A la campagne, ma fille, comme à la ville, le pauvre souffre du froid en hiver. La misère est souvent si grande, que s'il brûle pour se réchauffer, dans sa chaumière à peine close, les *fanes* de haricots et de lentilles recueillies dans son petit champ, il ne pourra faire cuire son pain faute de combustible pour chauffer le four banal. »

Vous allez toutes, mes amies, vous récrier comme moi à l'idée d'une misère pareille, mon Dieu! Et nous dépensons en un instant, pour satisfaire quelque fantaisie, plus qu'il ne faudrait pour préserver du froid et de la faim pendant la mauvaise saison une famille tout entière, et nous nous glorifions d'avoir fait cette dépense inutile!...

Je suis allée ce matin prier M. Dumont d'écrire sans retard à Voiron. Puisque les petites aumônes produisent des sommes assez considérables pour faire disparaître la misère, il faut tâcher d'en réunir le plus possible; je compte sur toi et sur nos amies.

Les faucheurs commencent à arriver. Ma belle-mère se servant toujours de préférence des gens du pays n'a pas besoin de prendre un très-grand nombre de ces ouvriers cosmopolites qui parlent tous les patois de la France et même de la Belgique. Il y en a dont la figure, l'air, le regard, la tournure font peur.

J'ai assisté aux *accords* faits pour le fauchage. Tu

ne te figures pas, ma Clémence, combien ma belle-mère, qui est plutôt petite que grande, et dont la figure sérieuse annonce pourtant beaucoup de douceur, a quelque chose d'imposant quand il lui plaît. On sent, à sa manière calme de s'exprimer, qu'elle sait avoir une volonté, qu'elle peut être bonne, mais qu'avant tout elle sera juste; qu'elle tiendra les conditions qu'elle aura faites, mais qu'en même temps elle exigera qu'on tienne les conditions acceptées. Les accords sont bientôt terminés avec les ouvriers du pays; il n'en est pas de même avec les ouvriers étrangers. Maman écoute patiemment les raisons qu'ils font valoir pour obtenir un salaire plus élevé, du vin ou du petit vin, au lieu de piquette et de petit cidre; puis elle dit de son air paisible, mais ferme : « Le prix que nous avons fixé pour la journée est raisonnable, vous pouvez vous informer. Si le pays était un pays vignoble, nous donnerions du vin ou du demi-vin; mais ici, les gens de la ferme doivent se contenter de piquette ou de petit cidre, parce que nos vignes n'occupent qu'une très-petite partie des terrains en culture. »

Après de nouvelles difficultés, que ma belle-mère écoute encore avec la même patience, les ouvriers étrangers acceptent les uns la piquette, les autres le petit cidre, suivant qu'ils sont d'un pays de vignobles ou d'un pays qui abonde en pommiers; puis le *menu* de chaque repas est débattu; ces pauvres gens, qui viennent de loin, dont le travail est rude, et qui chez eux ne mangent peut-être pas quatre fois de la viande dans l'année, voudraient qu'on leur en donnât tous les jours et à chaque repas. Je te dis tout cela, Clémence, parce que, si tu n'as pas une ferme à surveiller chez ton oncle, tu auras nécessairement affaire à des ouvriers du pays ou du dehors qui ne mettront point de bornes à leurs prétentions ; on ne peut réduire celles-ci à de justes proportions qu'avec une fermeté mêlée de douceur, mais inébranlable.

C'est Édouard qui surveille les travaux dès le point du jour ; maman et moi nous veillons à la préparation du repas qui se fait à la ferme, puis nous allons à notre tour inspecter les faucheurs, les faneuses, les râteleurs. Dans une grande exploitation comme la nôtre, il n'y a pas de petite perte ; il faut que les prairies rendent en foin tout ce qu'elles peuvent rendre. Maman voit d'un coup d'œil si les faucheurs tondent d'assez près pour ne pas laisser sur le pré de ces fausses coupes qui diminuent sensiblement la quantité de la récolte ; elle reprend ceux des faucheurs qui passent trop de temps à aiguiser leur faux avec la pierre ; elle avertit les râteleurs qu'ils ne ratissent pas avec assez de soin. Quelques-uns disent bien que Mme Beaumont la mère est trop *regardante*, que Mme Beaumont la fille serait *meilleure*, c'est-à-dire moins clairvoyante. Maman quelquefois ne fait pas mine de les entendre ; d'autres fois elle répond en souriant : « Je ne *lésine* pas, vous le savez, sur la quantité de graisse nécessaire pour que la soupe soit bien *nourrie* ; je fais *bonne mesure* pour la piquette et le petit cidre ; mais si mes prairies ne me rapportent point, par votre faute, ce qu'elles doivent me rapporter, vous comprenez que pour *me rattraper*, je serai obligée de faire la soupe plus maigre et d'employer de plus petites mesures. »

Et tous se mettent à rire ; et tous travaillent avec plus d'ardeur.

Édouard m'a fait souvent remarquer que le sentiment de la justice se trouve dans le cœur de l'homme sans éducation, aussi net, aussi sûr que dans le cœur des enfants ; il suffit de le réveiller par un mot, pour qu'aussitôt il se manifeste. L'intérêt le fait taire, sans doute, mais enfin il existe. C'est à ceux qui emploient un grand nombre d'hommes sans éducation, dit mon mari, à l'exciter le plus souvent possible, et à le développer en se montrant de leur côté non-seulement justes aussi, dans ce qu'ils exigent en fait de travaux, mais encore bons et humains. Ainsi, par exemple, Édouard et Mme Beaumont tiennent la main à ce que le temps payé soit loyalement employé ; aux heures du repas, ils provoqueront, par des questions pleines de bienveillance, la confiance de ces hommes, dont un rude labeur n'a pourtant pas endurci le cœur. Ils s'informeront s'ils sont mariés, de ce que font leurs femmes, du nombre de leurs enfants, des états divers auxquels ils les destinent ; Édouard donnera quelques bons conseils ; ma belle-mère promettra quelques vêtements pour la mère de famille, une layette pour le nouveau-né ; elle s'intéressera au récit des malheurs qui, après avoir ruiné le pauvre père, l'obligent à s'en aller de contrée en contrée au temps de la fenaison, des moissons, des vendanges, alors qu'autrefois il avait à lui assez de pièces de terre pour y récolter de quoi nourrir sa famille.... Que de plaintes fondées j'ai déjà entendues depuis quelques jours!... Et nous, à qui rien ne manque, nous pleurons, nous nous croyons les plus malheureuses créatures qui soient au monde, lorsque nous ne pouvons acheter des superfluités dont nous avons envie ; lorsqu'il pleut, si nous avions le projet de sortir, lorsque la robe que nous voulons mettre va mal!... Que sais-je?... Il faut venir aux champs pour apprendre combien peu suffit à la vie matérielle, et que de fatigues, de privations, de souffrances, on peut endurer sans mourir!...

Je finis vite, car j'entends dans le jardin la voix de ma tante et celle d'Anaïs. Elles se moqueraient de moi si elles lisaient ce que je viens d'écrire ; mais toi, Clémence, tu ne te moqueras pas, j'en suis sûre, et, plus tard, quand tu auras vu de près ces pauvres travailleurs, qui vivent au jour le jour et se contentent de si peu, comme moi tu les admireras, tu les plaindras, et tu accepteras avec plus de résignation les petites contrariétés de la vie. Que sont-elles, mon Dieu! au prix des épreuves journalières qu'ils ont à subir!

A toi, mon amie.

## XV

### La ferme.

Tes questions, ma bonne Clémence, me font grand plaisir, parce qu'elles me prouvent que les choses dont je t'entretiens ont pour toi un véritable intérêt. Quiconque nous aurait prédit cela, il y a deux ans, nous eût fait bien rire toi et moi. C'est qu'alors toi et moi nous n'avions pas la moindre idée de notre lot ici-bas, à nous femmes, ou plutôt de notre mission; nous étions loin de nous douter que le but principal de nos pensées, de nos actions, doit être le bonheur de tous les êtres animés que Dieu nous soumet quand nous devenons maîtresses de maison; bonheur qui renferme tout ensemble les aisances matérielles et les joies du cœur. C'est une véritable royauté cela!... Hélas! comme toutes les royautés, elle a ses soucis et ses jouissances ! Je mets les soucis en première ligne, parce qu'ils sont parfois très-*abondants*, tandis que les jouissances sont au contraire assez rares, et encore faut-il acheter celles-ci par des efforts sérieux et soutenus.

Maintenant que la fenaison est terminée et que les faucheurs étrangers sont partis, je peux causer avec toi, tandis qu'à la ferme on s'occupe de faire rentrer les foins.

Je ne suis pas encore en état de te donner les explications que tu désires ; ma belle-mère me charge de te dire d'ailleurs qu'il y a beaucoup de choses qu'on apprend sur les lieux mêmes et que les habitudes ne sont point partout semblables. Ainsi, par exemple, tu me demandes comment se fabriquent le demi-vin, la piquette, le petit cidre. Je t'enverrai plus tard mes recettes ; mais seront-elles semblables à celles dont on fait usage dans les contrées que tu dois habiter, lorsque tu iras prendre la direction de la maison de ton oncle ? Tu veux savoir aussi de quelle manière sont nourris les gens de la ferme et nos domestiques. Je ne peux que te dire notre manière à nous, et ma belle-mère veut encore que je t'avertisse que notre maison ne doit pas être prise pour *modèle;* pure modestie de sa part, je t'assure ; j'en juge par ce que j'ai vu à la ville et par ce que je vois dans tout le voisinage. J'entre donc en matière ; mais souviens-toi bien, je le répète, que certaines coutumes diffèrent tout naturellement, suivant que les productions du pays sont plus abondantes dans tel genre et moins abondantes dans tel autre genre. Ici, par exemple, on récolte plus de grain que de pommes ou de raisin, et la principale industrie est l'élève du bétail ; il en résulte qu'à la ferme nous pouvons donner de la viande deux fois par semaine ; mais aussi il faut remplacer le vin par la piquette ou le râpé, et le maître cidre par le petit cidre : tu dois comprendre que le contraire a lieu dans les pays de vignobles : là le vin supplée au manque de viande, ailleurs c'est la bière.

A la tête de notre ferme est placée une de ces femmes intelligentes et actives comme il s'en trouve en plus grand nombre qu'on ne le croit dans les campagnes. D'abord simple fille de basse-cour, puis *femme de ménage*, Jeannette s'est formée aux leçons de Mme Beaumont, qui l'a mariée ; son mari, Jean-Baptiste, est le chef des laboureurs. Ils ont une famille nombreuse, et tous les enfants sont aussi laborieux que le père et la mère ; tous sont employés à la ferme aux fonctions diverses de garçons de labour, de vachères, de filles de basse-cour, de bergers ou *pâtours*, de porchers, de *petits valets ;* les petits valets remplacent parfois la vachère pour la garde aux champs du gros bétail, le nettoyage des étables, etc. Plusieurs voisins ont essayé de tenter Jean-Baptiste et Jeannette par l'appât d'une ferme où ils seraient *seigneurs et maîtres.* « Mais, a répondu Jeannette, nous aurions des fermages à payer dans les mauvaises années comme dans les bonnes années; au lieu qu'ici, bien gagés, nous dormons sur les deux oreilles, mettant de côté au bout de l'an des économies que la bonté de nos maîtres augmente quand ils sont contents, et ils le sont toujours; sans compter que ce nous serait un crève-cœur de laisser là ceux qui nous ont fait ce que nous sommes pour aller en enrichir d'autres qui ne nous feraient pas grâce d'un rouge liard. Non, nous resterons, et quand nous serons vieux, nous aurons à nous une maison et assez de morceaux de terre pour vivoter tout doucement et laisser après nous quelque chose à nos enfants. »

Ma belle-mère ayant voulu que tous les enfants de ces braves gens apprissent à lire, à écrire, à compter, l'aîné, Jean, doué d'une intelligence remarquable, a fait de tels progrès qu'aujourd'hui il est l'homme de confiance de mon mari. Édouard l'emploie à la tenue de ses livres d'achats et de ventes; c'est presque toujours avec le concours de Jean qu'il fait des expériences sur l'engrais des bestiaux et des terres, ainsi que sur les produits des différentes espèces de végétaux dont les feuilles fournissent le meilleur fourrage, dont les graines donnent en plus grande abondance des huiles qui servent à des usages si divers.

C'est un grand talent, vois-tu, chère amie, que celui qui consiste à employer les gens, non d'après sa propre fantaisie, mais suivant leurs capacités naturelles, talent qu'Édouard tient de sa mère. Le gros bon sens des paysans de cette contrée en apprécie la valeur, et ils la proclament naïvement par ces mots devenus ici une sorte d'adage : *Ce n'est pas M. Beaumont qui voudrait faire pousser le blé dans les prés et l'herbe dans les champs!* adage qu'ils se répètent l'un à l'autre avec un sourire plein de malice, lorsque notre digne maire se laisse aller, dans ses discours d'apparat, à des *utopies humanitaires* qui me paraissent parfois tout à fait *ébouriffantes.*

Mais revenons à nos moutons, qui sont bien laids, par parenthèse, y compris même mon cher Bébé, depuis qu'ils ont été tondus.

Si Jean-Baptiste est passé maître entre les chefs de labour, Jeannette, de son côté, est douée de toutes les qualités nécessaires pour mener avec activité le ménage de la ferme et les travaux intérieurs.

Aux champs, je te l'ai dit, chère amie, c'est avec le jour qu'on se lève pendant toute la belle saison. Jeannette est sur pied la première : elle distribue les déjeuners que chacun emporte avec soi ; le plus souvent du pain, du fromage, en font les frais. A midi, tous les travailleurs rentrent pour le dîner. La soupe et un plat, voilà le menu. Mais quelle bonne soupe! et quel énorme plat de légumes cuits tantôt avec de la viande, tantôt avec du lard, tantôt avec de la graisse! Les jours maigres, le lait caillé, le beurre, les œufs jouent un grand rôle; en hiver, le poisson salé, fumé, vient en aide aux légumes secs. Après le dîner, les travailleurs retournent aux champs, emportant le goûter composé comme le déjeûner; enfin, le soir, un repas aussi solide que le dîner termine la journée. Le dimanche et les jours de fête on a le *vrai* pot-au-feu, puis une salade, ou du lait caillé, ou des fruits, ou bien la soupe aux choux et un lapin mis en ragoût avec des légumes en abondance. Aux très-grandes fêtes, ma belle-mère accorde quelquefois à la friandise villageoise le *mets des riches*, c'est-à-dire une poule, une oie. Il n'en est pas ainsi dans toutes les fermes: les charges sont trop lourdes pour que celui qui doit payer un fermage se nourrisse avec tout son monde de cette façon; mais nous faisons valoir des terres dont nous sommes propriétaires, ce qui est bien différent. Quant à la boisson, c'est par chaque personne un litre et demi de piquette ou de petit cidre, au choix.

Nos domestiques, tu le comprends, sont nourris un peu plus délicatement, parce qu'ils reçoivent une partie de notre desserte ; mais ils n'ont pas d'autre boisson que les gens de la ferme.

Avant de venir ici, je ne me doutais pas du tout qu'aux champs, comme à la ville, beaucoup de gens vous estiment suivant la manière dont votre cave est garnie. Mon mari a affaire à des marchands de grains, de bestiaux, qui ne savent pas faire de marché sans boire ; une foule d'autres personnages non moins bruyants viennent journellement traiter avec lui ; aux uns on ne sert que du demi-vin, les autres ont droit au vin du pays, qui n'est pas merveilleux, mais qui doit couler à flots ; quant à la conclusion du marché, elle n'a jamais lieu sans qu'Édouard soit obligé de faire servir du vin *du bon coin*. Ma tante ne comprend pas qu'Édouard ne mette pas la moindre importance à passer pour avoir la cave la mieux montée de la contrée.

Chez mon oncle, la dépense en vin, nécessitée par les relations avec les marchands de fer et de quincaillerie, monte assez haut pour que ma belle-mère ait cru devoir faire quelques remontrances à ce sujet.

« Je ne veux pas que M. Nesle passe pour un homme ruiné, » a répondu ma tante avec aigreur.

Hélas ! ma Clémence, il suffit de voir le désordre qui règne dans toute la maison et la figure sombre de mon pauvre oncle pour deviner, malgré les grands airs et les belles robes de Mme Nesle, que ce n'est pas l'aisance qui règne à la forge! Mais ma tante rougirait de faire les économies bien entendues qui entretiennent la fortune au moins, si même elles ne l'augmentent pas, et qui permettent d'aider les malheureux autrement que par une aumône passagère!

Oui, je te promets de préparer pour toi un cahier de recettes dans tous les genres pour la ferme et pour la maison de maîtres; m'en occuper n'est pas possible à présent, et d'ailleurs rien ne presse, puisque tu ne sortiras de pension qu'au printemps. Cet hiver, j'espère bien, pendant les longues veillées et tout en berçant mon enfant, trouver le temps de mettre au net les notes que j'aurai prises pour toi. Comme je veux nourrir, nous ne retournerons pas à la ville cette année.

Combien les idées changent!..... L'an dernier, j'aurais regardé comme quelque chose d'impossible et d'effrayant même la seule perspective de passer l'hiver dans cette grande maison, loin de tous les plaisirs que j'aimais alors aussi passionnément qu'au moment de mon mariage!... cette année, je rêve bien quelquefois encore aux joies du monde, mais je sens que je m'en détache de plus en plus. Il y a tant à faire ici!... Tu ne te figures pas avec quelle rapidité le temps coule; je veux absolument me mettre en état de seconder partout ma belle-mère. La surveillance doit être de tous les instants. Heureusement Laurence fait des progrès marqués dans son service, ce qui allége un peu mes occupations de ce côté. Je me suis avisée, après avoir dressé pour elle un tableau de ce qu'elle doit faire chaque jour, d'en dresser un autre pour mon usage. Je suis encore bien étourdie, vois-tu, et si tu savais de combien de détails se compose cet ensemble du ménage et de la ferme!... Ma belle-mère m'a surprise absorbée dans ce travail; elle s'est écriée, émue jusqu'aux larmes et en m'embrassant : « Dieu soit loué! mon Édouard trouvera en vous, ma fille, une digne compagne! »

Les larmes m'ont gagnée à mon tour. Ah! c'est qu'un éloge de ma belle-mère est chose si douce!

Tu peux m'en croire, Clémence, et quoi qu'en dise Mme Beaumont, notre ferme est digne de servir de modèle. L'ordre, l'économie, la propreté, la justice unie à la bonté y règnent. Je n'ai qu'à regarder chez nos voisins pour comprendre tout ce que peut obtenir une femme uniquement occupée de ses devoirs de ménagère, les premiers de tous, je commence à le reconnaître.

Suzette, que je suis allée voir, m'a attirée à l'écart pour me raconter les obstacles que sa belle-mère apporte aux changements utiles qu'elle voudrait faire. L'esprit de routine commande là en maître, ainsi que la lésinerie et bien souvent la mauvaise foi; mauvaise foi qui naît chez les paysans d'une trop grande âpreté au gain et de l'étroitesse de l'esprit. Il y a eu des querelles avec les faucheurs pendant la fenaison ; plusieurs ont menacé de laisser là le travail, parce que Mme Simon, la mère, les nourrissait mal ; presque tous ont déclaré qu'ils ne travailleront pas pour Simon à la saison prochaine.

« Dieu sait, a ajouté Suzette les yeux humides, que ce n'est pas ma faute si ma belle-mère n'a pas voulu entendre raison... Et dire que j'en ai pour une année entière à ne pas être maîtresse au logis ! Si tout va aussi mal aux moissons, je crains que Simon et moi, lorsque nous serons à notre compte, nous ne trouvions plus pour notre besogne que les ouvriers dont personne ne voudra, c'est-à-dire les maladroits, les paresseux, les gens sans conduite.... Ah ! si madame voulait parler à ma belle-mère !...

— Je le veux bien, Suzette ; mais alors elle se doutera que vous m'avez fait des plaintes, et les choses n'en iront pas mieux, tout au contraire !

— C'est vrai ! a-t-elle répondu le cœur gros de soupirs.

— Écoutez, Suzette, je prierai maman de passer ce soir chez vous. Mme Simon ne manquera pas de se plaindre des faucheurs, de vous peut-être.... Maman en profitera pour lui donner quelques conseils. Moi, ma pauvre femme, je vous dirai seulement qu'il faut être patiente et soumise. Sans doute, vous avez vu pendant des années comment Mme Beaumont dirige tout; mais votre position n'est pas la même : vous n'avez ni son âge, ni son habileté, ni son expérience, et enfin cette ferme que vous tenez à loyer, et où vous serez maîtresse l'an prochain, a bien marché jusqu'ici.... Laissez donc faire votre belle-mère sans la contrecarrer en tout. Comme moi, Suzette, vous avez beaucoup à apprendre!

— Que madame est bonne! » s'est-elle écriée en portant ma main à ses lèvres.

Je suis revenue au logis toute pensive. Moi aussi, ma Clémence, j'ai eu, dans les commencements de mon mariage, toute sorte d'idées qui n'avaient pas le sens commun, je l'ai reconnu depuis. Que de fois je me suis dit : Je changerai ceci, cela, et tout n'en ira que mieux.... Mais aujourd'hui!... aujourd'hui j'admire, je vénère celle qu'en secret j'ai plus d'une fois osé blâmer, et mon ambition la plus chère est de devenir ce qu'elle est, l'ange de foyer.

## XVI

### Fermière et châtelaine.

Devine, chère amie, quelle est la personne dont j'ai reçu hier la visite!... C'est une de nos plus *anciennes* connaissances, et même une *intime* du temps jadis!... Tu ne devines pas?... Héloïse, ma Clémence, la brillante Héloïse! Tu dois te rappeler maintenant qu'il y a quatre ans Héloïse fit un riche mariage. Pendant assez longtemps elle se souvint de nous; elle venait nous visiter à la pension, et elle nous laissait éblouies de son élégance, ravies du récit des fêtes où elle allait, de celles qu'elle donnait; elle regrettait, disait-elle, de ne point nous y voir, ce dont nous éprouvions une vive gratitude.... Puis, tout à coup, nous n'entendîmes plus parler d'Héloïse, la femme à la mode. A l'époque de mon mariage, elle répondit à la *lettre de faire part* en m'adressant un petit billet parfumé, tout rempli de ces choses charmantes qui ne signifient rien du tout et qui font plaisir pourtant, surtout aux *naïves* personnes, comme toi et moi, parfaitement dupes des banalités en usage dans le beau monde. Depuis ce merveilleux petit billet, Héloïse n'avait pas donné signe de vie.

Hier matin, pendant que j'étais occupée à la ferme où l'on essayait un nouveau hache-paille, Laurence est accourue tout en émoi pour me dire qu'une *belle* dame venait d'arriver à la maison, dans une *belle* voiture, attelée de deux *beaux* chevaux, avec un *beau* cocher et un *beau* domestique, et que cette *belle* dame m'attendait. Je n'étais pas habillée; un peu de mauvaise honte s'empara de moi, et je dis à Laurence qu'elle aurait dû répondre que je venais de sortir.

« Oh! cette dame a dit qu'elle est une des *meilleures* amies de madame, qu'elle vient de faire deux lieues tout exprès pour voir madame, et qu'elle attend madame avec grande impatience. »

Après avoir un peu hésité, je pris bravement mon parti, cherchant à deviner, tout en marchant vers la maison, qui ce pouvait être....

Héloïse vint à moi les bras ouverts, et nous nous embrassâmes cordialement, comme autrefois. Le moyen de bouder celle qui revenait à moi!

Mais quelle est changée, la pauvre Héloïse!... Sa pâleur, sa maigreur m'ont fait peine, et lorsqu'elle s'oublie un instant, sa figure, habituellement souriante, prend une expression d'amère tristesse qui navre le cœur.

Après une collation que ma belle-mère a eu la bonté de faire servir, Héloïse et moi nous sommes montées dans mon cabinet de travail, et là nous avons retrouvé peu à peu l'intimité d'autrefois.

« Tu es heureuse, n'est-ce pas? m'a-t-elle dit tout à coup. Oh! oui, je le vois à tes fraîches couleurs, à l'expression de ton regard, à ces mille riens qui t'entourent et à l'ordre qui règne ici.

— Oui, chère Héloïse, je suis heureuse, parfaitement heureuse.... Et toi?

— Moi aussi, a-t-elle répondu d'un ton qui disait tout le contraire. Voyons, raconte-moi tous tes bonheurs; j'en jouirai, crois-le bien, avec le cœur d'une amie. »

J'ai donc raconté en peu de mots ma vie si douce pour tout ce qui touche le cœur, et en même temps si occupée.

« Et tout cela te plaît? a demandé Héloïse.

— Oh! pas toujours, ai-je répondu franchement; mais lorsque mon mari, ma belle-mère, me témoignent cette affection pleine d'estime que j'ambitionne par-dessus tout, je me trouve si bien récompensée de mes efforts pour la mériter, que ce souvenir m'aide à vaincre ma légèreté naturelle et même des dégoûts involontaires.... Mais parle-moi donc de toi, de ton fils....

— Je l'aurais amené avec moi, chère Pauline, si sa frêle santé n'exigeait pas les plus grands ménagements... Ainsi ton mari a consenti à te laisser nourrir!... Tu seras mère complétement, au lieu que moi..... Tu ne sais pas ce que c'est que le monde, Pauline, ni jusqu'où vont ses exigences! Moi, je me suis aperçue un peu tard qu'il donne infiniment moins qu'il ne le promet en plaisirs et beaucoup, beaucoup en chagrins!... Oui, je l'ai reconnu un peu tard.... mais pas trop tard, je l'espère! »

Aussitôt détournant l'entretien, elle s'est informée de toi, ma Clémence, de nos compagnes, de nos institutrices, s'excusant avec grâce d'un *oubli* qui n'a jamais été qu'*apparent ;* elle a des manières charmantes et on ne peut plus séduisantes. Puis, elle m'a appris qu'avant peu elle sera *ma voisine* pour *tout de bon :* M. de Marmande vient d'acheter le château de Saint-Pierre, à deux lieues d'ici, et toutes les terres qui en dépendent. Les deux époux n'y sont que momentanément pour surveiller les réparations qu'ils font faire au château.

« M. de Marmande aime-t-il donc la vie des champs ? ai-je demandé à Héloïse.

— Oui, a-t-elle répondu avec un triste sourire, à la condition que cette vie sera celle de la ville, c'est-à-dire que nous recevrons beaucoup de monde, que nous aurons des parties de pêche, de chasse, de jeu, des bals.... Pendant les premiers temps de notre mariage, nous avons dépensé sans compter; il était temps d'*enrayer*.

— Tu appelles cela *enrayer !* me suis-je écriée.

— C'est *enrayer*, ma chère Pauline, sur la pente si glissante des jeux de bourse, qui menaçaient de devenir la principale occupation de M. de Marmande. Une parente, dont il est l'unique héritier, a *exigé* qu'il devînt *seigneur châtelain* et qu'il vécût désormais *dans ses terres....* et ainsi, nous nous trouvons préservés d'une ruine probable. Mme de Langeac a contribué à l'achat de cette magnifique propriété; mais le séjour de la ville ne nous sera désormais *permis* que du 24 décembre aux premiers jours de mars, et cette ville ne sera plus Paris. Me voilà donc devenue, comme toi, tout à fait provinciale, et je compte sur ta bonne amitié pour *m'acclimater*. Nous sommes en tutelle ; que veux-tu? »

Je ne saurais te dire, ma Clémence, tout ce qu'il y avait de tristesse dans le ton d'Héloïse et dans son sourire. Elle n'est pas heureuse, je l'ai vu.

« Tu viendras passer quelque temps avec moi, n'est-ce pas ? a-t-elle ajouté. Il faudra, dès que nous serons installés, me donner au moins un mois.

— Un mois ! mais c'est impossible, Héloïse !

— C'est au contraire très-possible, très-faisable et très-nécessaire. J'ai besoin de toi.

— Besoin de moi ! »

Sans me répondre, elle s'est levée et m'a demandé à visiter mes *domaines*, la maison, le jardin, la ferme. Ma belle-mère, sous un léger prétexte, s'est dispensée de nous accompagner ; elle voulait nous laisser la liberté de causer du temps *passé* et du temps *présent*. Au retour, Héloïse a parlé de ce qu'elle venait de voir avec ce tact, cette mesure qui conservent aux éloges toute leur valeur et les font accepter comme chose due. Ma belle-mère était sous le charme.... C'est qu'en vérité Héloïse est bien séduisante !... Aussi a-t-elle obtenu de Mme Beaumont la promesse qu'un *congé* d'un mois serait demandé à Édouard pour sa ménagère.

« En second ! me suis-je écriée.

— En premier, ma fille, a dit obligeamment Mme Beaumont, car, madame, notre chère Pauline mérite à tous égards le premier rang.

— M. Beaumont pourra d'autant plus difficilement me refuser cette joie, a ajouté Héloïse, que M. de Marmande aura grand besoin de ses bons conseils, de même que j'ai grand besoin de ceux de Pauline. »

Quatre heures avaient passé bien doucement ainsi. Après le départ d'Héloïse, je me suis hâtée de m'habiller, et, prenant ma corbeille à ouvrage, je suis venue travailler auprès de ma belle-mère.

« Chère maman, lui ai-je dit, ne parlez pas à Édouard de ces petites vacances.... Il pourrait s'en trouver contrarié, et moi j'avoue que je redoute beaucoup la *vie de château*.

— Et pourquoi donc ma fille?

— Parce que, ai-je répondu en rougissant un peu, je suis devenue trop.... paysanne pour me montrer au milieu du *beau* monde.

— Ce que vous dites là n'est pour moi, ma fille, qu'un motif de plus de demander à Édouard un consentement qu'il vous offrirait de lui-même, j'en suis sûre ; le voisinage de Mme de Marmande est ce que je pouvais désirer de mieux pour vous, maintenant que vous avez appris à aimer la vie intérieure et vos principaux devoirs de femme.

— Mais, maman, songez donc qu'Héloïse débarque tout fraîchement de Paris, qu'elle y a passé trois ans dans le grand monde, tandis que moi.... je n'ai pas la plus légère notion de ce qui est de bon ton....

— Qu'entendez-vous, ma fille, par ces mots *bon ton?* »

Tout étonnée, j'ai regardé Mme Beaumont sans savoir que répondre.

« Le bon ton.... est le bon ton, » ai-je dit lentement.

Mme Beaumont s'est mise à rire.

« Voilà, a-t-elle dit, une définition on ne peut plus claire.... et qui pourtant laisse beaucoup à désirer. Mme de Marmande m'a paru posséder le ton de la bonne compagnie ; elle est polie, gracieuse ; dans ses gestes peu nombreux, comme dans ses paroles, elle est simple et réservée : si je ne me trompe, vous êtes tout cela, ma fille. (Je rougis en écrivant ces paroles de ma belle-mère, comme j'ai rougi en les écoutant ; depuis quelque temps Mme Beaumont semble heureuse de trouver une occasion de m'adresser des éloges.... C'est qu'elle aime ton amie, ma Clémence.... Je l'ai embrassée en l'appelant du doux nom de mère, avec un accent qui l'a émue.) « Voyons, a-t-elle ajouté, ne me faites pas perdre le fil de mon discours. Vous voilà atteinte et convaincue de n'être pas aussi *paysanne* que vous vous l'êtes figuré, bien à tort ; ainsi donc vous pouvez très-bien vous présenter au château de Saint-Pierre, et même y *représenter* fort convenablement.

— Tout cela, chère maman, est très-agréable à entendre ; mais tout cela ne me dit pas positivement ce que c'est que le bon ton.

— Ma chère enfant, je ne suis pas experte en fait de définitions ; je vous dirai seulement qu'à mon sens quiconque possède le sentiment des convenances, sentiment qu'on trouve naturellement en soi lorsqu'on est réservé et modeste; que quiconque évite tout ce qui peut attirer les regards, soit par une toilette recherchée, soit par des airs d'étourderie ou d'afféterie; enfin que quiconque est simple, naturel, et s'oublie volontiers pour faire valoir les autres, possède le ton de la bonne compagnie, autrement dit le *bon ton*.

— En ce cas, maman, rien de plus rare partout que le bon ton.

— Vous trouverez sujet, ma fille, de répéter cette remarque au château de Saint-Pierre. Bien des femmes croient faire preuve d'un *ton parfait* en se montrant minaudières, en prenant une petite voix enfantine, en traînant leurs paroles; bien des hommes, tout au rebours, se figurent que le *sans gêne*, les façons cavalières avec les femmes sont de bonne compagnie; ces femmes-là et ces hommes-là se trompent du tout au tout.

— J'en conviens, maman; mais il ne suffit pas d'être réservé, poli, pour avoir bon ton:

— Ah! vraiment?

— Sans doute, ma mère; il faut encore être au courant des usages que la mode impose.... ou bien on s'expose à l'accusation de manquer de savoir-vivre au moins.

— Qu'entendez-vous, mon enfant, par les *usages que la mode impose?*

— J'entends.... Eh bien! maman, je vous parlerai, par exemple, de ce qui fait l'une des principales préoccupations de ma tante et de ma cousine, du service de la table....

— Et de la manière de s'y tenir, n'est-ce pas? »

Nous nous sommes mises à rire toutes les deux, car nous nous sommes souvenues aussitôt du grand dîner où furent suivis si ponctuellement les enseignements donnés par un journal de modes, que nous eûmes le plaisir de voir toutes les dames répéter les mêmes évolutions pour faire montre, pendant le repas, de leurs bracelets et de leurs manches pagodes.

« Pour ceci, comme pour le bon ton, reprit ma belle-mère, un désir vrai de rendre sa maison agréable inspirera à une femme tout ce qu'il faut pour faire à propos et convenablement les honneurs de sa table; que cette table soit servie *à la mode d'hier* ou bien *à la mode d'aujourd'hui*, peu importe; l'essentiel est que les convives se sentent parfaitement libres d'accepter ou de refuser les mets qui leur sont offerts, que les prévenances ne se transforment pas en importunités, et que le service marche de telle sorte qu'on ne puisse douter de la prévoyance aimable et polie qui a tout préparé.

« Les sots, toujours en majorité, ne manqueront sans doute pas, s'ils sont instruits de quelque usage nouveau, de trouver bien *arriérée* la maîtresse de maison dont la table est encore servie *à la mode d'hier;* mais en quoi ce reproche peut-il blesser une personne de bon sens? Quant à la manière de se tenir à table, elle nous est enseignée par les lois les plus simples de la *civilité puérile et honnête;* on peut ignorer de quelle façon nouvelle doivent fonctionner couteaux, cuillers, fourchettes, sans pour cela encourir le dédain de personne, si ce n'est des sots toutefois.

— Ma tante et Anaïs ne sont pas de cet avis. L'autre jour encore, Anaïs m'a beaucoup vanté un journal de modes qui rend aux *provinciaux* l'éminent service de les mettre au courant, pour ainsi dire heure par heure, des us et coutumes de la bonne compagnie.

— C'est-à-dire, a répliqué Mme Beaumont, que les *bons provinciaux* s'imaginent que les gens qui écrivent ces *belles choses* font eux-mêmes partie du *grand monde* dont ils parlent; ce qui n'est pas, du moins pour la plupart. Quelques femmes apprennent par cœur cet enseignement; mais ici, comme en tout, *la lettre tue, et l'esprit vivifie;* c'est-à-dire que la leçon apprise est répétée maladroitement, mise en pratique gauchement, et qu'on se donne un ridicule de plus. Sachez-le bien, ma fille : la fréquentation seule de la bonne compagnie permet d'adopter sans dommage les usages nouveaux, parce que cette fréquentation enseigne en même temps l'art de les approprier à soi, à son entourage, aux circonstances; plus ces usages sont extraordinaires, plus une femme raisonnable doit prendre garde de les suivre la première. Une occasion inespérée s'offre de vous *dérouiller*, ma chère fille, et d'acquérir la connaissance de quelques-uns des usages à la mode; vous remarquerez au château de Saint-Pierre des recherches qui vous étonneront, mais qui auront du moins l'avantage d'être acceptées par une femme de goût; je ne m'opposerai pas aux changements heureux que vos découvertes en ce genre, aidées de vos réflexions, pourront amener dans notre maison *bourgeoise;* d'avance, je suis persuadée que le simple bon sens vous dira ce qui convient et ce qui ne conviendrait pas à notre fortune modeste et au rang obscur que nous tenons dans le monde. Il faut être de son siècle, mon enfant, et il faut aussi qu'une jeune femme, même celle qui a le bonheur d'être unie à un homme raisonnable, tâche de conserver l'élégance dans les manières, dans la toilette, qui l'ont charmé lorsqu'elle était jeune fille; c'est encore là un de nos devoirs. »

Édouard, bien plus encore que maman, s'est moqué de moi lorsque je lui ai dit la peur que j'ai de passer pour une *franche paysanne* au château de Saint-Pierre.

« Sois ce que tu es toujours, m'a-t-il dit galamment : simple, naturelle et charmante.... »

N'est-ce pas bien aimable de la part d'un mari,

lorsque déjà l'on compte près de deux années de mariage?

Il est donc décidé que j'accepterai l'invitation d'Héloïse; c'est-à-dire lorsqu'elle la renouvellera après nous avoir fait, avec M. de Marmande, la visite d'usage.

Ne va pas croire au moins que je ne suis pas avant tout préoccupée de la tristesse de notre pauvre amie. J'avais envie, puisqu'elle est venue la première, de demander à Édouard de me conduire ces jours-ci au château de Saint-Pierre, et de venir m'y reprendre après avoir fait un tour aux environs.

Bien m'en a pris de parler de cette idée à maman. Elle ne trouve pas convenable qu'Édouard ait l'air de faire ainsi une première démarche auprès du nouveau *seigneur châtelain*, que tous les flatteurs de la contrée vont courtiser afin de se faire inviter aux dînérs et aux fêtes.

« Nous irons ensemble, m'a-t-elle dit. Mme de Marmande a montré pour moi tant de déférence, que je peux me regarder comme étant de moitié dans la visite qu'elle vous a faite, ma chère Pauline; je suis donc en droit de lui rendre politesse pour politesse. »

J'ai embrassé tendrement ma belle-mère, qui trouve toujours moyen de tout concilier. Mais, en pensant que nous arriverons à ce château dans notre vilaine carriole d'osier, j'ai ressenti au premier moment une sotte honte.... Ne me gronde pas, amie, cela n'a point duré. Héloïse m'a dit qu'elle a *besoin* de moi ; je veux lui prouver que l'humble fermière est toujours la Pauline qu'autrefois elle préférait.... Hélas! elle possède un château, un élégant équipage, et elle est pâle, abattue, amaigrie par le chagrin.... Moi, je n'ai qu'une grande maison mal bâtie et une vieille carriole d'osier.... mais je suis aimée, gaie et heureuse!... Pauvre Héloïse!...

C'est à la fin de la semaine que nous ferons ce petit voyage ; je t'écrirai mes *impressions* au retour.

Je t'aime de tout cœur.

# XVII

## Huit jours au château.

Tu m'affliges, ma Clémence, lorsque tu me reproches de t'écrire de plus en plus rarement; si tu avais à faire le quart de ce qu'il me faut faire chaque jour, tu ne comprendrais pas comment je trouve encore moyen de t'adresser de temps en temps quelques longues lettres. Sans doute je suis heureuse d'offrir à nos amies ce qu'il te plaît d'appeler *un cours d'économie domestique;* mais je dois avant tout *pratiquer* ce cours, et ce n'est pas un petit travail, car ma belle-mère se repose chaque jour davantage sur moi d'une tâche qui commence à dépasser ses forces. Cette fois-ci, je l'avouerai, mon silence s'est prolongé plus que de coutume, parce qu'il a fallu, bon gré mal gré, aller passer toute une semaine au château de Saint-Pierre. Que d'arriéré au retour !... Me voici à peu près au pair, et je peux te donner une heure ou deux. Mais par où commencer, et comment répondre à toutes tes questions en une seule fois?

Ce qui t'intéresse avant tout, me dis-tu, c'est de savoir si Héloïse est heureuse. Au gré d'Anaïs, rien ne lui manque pour jouir d'un bonheur complet et parfait : son mari est fort agréable, il a un ton charmant, il aime le plaisir et fait très-bien les honneurs de chez lui ; leur fortune est belle ; enfin les époux jouent à merveille les rôles de seigneur châtelain et de dame châtelaine. Mais.... depuis longtemps Héloïse est blasée sur les plaisirs du grand monde, et, faute d'avoir entretenu l'habitude de s'occuper, de chercher des ressources en elle-même, elle recourt sans cesse à ces *plaisirs*-là, en espérant ce qu'ils ne peuvent plus lui donner, *du plaisir*. Avec la présomption dont j'ai eu aussi à m'accuser dans les premiers temps de mon mariage, elle s'est crue capable de diriger sa maison sans prendre conseil de personne ; moins favorisée que moi, elle n'a pas trouvé dans la tante de son mari, Mme de Langeac, la bonté si grande, l'indulgence inépuisable de Mme Beaumont. Quelques observations faites avec une certaine rigueur l'ont révoltée ; M. de Marmande, d'un autre côté, s'est laissé entraîner, je te l'ai dit, dans des spéculations qui ont compromis en partie sa fortune, et bientôt la gêne s'est fait sentir; la femme dépensait sans se rendre compte de la dépense et sans songer à l'équilibrer avec le revenu; le mari *spéculait*.... Mme de Langeac a vu que tous deux couraient à leur ruine; elle s'est prononcée : elle a déclaré que si l'on ne renonçait pas à Paris, que si l'on n'achetait pas des terres au lieu de jouer à la bourse, et que si l'on ne passait pas à la campagne au moins les deux tiers de l'année, elle laisserait tout ce qu'elle possède à un autre neveu déjà fort riche. Voilà comment M. de Marmande a été amené à faire l'achat du château de Saint-Pierre et de ses dépendances; voilà pourquoi Héloïse, à son grand regret, est dame châtelaine. Mais ce qui la chagrine plus profondément encore, c'est de se sentir *en tutelle*, comme elle le dit; et cette tutelle est réelle, elle est visible, ce qui la blesse au vif. C'est bien Mme de Langeac qui est la maîtresse : la femme de charge ne s'adresse guère que pour la forme à Mme de Marmande; Mme de Langeac, femme de tête, très-digne, très-imposante, a annoncé qu'elle ne rendrait à sa nièce les rênes du gouvernement intérieur que lorsque celle-ci se montrerait capable de les tenir d'une main ferme.

Pauvre Héloïse! que de larmes elle a versées en me racontant tout cela! Combien elle m'envie l'autorité dont je jouis chez moi, et la condescendance de mon mari pour celle qu'il appelle *sa petite ménagère!* Afin de la consoler et de l'encourager, je lui ai raconté par combien d'épreuves j'ai dû passer avant de parvenir à être comptée pour quelque chose dans la maison! Je lui ai dit aussi combien il m'en avait coûté de me trouver en tout soumise à ma belle-mère, et quelle avait été parfois mon injustice envers celle à qui je dois de mériter aujourd'hui la confiance d'Édouard!

« Obéir! obéir sans cesse! » répétait-elle le cœur gros de mécontentement. Et je répondais : « Oui, obéir, mais pour apprendre à commander! obéir, mais pour apprendre à se faire obéir! »

Je ne sais pas si mes *sages* discours ont produit quelque effet; pourtant j'espère qu'ils exciteront d'utiles réflexions chez Héloïse. Quant à M. de Marmande, remuant, bougeant et ayant mille projets en tête, il s'est pris de *passion* pour mon mari, chose fort heureuse, ceci soit dit sans vanité, car Édouard est un homme de sens. Mme de Langeac a compris de quelle utilité son exemple, ses conseils peuvent être, et elle favorise de tout son pouvoir cette *passion* naissante.

C'est une maîtresse femme, que Mme de Langeac! Dès notre première visite, ma belle-mère et moi nous avons conquis ses bonnes grâces : d'abord, la *grande dame du temps passé* m'a imposé avec son air de réserve, ses manières dignes et sa politesse un peu supérieure; maintenant qu'elle m'honore d'une distinction toute particulière et très-flatteuse, je la trouve charmante; aussi m'arrive-t-il souvent de me demander comment Héloïse ne comprend pas la valeur de l'excellent guide qu'elle a près d'elle.... Puis je rougis en me souvenant que, moi non plus, je n'ai pas senti tout d'abord ce que vaut ma belle-mère!... Oui, il m'a fallu du temps pour arriver à reconnaître combien jeunes filles et jeunes femmes ont à gagner dans la compagnie des femmes dignes de respect qui les ont précédées dans la vie!

Anaïs n'est pas de cet avis; elle supporte à peine le joug bien léger de sa mère; si elle osait, elle se révolterait ouvertement contre Mme Beaumont, et elle achèverait d'exaspérer Héloïse contre Mme de Langeac, pour peu qu'elle eût quelque soupçon de la mésintelligence qui règne entre la tante et la nièce.

Nous sommes allées faire une visite à Mme de Marmande, ma belle-mère et moi. Héloïse nous a présentées à sa tante, que nous avons trouvée un peu froide et réservée, comme il convenait dans une première entrevue. Deux jours après, M. et Mme de Marmande venaient nous voir, et m'invitaient formellement, en leur nom et en celui de Mme de Langeac, à aller passer quelques jours au château de Saint-Pierre, invitation que nous acceptâmes tous avec plaisir, parce qu'elle était faite avec cordialité.

Mon pauvre oncle, harcelé par sa femme et par sa fille, n'a pas attendu Mr. de Marmande, il l'a prévenu, et tous les trois se sont vus ainsi invités aux fêtes qui ont été données pour l'installation du seigneur châtelain et de la dame châtelaine. Les toilettes extravagantes de ma tante et de ma cousine m'ont désolée; mais ce qui m'a chagrinée le plus, c'est leur mauvais ton. Partout où paraît Anaïs, on est à l'instant averti de sa présence par le dérangement qu'elle cause à l'un, à l'autre, par des éclats de voix ou des éclats de rire qui attirent tous les yeux sur elle; toujours prête à donner son avis, elle vient à bout d'occuper d'elle tout le monde ; si l'attention se détourne d'elle, elle se retire à l'écart d'un air boudeur avec quelques autres jeunes filles non moins inconsidérées, non moins mal apprises, et ce sont des chuchoteries, des rires étouffés on ne peut plus inconvenants. Le regard si glacial de Mme de Langeac glisse sur ma cousine sans produire le moindre effet.

Quelques heures de pluie sont venues interrompre les parties d'escarpolette, de pêche, de jeux de toute espèce qui avaient lieu sur la pelouse devant le grand salon du rez-de-chaussée; pour *tuer le temps*, on recourait alors aux albums, aux crayons, aux ouvrages à l'aiguille et aux brochures qui encombraient la grande table ovale placée au milieu du salon, pendant que les personnes âgées s'établissaient aux tables de jeu. Ici encore, Anaïs trouvait mille ocasions de montrer sa vanité et de prouver qu'elle manque de savoir-vivre.... Que de fois elle m'a impatientée!... Lorsque le soir je lui adressais des observations en lui faisant remarquer la réserve pleine de modestie de plusieurs des jeunes personnes de notre voisinage, elle répondait qu'elle était venue pour son propre plaisir et non pour le plaisir des autres; ou bien, lorsque je lui reprochais de laisser en désordre les objets qui lui avaient servi dans la matinée, soit à quelques travaux, soit à quelques jeux, et d'augmenter ainsi les embarras causés aux domestiques par tant de monde, elle me répondait qu'elle entendait être mieux servie dans un château que dans son *humble* maison bourgeoise, et que d'ailleurs, s'il n'y avait pas assez de valets, c'étaient le maître, la maîtresse, qui en devaient souffrir, et non pas leurs hôtes. Un soir elle se récria beaucoup en voyant que je remplissais mon sucrier de sucre, dont je m'étais munie, afin de n'avoir pas à en demander quand on néglige de garnir le verre d'eau.

« Mais c'est faire injure aux maîtres du logis! dit-elle d'un air de suprême dédain pour la *ménagère* qui avait eu une telle prévoyance.

— C'est tout simplement, répondis-je avec froideur, ne pas augmenter sans nécessité des embarras que je connais par expérience; c'est encore éviter un désagrément à de pauvres domestiques, auxquels quelques personnes suffisent amplement à faire perdre la tête.

— Je suis sans doute, à votre avis, une de ces personnes-là!... Qui ne dit mot consent!... Entends-tu, maman? »

Ma tante est intervenue pour prendre naturellement le parti de sa fille. Malgré tous mes efforts, je n'ai pu parvenir à faire comprendre à l'une ni à l'autre que la plus grande discrétion en ce qui concerne le service est chose tout à fait convenable lorsqu'on reçoit l'hospitalité; ma tante m'opposait ce *dilemme*, comme dit Édouard: *Je dois être mieux servie dans un château que je ne le suis chez moi, ou bien ce n'est pas la peine de venir dans un château.* Il n'y a pas eu moyen de la faire sortir de là; puis s'est élevée une autre difficulté. Mon oncle, qui n'avait pas accepté pour lui l'invitation de M. et Mme de Marmande, devait venir le jour d'après chercher ces deux dames; j'ai demandé sans détour ce que ma tante laisserait pour le service. Le chiffre de ce qu'elle voulait donner était si minime que je me suis récriée vivement. En vain j'ai représenté qu'il fallait payer largement aux domestiques l'hospitalité reçue; ma tante a répliqué qu'*elle n'entendait pas de cette oreille-là;* qu'elle ne pouvait mieux faire sentir aux valets son mécontentement qu'en ne leur donnant rien ou presque rien.

Je te l'avoue, Clémence, mon amour-propre, qui avait souffert depuis plusieurs jours du manque de tact et de savoir-vivre de ma tante et de ma cousine, s'est révolté tout à fait cette fois. J'ai riposté, avec une vivacité que j'ai regrettée ensuite, qu'il ne fallait pas qu'aucune des personnes de notre famille se plaçât jamais au rang de ces parasites qui sont tenus en mépris jusque dans l'office, et que lorsqu'on venait passer quelques jours dans une grande maison, on devait montrer, par le salaire donné aux valets, que ce n'était pas une économie qu'on avait entendu faire. L'orgueil d'Anaïs, heureusement, m'a secondée dans cette lutte contre la parcimonie malencontreuse de ma tante, et les choses ont été faites comme elles devaient l'être.

Je n'avais plus que deux jours à passer près d'Héloïse; une grande partie des invités s'étant retirés, nous nous sommes trouvés en petit nombre, comparativement du moins. Les personnes qui restaient n'étaient pas assurément toutes aimables ni spirituelles; mais, avec la liberté de la campagne, on allait chacun de son côté, et on ne se réunissait guère qu'à l'heure des repas. Mme de Langeac m'*accaparait*, à ce que prétendait Héloïse, le plus possible dans la journée ; mais le soir, Héloïse et moi, nous avons plus d'une fois prolongé la veillée jusqu'à deux heures du matin. Je ne te dirai rien de ces longs entretiens.... Notre pauvre amie marche, hélas! en dehors de la voie qui pourrait la conduire, sinon au bonheur, du moins à une sorte de calme et de paix relative; car je conviens que M. de Marmande n'est pas de ces hommes raisonnables et sensés avec lesquels on finit par s'entendre; mais enfin c'est son mari!... En revanche, je te dirai au moins quelques mots de mes entretiens avec Mme de Langeac. Au grand étonnement de la plupart des jeunes femmes et des jeunes filles des environs, que j'ai retrouvées ici ou dont j'ai fait la connaissance, je me plais auprès d'elle, et elle me montre une bienveillante indulgence qu'elle ne prodigue pas, je le confesse. Ma *naïveté* la charme, dit-elle.

« Vous avez beaucoup de naturel, mon cœur! s'est-elle écriée un matin qu'après déjeuner j'étais restée seule auprès d'elle, et c'est quelque chose de peu commun.

—Ce naturel, madame, n'est pardonnable qu'aux champs....

— Détrompez-vous, mignonne; quand il est aimable, plein de charité pour les autres, de réserve pour soi seule et empreint des grâces d'une simplicité digne, le naturel est de mise partout. Or, vous avez tout cela, et une modestie vraie, en outre, car voilà que vous rougissez en m'écoutant. J'irai rendre sa visite à Mme votre belle-mère et vous voir chez vous.

— Ah! madame, cet honneur nous fera bien des jaloux.

— Que m'importe! je suis très-heureuse d'avoir pour voisines Mme Beaumont et sa charmante bru, et non moins heureuse de l'amitié qui commence à unir M. de Marmande à M. Beaumont. Mme votre belle-mère a vécu dans le grand monde, n'est-ce pas?

— Non, madame, jamais.

— Elle en a le ton, les manières.... Deux choses fort rares ici. Ma nièce a quelque peine à prendre les habitudes de la province; je me sacrifie pourtant afin de lui donner l'exemple. Ce qui est convenable à Paris passerait dans ce pays pour de l'impertinence. Comme vous me regardez!

— Madame, j'avoue que je serais bien aise de savoir ce qui est convenable à Paris.

— Vraiment!... et dans quel but?

— Mais.... pour m'instruire, madame.

— Vous instruire de choses parfaitement inutiles, je viens de vous le dire, puisque la maîtresse de maison en province serait regardée comme des plus impolies, si elle agissait comme agit la maîtresse de maison à Paris.

— Pourtant, madame, nous autres provinciales, nous sommes très-anxieuses au sujet des usages établis par la mode ; Paris est pour nous la source d'où découlent le bon ton, la distinction, l'élégance, la grâce : nous voudrions y puiser sans cesse.

— Paris est, en effet, la source féconde de tout cela, mon cœur ; mais la province a des préjugés, des usages qu'il faut respecter, car ils reposent au fond, du moins pour la plupart, sur les devoirs d'une hospitalité fort négligée de nous autres Parisiennes, et dont mille circonstances, inconnues ailleurs, viennent nous dispenser. Par exemple, à Paris, on connaît tout un monde ; dans la soirée, les allants et venants sont sans nombre. Pensez-vous que la maîtresse de la maison puisse se lever pour recevoir chaque arrivant, comme on le fait en province? C'est de toute impossibilité. Elle se contente d'accorder à l'un un signe de la main, un signe de tête ; à l'autre un sourire, à l'autre un regard. Elle se lève pour les femmes seulement. Croyez-vous aussi qu'il lui soit possible de saluer chacun de ceux qui s'en vont? Pas davantage. Un petit groupe se forme autour d'elle, se disperse, pour laisser un autre groupe se former et se disperser de même ; on cause dans tous les coins du salon ; les domestiques distribuent les rafraîchissements, ou bien ils sont servis sur une table où chacun prend ce qui lui plaît. Les visiteurs se gardent bien, quand ils partent, de venir prendre congé : on s'esquive sans dire mot ; personne n'est obligé de rester jusqu'à la fin de la soirée, et cela se conçoit, puisque les allants et venants ont à se montrer dans trois ou quatre maisons le même soir.

— Et les femmes s'esquivent de même que les hommes, madame?

— Oui, mon cœur; il faudrait mourir à la peine s'il en était autrement. Ne croyez pas pour cela que la maîtresse de la maison ne s'occupe point de chacun. Elle sait parfaitement quelles sont les personnes réunies dans son salon, celles qu'elle doit rapprocher aux tables de jeu, les visiteurs qui ne feront que se montrer, ceux qui ne se retireront que les derniers; ses mesures sont prises pour laisser liberté entière à tout le monde, et, sans avoir l'air d'y songer, elle fait en sorte que les uns et les autres soient l'objet des égards auxquels ils ont droit.

— Quelle tâche! madame!

— Eh! non: rien de plus simple et de plus facile, au contraire; la maîtresse de la maison a pour *partenaires* des gens rompus eux-mêmes à ces aimables usages. De temps en temps il vient bien, par-ci par-là, quelque provincial qui tient à honneur de la saluer à son arrivée, de s'en faire remarquer, de l'occuper particulièrement de lui, et de la saluer encore au moment où il se retire plus ou moins satisfait d'un accueil qui l'étonne peut-être;

mais en général tout le monde s'entend si bien, que cette grande tâche s'accomplit sans encombre, et que la maîtresse de la maison prend elle-même sa part du plaisir qu'on trouve chez elle, ce qui n'est que justice, convenez-en.

— Oui, madame, assurément.

— Le mouvement est si grand à Paris, continua Mme de Langeac, qui paraissait jouir de l'extrême attention avec laquelle je l'écoutais, qu'à l'exception des intimes, de la société habituelle, les allants et venants se renouvellent sans cesse. En province, ce n'est point cela. Le salon dont la maîtresse ne se mettrait pas en frais de coquetterie pour attirer le plus de monde possible autour d'elle et pour retenir les visiteurs, serait bientôt désert. En province aussi les allants et venants ne se renouvellent pas comme à Paris. Il faut donc prodiguer les révérences à l'entrée et à la sortie des uns et des autres ; il faut donc payer sans cesse de sa personne, veiller ostensiblement à ce que chacun soit traité suivant les égards dus à son rang, à sa personne ; il faut donc se résigner à voir arriver une grande partie de ses habitués *avant l'heure dite* et témoigner sa reconnaissance d'un empressement en réalité fatigant ; il faut encore employer mille petites ruses afin que son salon ne se dégarnisse pas de trop bonne heure, et que les fugitifs n'aillent pas grossir la foule dans un salon rival.... Nous n'avons pas cela à craindre ici, ajouta Mme de Langeac en souriant; nous pouvons même, grâce aux priviléges qu'assure la *vie des champs*, conserver encore quelques-unes de nos habitudes parisiennes; mais l'hiver prochain, nous habiterons la ville, voilà pourquoi je désire que ma nièce s'accoutume dès à présent à se conduire en maîtresse de maison *provinciale*. Je prêche d'exemple, vous l'avez vu. Jamais, depuis un grand nombre d'années, je n'ai fait autant de révérences que pendant les huit jours qui viennent de s'écouler. Croyez-vous que dans mon salon de Paris je me serais ainsi tourmentée pour arranger les parties, pour faire distribuer les rafraîchissements? Croyez-vous que j'aurais veillé aussi attentivement à ce que les jeunes filles et les jeunes femmes qui entouraient la table chargée d'albums, de fleurs, de petits travaux dans tous les genres et de mille frivolités, prissent une part égale aux plaisirs qui leur étaient préparés? Non, mon cœur. A Paris, il faut laisser faire ses invités et s'occuper d'eux sans qu'il y paraisse; ils sauront bien se grouper avec les gens qui leur conviennent, s'assortir entre eux et s'amuser sans le concours *visible* de la maîtresse de la maison; mais en province l'hospitalité a des devoirs plus étroits : l'oublier serait un grand tort. »

Qu'en dis-tu, Clémence? Ne sommes-nous pas folles, nous autres provinciales, de négliger ce que le seul bon sens, ce que la seule réflexion, peuvent nous enseigner pour courir après je ne sais quels *usages* nouveaux dont nous *usons* gauchement, comme le dit si bien ma belle-mère, et qui ne servent, comme elle le dit encore, qu'à nous rendre ridicules?

Les observations que j'ai eu l'occasion de faire pendant une semaine entière et ma conversation avec Mme de Langeac, ainsi que mes *causeries* avec Héloïse, m'ont ouvert les yeux sur le travers où cent et cent fois j'ai été au moment de tomber. Oui, Mme Beaumont a mille fois raison : une femme réservée ne peut jamais avoir mauvais ton, elle est convenable partout; la simplicité, la modestie, préservent partout du ridicule, et partout aussi il est sage d'attendre qu'un usage nouveau soit adopté par les gens de goût pour l'adopter à son tour.

Je suis revenue au logis avec un vrai plaisir et l'esprit tranquillisé sur une foule de choses qui m'avaient trop souvent préoccupée.... On m'appelle. Je te quitte; j'ai tant à faire après une absence de huit jours, et surtout à l'approche des moissons! Aime-moi toujours, ma Clémence.

# XVIII

## Devoirs envers les oisifs.

Que je te sais bon gré, ma Clémence, de me pardonner la prolongation inaccoutumée de mon silence! Les moissons ont commencé, et la surveillance n'est pas peu de chose, je t'assure.... Les peintres, les poëtes, nous montrent en vers et en peinture la *poésie* de cette époque si importante de l'année, puisque c'est celle où le laboureur voit ce que lui ont laissé les gelées, les pluies du printemps, les orages de l'été, et recueille le fruit, souvent bien réduit, de ses rudes travaux. Pendant que tous sont aux champs, il ne reste dans les fermes que la ménagère et une fille de basse-cour pour préparer le repas des moissonneurs; ici nous avons dans le même temps à faire des conserves, des confitures pour l'hiver. Édouard et son *aide-de-camp*, Jean, le fils de notre chef de labour, partent dès le matin et ne reparaissent guère que le soir. Ma belle-mère et moi nous allons de notre côté faire l'inspection. Je ris quelquefois en me souvenant des belles phrases que j'ai entendu faire sur l'*innocence* des cœurs aux champs. Si les moissonneurs n'étaient pas surveillés, ils laisseraient sur pied plus d'un épi ou bien ils n'en réuniraient pas la quantité voulue dans la main gauche, et la faucille aurait à s'abattre plus souvent qu'il n'est nécessaire. Pour les *lieurs*, ils font parfois les gerbes trop petites ou bien ils laissent trop d'épis sur le sol dans l'intérêt des glaneuses, dont la plupart sont leurs femmes, leurs enfants ou les femmes et les enfants de leurs amis et connaissances. Ma belle-mère, qui est, on le sait, la bonté en personne, mais qui joint à cette précieuse qualité un grand bon sens et un sentiment de justice toujours bien utile, s'oppose à ces petites dilapidations qui altèrent sans remède, dit-elle, la probité chez les pauvres gens. Les moissonneurs, les lieurs qui remplissent consciencieusement leur tâche reçoivent en sus du prix convenu une bonne mesure de blé, mesure qui contient bien plus que ce que les glanes auraient pu produire. Ils n'en sont pourtant pas convaincus tous ; mais ma belle-mère, qui a établi cet usage depuis quarante ans, le maintient avec fermeté, et les ouvriers de bonne foi reconnaissent qu'en réalité elle est ainsi plus que juste, qu'elle est bonne et bienfaisante.

Me vois-tu aller, venir aux champs, à la ferme, à la cuisine, où bouillent les sirops, où Laurence et ses jeunes sœurs épluchent les fruits, et vois-tu m'arriver d'un côté Mme de Langeac avec Héloïse, de l'autre ma tante avec Anaïs! Puis est venu M. de Marmande à cheval. Heureusement c'était à Édouard qu'il en voulait; il s'est fait indiquer le lieu où il le trouverait, et il est reparti aussitôt. A la ville on peut se faire celer et l'on se gare ainsi des oisifs, mais à la campagne c'est presque impossible; à la ville ils ne font peser leur oisiveté qu'une ou deux heures au plus, à la campagne on en a pour une demi-journée au moins et souvent pour la journée entière.

J'avais été surprise en tablier blanc et avec les bouts de manches de la ménagère; il a fallu dire à quoi je m'occupais; aussitôt ces dames ont déclaré qu'elles voulaient m'aider, et j'ai vu le moment où, bon gré mal gré, on allait s'installer dans la cuisine, à la grande colère de Geneviève; car malheureusement elle persévère à se croire maîtresse dans *sa* cuisine, quoique nous lui prouvions chaque jour qu'il n'en est rien. J'ai fait apporter les paniers de fruits dans la salle à manger. Gaston, le fils gâté d'Héloïse, a été envoyé au jardin avec une des sœurs de Laurence, et toutes ces dames, même Mme de

Langeac, se sont mises à éplucher les fruits, bien persuadées qu'elles me rendaient ainsi un très-grand service, tandis qu'au fond du cœur j'aurais voulu savoir les unes dans leur château, les autres à la forge.

Ma tante et ma cousine sont *inévitables* à l'époque des confitures, et Dieu sait quelle est alors la consommation des tartelettes! J'étais d'autant plus contrariée de la réunion amenée par le hasard, que ces dames étaient également contrariées de la rencontre. Mme de Langeac a jugé ma tante et Anaïs; elle les traite avec une politesse parfaite, mais si froide, que si je m'en voyais l'objet je perdrais toute présence d'esprit; on sent qu'elle les couvrirait de ridicule d'un seul mot, et que, si elle n'en fait rien, c'est par égard pour ma belle-mère, pour mon mari et pour moi, peut-être. Ma tante ne s'aperçoit seulement pas de ce ton glacial, et Anaïs, que rien n'embarrasse ni ne déconcerte, parle comme toujours à tort et à travers pour se satisfaire elle-même. La figure d'Héloïse disait assez que la présence de sa tante lui pesait cruellement et qu'elle avait espéré venir seule. D'un autre côté, il fallait surveiller mes sirops; Geneviève avait pris tant d'humeur de l'arrivée de ces dames, que j'entendais sa voix s'élever dans la cuisine au plus haut diapason, et je courais grand risque de voir mes confitures manquées par un coup de feu donné de trop. Mme de

Langeac paraissait aussi gaie qu'Héloïse était triste; elle parlait de son jeune temps, où les femmes recevaient sans doute moins d'instruction, mais où elles s'occupaient davantage de leur maison.

« Non pas bourgeoisement, mademoiselle, dit-elle, en répondant à une sotte observation d'Anaïs sur le respect qu'on doit à son rang, mais comme il convient à des femmes bien nées, qui savent tout ensemble faire un noble emploi de leur richesse et user d'une sage prévoyance, parce qu'elles savent aussi que la richesse n'est pas inépuisable (ceci était à l'adresse d'Héloïse, dont les joues s'empourprèrent d'indignation). Non, continua impitoyablement Mme de Langeac, nous ne savions pas chanter, jouer des instruments, manier les pinceaux en *artistes*, mais nos très-minces talents servaient du moins à remplir nos loisirs; nous n'abandonnions pas notre clavecin ni nos crayons de pastel aussitôt que nous étions devenues jeunes femmes, comme c'est l'usage aujourd'hui, à ce que j'ai pu voir. »

Héloïse me regarda; je compris que ces sarcasmes blessants étaient journaliers. Pauvre Héloïse! Que n'a-t-elle trouvé une seconde Mme Beaumont! Mais il n'y en a peut-être pas deux en ce monde.

Je ne savais comment détourner l'entretien, lorsque heureusement Laurence est entrée, apportant les rafraîchissements que j'avais fait préparer. Elle fit son service d'une manière si convenable que, lorsqu'elle fut sortie, Mme de Langeac me dit : « Mon cœur, où avez-vous pris cette femme de chambre de si bonne maison ? Serait-ce dans ce pays ?

— C'est une pauvre paysanne que ma cousine cherche à dégrossir, » répondit Anaïs.

Mme de Langeac lui lança un de ces regards de grande dame qui vous feraient rentrer sous terre, et se tourna vers moi.

Je saisis l'occasion au vol pour donner un autre tour à l'entretien, et je racontai le plus *poétiquement* possible l'histoire de Julienne, la mère de Laurence. Comme toi, chère amie, comme moi, et comme toutes les jeunes filles nées dans les villes, Julienne, dans un temps, avait rêvé les joies sans mélange de la vie des champs, les troupeaux de moutons blancs, les prairies vertes, les haies fleuries, un champ et un cœur fidèle. Un gentil métayer, dont elle avait fait la connaissance, je ne sais plus comment, lui fit accepter comme vérité absolue le vieux refrain :

Avec ton cœur s'il est fidèle
Qu'aurais-je encore à désirer ?

Et voilà Julienne employant ses petites économies à acheter une chaumière, la meublant avec le simple et propre mobilier acquis pièce à pièce pendant des années de travail et de privations. Mais, hélas? les mains de la lingère si habile ne s'endurcirent pas aux rudes travaux des champs; sa santé s'altéra; de son côté, le gentil métayer, auquel il aurait fallu une compagne robuste comme lui, se lassa d'être économe et sobre, et avec les enfants la misère entra dans le ménage; puis vint la maladie, et enfin Julienne resta veuve avec trois petites filles, sans aucune ressource, et dans un pays où la plus habile ouvrière en couture ne peut gagner plus de quarante centimes à la journée.

J'en étais là de mon récit, lorsque Laurence est venue me dire qu'on me demandait. C'était un des enfants du village qui m'apportait un mot écrit au crayon par mon mari. Édouard me mandait qu'il ramènerait M. de Marmande dîner à la maison, et que je fisse en sorte d'obtenir de ces dames d'accepter le repas que nous pourrions leur offrir.... Miséricorde!... Et j'étais seule pour faire face à tout!... Ma belle-mère ne devait rentrer que tard.... Heureusement, bien heureusement, ce jour se trouvait être la veille du marché; nous avions des provisions de toute espèce préparées pour être portées à la ville. Je renvoyai le petit messager avec ces mots: *Tu seras obéi;* puis, chargeant Laurence d'une commission, je passai dans la cuisine où je donnai mes ordres à Geneviève, sans paraître voir l'orage qui s'amoncelait sur son front.

« Geneviève, ajoutai-je, Mme de Langeac a loué le service de Laurence; j'espère qu'elle aura à louer aussi l'habileté de mon *cordon bleu*, et qu'elle me dira de vous ce qu'elle a dit de Laurence : Vous avez une cuisinière de bonne maison. Nous dînerons tard : quand on a du temps devant soi, la partie est gagnée, et je compte que vous nous ferez honneur. »

Là-dessus, je suis sortie de la cuisine, laissant à la vanité le soin de calmer la tempête qui aurait éclaté, peut-être, si j'étais restée.

« Mesdames, vous êtes mes prisonnières, » dis-je à Mme de Langeac en rentrant dans la salle à manger et en prenant mon air le plus riant, quoique, en vérité, je dois le confesser, je fusse très-contrariée.

Ces dames se récrient, puis acceptent le dîner de la ferme. On avait fini d'éplucher les fruits. A quoi occuper tout ce monde? Si ma tante et Anaïs n'avaient pas été là, une conversation de quelque intérêt eût été possible; mais le sans-gêne de toutes les deux, l'antipathie qu'elles inspirent à Mme de Langeac, le mécontentement visible d'Héloïse, mettaient obstacle à la causerie.... Une idée lumineuse me vint.

« Madame, dis-je à Mme de Langeac, vous nous prêteriez l'appui moral dont nous avons grandement besoin, si vous aviez la condescendance d'accorder l'honneur d'une visite à notre crèche et à notre salle d'asile, dont Julienne est tout ensemble directrice et inspectrice.

— Eh! quoi, vous possédez ici ces deux utiles établissements? s'écria Mme de Langeac d'un air d'étonnement.

— Ah! oui, parlons-en, dit ma tante en haussant les épaules, et avec cette vulgarité de ton et d'expression qui me choque souvent. Je ne sais seulement pas comment Pauline ose vous demander d'aller dans cette grange, qu'on a coupée en deux à l'aide d'une cloison de planches à hauteur d'appui, et dont la porte est décorée de ces grands mots: CRÈCHE. — SALLE D'ASILE POUR L'ENFANCE. Si j'avais su ce qu'on projetait de faire, je n'aurais assurément pas prié M. Nesle de se mettre au nombre des souscripteurs. Des berceaux d'osier sans rideaux; dans la salle d'asile, des planches brutes pour les enfants qui ont sommeil.... c'est à faire pitié. Mais, au lieu de décorer la crèche et l'asile de manière à flatter la vanité des pères et mères, qui alors auraient tous voulu y voir leurs enfants, on donne du blé, du pain, que sais-je encore? à ceux qui les y envoient. Cela devient une aumône, et personne ne veut que le voisin dise: Un tel, une telle, sont à l'aumône, car ils envoient leurs enfants à la crèche ou à l'asile.

— Ma belle, reprit Mme de Langeac d'un ton

sérieux et en se tournant vers moi, il y a du vrai dans ce que dit madame.

— Sans nul doute, madame, répondis-je ; mais, ayant à vaincre l'orgueil et la misère, nous donnons le pas à la misère, qui doit avant tout être secourue, et le nombre des enfants qu'on nous confie va croissant.

— Chère mignonne, accordez aussi, croyez-moi, quelque chose à l'orgueil!... Mais allons voir cela! »

Je demandai la permission de m'éloigner un instant pour changer de robe, et, sur un signe que je lui fis, Héloïse me suivit.

« Ne se voir qu'ainsi, quand on a le cœur plein d'amertume et de douleur, » s'écria-t-elle en se jetant tout en larmes à mon cou. Puis ce furent des plaintes, des récriminations contre sa tante, contre son mari; plaintes, récriminations bien des fois répétées pendant mon séjour au château de Saint-Pierre. Je tâchai de la consoler en lui faisant entrevoir la possibilité d'une causerie après le dîner, quand, ma belle-mère et nos deux messieurs étant revenus, nous pourrions nous échapper quelques instants.

Anaïs se souciant peu de nous accompagner à l'asile, je la priai de dresser le dessert avec Laurence, après avoir recommandé en particulier à celle-ci d'obéir sans réplique aux ordres de ma cousine, et après avoir dit à Anaïs : « Je t'en prie, ne va pas à la cuisine. Geneviève est de mauvaise humeur; laisse-la faire à sa tête, ou bien elle gâtera le dîner, et surtout ne parle pas de tartelettes aujourd'hui, jour d'embarras, s'il en fut. »

En sortant j'ai offert le bras à Mme de Langeac, laissant bon gré mal gré ma tante à Héloïse. J'ai su depuis que le mutisme de celle-ci a charmé Mme Nesle, qui a pu se donner le plaisir de parler, sans être contredite, de tout ce qui lui a passé par la tête.

Julienne nous a fait de bonne façon les honneurs de notre crèche, bien pauvre, bien dénuée sans doute, mais où règne une grande propreté. Les enfants, bien tenus, sont nourris, pendant tout le jour, de bon lait; celles des mères nourrices qui ne travaillent pas au loin viennent aux heures des repas leur donner le sein. Deux pauvres vieilles femmes, sans mari, sans enfants, sans famille, secondent Julienne à titre de berceuses, et suivent les enfants en état d'être placés dans les pouponnières.

Mme de Langeac a dit qu'elle s'intéressait vivement à la crèche et qu'elle et sa nièce donneraient des rideaux pour toutes les barcelonnettes dès que la crèche compterait douze enfants, et que ce jour-là aussi les berceuses recevraient un habillement complet. Voilà huit jours de cette visite, et le nombre des nourrissons approche de celui qui a été fixé.

Oui, Mme de Langeac a raison : il faut, en secourant la misère, accorder quelque chose à ce pauvre orgueil humain, qui se fait sentir au village comme dans les cours.

Julienne, directrice de la crèche, est inspectrice de l'asile. Celui-ci est placé sous la direction d'un vieillard qui a fait la guerre. Il maintient sévèrement la discipline établie, et, de sa voix chevrotante, il entonne le premier les chants composés pour les asiles, dont nous avons demandé un recueil à Paris. Mon mari, en lui faisant accorder cette place, lui a rappelé qu'on ne *jure pas sous les armes*, et qu'il est sous les armes tout le temps qu'il passe à l'asile. M. le curé, de son côté, lui raconte les paraboles de l'Évangile, qu'il redit aux enfants en les commentant d'une façon parfois très-originale, mais toujours avec bon sens. Afin de nous faire les honneurs, il a commandé d'une voix plus haute que de coutume les évolutions des deux bataillons de filles et de garçons ; puis il a entonné un de ses plus beaux chants; mais soudain les vagissements qui partaient de la crèche sont venus interrompre le *solo* avant que le *chœur* eût pu répondre, et à grand peine j'ai contenu mon envie de rire en voyant les étranges grimaces que faisait le vieux soldat pour retenir le gros juron que l'impatience faisait monter à ses lèvres. Mme de Langeac, avec cette grâce qui distingue partout les personnes du grand monde, a su lui dire des mots flatteurs et encourager les enfants, qui ouvraient à la fois les yeux et la bouche d'une manière démesurée à la vue de ces deux belles dames si élégamment vêtues. Mme de Langeac s'est informée de ce qui pourrait faire plaisir aux enfants sages et studieux, et elle a promis d'envoyer joujoux et croix de mérite.

« Les premiers, a-t-elle dit, appartiendront à tous les enfants de l'asile, et ceux qui se seront montrés obéissants et attentifs auront pour récompense le plaisir d'en être les dépositaires pendant la récréation; les autres seront donnés aux plus méritants le samedi de chaque semaine. »

Ceci aussi, chère amie, a contribué à augmenter beaucoup le nombre des enfants de l'asile.

A notre sortie de l'asile, Mme de Langeac a voulu visiter l'école communale, et là encore elle s'est montrée gracieuse, charmante pour le vieil instituteur et pour les enfants. Puis elle est entrée dans notre modeste église. De là, nous sommes allées au presbytère ; M. le curé n'y étant pas, deux cartes ont été remises pour lui à Jeanneton, qui ouvrait aussi les yeux et la bouche dans toute leur grandeur à la vue de ces belles dames.

Très-heureusement, pendant notre promenade, le ciel s'était couvert, de sorte que nous n'avons pas trop souffert de la chaleur.

Ma belle-mère était de retour lorsque nous sommes rentrées; elle avait veillé à tout, suppléé à tout, encouragé Laurence et Geneviève, de telle sorte que ces messieurs en arrivant ont trouvé un excellent repas, servi *à la russe* avec élégance. On hébergeait les domestiques à l'office, les chevaux à la ferme, pendant que les maîtres faisaient honneur de grand appétit au banquet improvisé.

J'ai pu donner quelques instants à Héloïse. Mes représentations font peu d'effet sur son esprit; l'oisiveté la tue, et elle ne peut se résoudre à vaincre la nonchalance qui l'y conduit.... A une autre fois, chère amie! ma lettre est démesurément longue. J'ai à te parler de notre projet de fonder pour l'hiver un ouvroir campagnard; en finissant, je te souhaite, lorsque tu seras chez ton oncle, de n'avoir pas à t'occuper, pendant une journée entière, de gens qui ne savent que faire de leur temps, lorsque, pour son propre compte, on n'a pas assez de celui qui compose chaque jour de l'année.

## XIX

### Les jaloux.

Chère amie, j'ai une foule de choses à te raconter et bien peu de temps à moi; nous avons été au moment de faire de la *diplomatie*, non pas comme M. Jourdain faisait de la prose, *sans le savoir*, mais bien en le voulant et en le sachant.

Les rideaux de mousseline et les douze barcelonnettes, envoyés par les dames du château de Saint-Pierre, ont produit un tel effet, que c'est à qui mettra maintenant son nourrisson à la crèche pendant que la maman nourrice travaille dans les champs. Comprennent-elles le bienfait de cette institution? je ne sais; mais celles qui peuvent donner une petite rétribution ont voulu le faire savoir à tous en mettant un ruban, comme marque distinctive, à la petite flèche du berceau occupé par leurs enfants. M. le curé a fait à ce sujet un prône, il y a quinze jours, sermon très-court, mais dont la haute morale, mise à la portée de tous, a été à peu près sentie. Les prétentions se sont tues, et toutes les petites flèches sont sans ruban. Mais j'ai entendu récemment l'une de nos plus orgueilleuses villageoises dire à sa voisine : « Au fait, qu'est-ce que cela fait? on sait bien qui paye ou ne paye pas, et puisque Notre-Seigneur a voulu naître dans une crèche, je ne vois pas pourquoi nous n'y mettrions pas nos enfants. Comme le dit M. le curé, à cet âge-là nous sommes tous égaux devant Dieu; plus tard, c'est différent. — C'est tout de même, a répondu la voisine. — Que nenni ! a repris l'autre. Je voudrais bien savoir si la femme Jean, qui n'est que journalière, est mon égale. — Devant Dieu, oui, — Allons donc ! »

En attendant que Germaine croie à l'égalité de tous devant Dieu, la crèche fonctionne; les enfants ne sont plus abandonnés à eux-mêmes dans leur berceau pendant des journées entières; ceux qui commencent à courir sont gardés à vue dans l'asile par notre vieux soldat, qui décerne chaque samedi les croix de mérite envoyées par ces dames, ainsi que les blouses qui ne servent que le dimanche. Julienne, remplie de zèle, forme une surveillante capable de la remplacer aux heures où elle aura à faire travailler à l'ouvroir cet hiver; car ce n'est guère que l'hiver, les travaux ayant partout cessé, qu'on peut réunir les enfants déjà grands à l'école ou bien à l'ouvroir. J'ai voulu te *narrer* tout cela, ma Clémence, pour te montrer que les occupations ne manquent pas ici, et que l'influence des dames du château de Saint-Pierre est une bonne fortune pour nous. A présent, j'en viens à nos *menées diplomatiques*.

Il y a quelques jours, ma tante est arrivée rayonnante avec Anaïs : Mme de Langeac, Mme de Marmande, étaient allées leur faire visite ! A cette nouvelle, ma belle-mère et moi nous nous regardâmes très-étonnées.

« Oui, c'est ainsi, a dit ma tante en se rengorgeant. La forge vaut bien la ferme. Ces dames ont pris le temps de la réflexion avant de s'en apercevoir ; mais vaut mieux tard que jamais.

— Ce sera un pied de nez, ajouta ma cousine, pour les dames du château du Lac. Elles n'ont jamais daigné vous faire visite ni à nous non plus ; on ne les voit ici que lors des fêtes pour les comices. Quand elles nous verront en grande familiarité au château de Saint-Pierre, elles comprendront, les impertinentes, que nous les valons bien.

— Et comme votre *mairesse* et votre *notairesse* vont enrager ! » reprit ma tante.

Elle se mit à énumérer avec complaisance tous les sujets de jalousie que la ferme et la forge donnaient journellement à nos voisins. Anaïs apportait sa quote-part à cette énumeration, et ma belle-mère devenait de plus en plus sérieuse.

« Ma sœur, dit-elle d'un ton plein de gravité, je vous ai avertie depuis longtemps que vous semez de l'ivraie.... Prenez garde !... Si jamais les mauvais jours venaient, vous ne récolteriez que de l'ivraie.

— Cela va sans dire, la récolte sera le produit de la semence, répondit ma tante en ricanant. Vous aviez pensé, ma sœur, que la ferme aurait seule l'honneur de recevoir les dames du château de Saint-Pierre, et vous êtes contrariée de voir....

— Ma sœur, je vous en prie! s'écria vivement ma belle-mère, dont les joues s'étaient couvertes d'une légère rougeur.

— Nous ne vous importunerons pas longtemps aujourd'hui, reprit ma tante d'un ton aigre-doux. Anaïs et moi nous allons saluer Mme la mairesse et Mme la notairesse, qui seront charmées de nous voir.

— Y comprenez-vous quelque chose, ma fille? m'a demandé Mme Beaumont lorsque toutes les deux ont été parties.

— Non, ma mère, pas plus que vous.

— Je suis très-fâchée du mauvais effet que va produire chez les envieux cette démarche de Mmes de Langeac et de Marmande.

— Eh ! que nous importe, ma bonne mère ?

— Jouir avec réserve des préférences qu'on obtient sans les avoir cherchées, reprit Mme Beaumont, ne suffit pas pour faire taire l'envie.... Mme Nesle, par ses forfanteries, va irriter contre son mari des gens qu'il faudrait ménager.... Que faire pour verser quelque baume du moins sur les blessures de tous ces amours-propres si irritables ?... Quel caprice a pu porter ces dames à aller visiter des personnes qui leur déplaisent et qu'en toute occasion elles traitent du haut de leur grandeur ? »

Comme j'allais répondre : l'ennui, l'oisiveté, sans doute, Laurence m'apporta un petit billet, en me disant : « De la part de Mme de Marmande ; on attend la réponse. »

Héloïse me demandait si elle pourrait me voir *seule* un instant le lendemain, dans la matinée. Vite je répondis que je serais à sa disposition à l'heure qu'elle voudrait.

« Quel bonheur ! nous allons avoir le mot de l'énigme ! dis-je à ma belle-mère en lui donnant à lire le petit billet. Maman, je vais surveiller les batteurs en grange et tâcher de faire aujourd'hui ce que je ne pourrai faire demain. »

Elle m'embrassa tendrement, et je ne la revis qu'à l'heure du dîner.

Édouard fut aussi surpris que nous de cette visite du château à la forge.

« Je sais, dit-il, que M. de Marmande a l'*intention* d'être du conseil de nos comices agricoles, sans avoir rien fait encore pour mériter que les voix de nos agriculteurs et de nos éleveurs se portent sur lui ; mais mon oncle est sans crédit dans le pays, sans influence personnelle....

— Mon fils, a repris Mme Beaumont, pourrait-on profiter de cette ambition pour combattre le mauvais effet qu'aura produit sur nos voisins la distinction accordée à nous d'abord, puis à une autre personne de notre famille, à l'exclusion de tous les notables du village ?

— Ceci vous regarde, ma mère, ainsi que Pauline, a répondu Édouard en riant. Vous livrer la pensée de M. de Marmande, c'est vous mettre en état d'agir et d'amener Mmes de Langeac et de Marmande à faire visite à tout le monde.

— Oh ! la bonne idée, m'écriai-je en riant aussi. Maman, vous ne dites rien.

— Ma chère fille, je ne trouve rien de risible dans tout ceci. Déjà j'avais songé à tenter au moins d'amener ces dames à faire une politesse à tous nos voisins ; car, hélas ! je le répète, exciter l'envie, même involontairement, est toujours un malheur, et, par charité chrétienne d'abord, puis par intérêt bien entendu pour nous-mêmes, nous devons nous efforcer sans cesse d'empêcher ces ignobles sentiments de naître dans l'âme du prochain..... Et sans cesse, sans cesse, nous faisons tout le contraire.... C'est là surtout ce qui m'afflige.

— Mais, maman, sommes-nous donc cause de paraître plus aimables que telles et telles personnes, et devons-nous repousser une préférence?...

— Nous devons avant tout aimer notre prochain et nous en faire aimer ; nous devons tout mettre en œuvre pour ne blesser, pour n'humilier personne; c'est la loi divine ; en la suivant nous suivons encore la voie la meilleure pour prospérer ici-bas.

— Ma mère a raison, reprit Édouard d'un ton sérieux. Malheureusement peu d'âmes sont, comme la sienne, pénétrées du saint amour de l'humanité et du devoir; il faut donc parler à ces âmes-là la seule langue que souvent elles comprennent. Je m'engage formellement à faire nommer M. de Marmande membre de notre conseil, non dans l'intérêt privé de notre famille, mais dans l'intérêt général. Nous avons besoin de quelques grands noms pour imposer à la foule de nos agriculteurs et de nos éleveurs, et pour les amener à accepter des améliorations que souvent par esprit de routine ils repoussent ; M. de Marmande étant du conseil, le châtelain du château du Lac voudra en être; et l'an prochain nous déciderons plusieurs fermiers à se servir de nouveaux instruments aratoires, de nouveaux engrais, de nouvelles semences qu'ils repoussent obstinément; l'exemple une fois donné, des progrès notables auront lieu dans l'agriculture de ce pays encore arriéré. Ainsi, ma mère, ajouta-t-il en pressant sur ses lèvres la main de Mme Beaumont, employez votre influence sur les dames châtelaines, obtenez d'elles quelques politesses aux notabilités du pays; politesses qui amèneront, vous le voyez, un beau résultat, un résultat utile à tous.

— J'espère, a repris ma belle-mère, que Pauline et moi, sans mettre en jeu aucun mauvais sentiment, nous amènerons ces dames à faire ce qui est juste et bien. Mme de Langeac est femme de cœur et d'esprit; ayant vécu dans le monde parisien, elle n'a pas les mesquins préjugés qui, trop souvent, paralysent en province les personnes d'un certain rang; oui, j'espère être comprise.

— Je veux l'espérer avec vous, ma mère, a répondu Édouard au moment où nous nous levions de table; mais, en cas de non réussite, faites intervenir, je vous en prie, le *deus machinæ*, c'est-à-dire la place de conseiller dans le conseil de nos comices agricoles. »

Le soir, pendant qu'Édouard était en affaires avec ses marchands de bestiaux, ma belle-mère m'a dit les choses les plus justes, les plus sensées, sur la nécessité de faire taire ce sot amour-propre qui nous porte trop souvent à désirer d'exciter l'envie des sots, et sur la joie si pure que donne le sentiment de l'accomplissement de nos devoirs envers le prochain. Je voulais écrire tout cela; mais, hélas! ai-je du temps à ma disposition? Et puis, il faut l'avouer, j'étais fort impatiente de voir arriver le lendemain qui devait m'amener Héloïse.

Contre mon attente, elle est venue le matin. L'exercice du cheval lui a été ordonné ; exercice qui lui déplaît comme tout au monde, mais qu'elle accepte, parce que c'est pour elle un moyen d'échapper quelques heures à sa tante. Qu'il y a de malheur dans cet intérieur-là !...

Héloïse dit que ma belle-mère et moi nous avons *ensorcelé* Mme de Langeac ; si elles sont allées à la forge, c'est pour être agréables à Mme Beaumont, et c'est à *M.* Nesle et point du tout à *madame* que s'adressait leur visite.

De même que ma belle-mère, je hais les détours. J'ai donc dit franchement à Héloïse combien cette visite à la forge et l'amitié que les *seigneurs* châtelains nous témoignent vont exciter de petites jalousies, de petites haines, et qu'il serait généreux à ces dames d'accorder la faveur d'une carte au moins aux dames *notables* du voisinage.

« Parlez-en à ma tante, a répondu Héloïse ; je nuirais à la cause en me chargeant de la plaider. Tout ce qui vient de moi est rejeté sans examen. »

Et alors sont revenues les plaintes, les récriminations. Pauvre Héloïse ! Je pleure avec elle, je la plains du fond du cœur, et parfois j'espère la ramener peu à peu à la raison. Mais il faudrait que Mme de Langeac, de son côté, fût moins ironique, qu'elle montrât un peu d'indulgence... Tu comprends que je n'oserai jamais me permettre un mot à ce sujet ; Mme de Langeac trouverait avec raison que je manque au respect dû à son âge, à son rang, et elle me *foudroierait* d'un seul regard.... Mais peut-être ma belle-mère pourrait.... Enfin nous verrons.

L'extravagance de Mme Nesle n'a pas tardé à porter ses fruits. Les dames *notables* du pays ont su trouver moyen de nous lancer à son sujet des sarcasmes plus ou moins blessants, en donnant à entendre qu'il siérait à Mme Nesle et à sa fille de se souvenir sans cesse que le maître de la forge peut avoir besoin d'un moment à l'autre de l'appui de tous ; on a dit aussi, d'une manière détournée, que, si les dames châtelaines connaissaient mieux les affaires de M. Nesle, elles seraient moins prodigues de leur bienveillance pour un homme qui sera trop heureux de ne point mourir dans la misère.... Que sais-je?... Peu patiente par nature, et peu prudente, hélas ! j'aurais répondu quelques mots piquants, si ma belle-mère n'avait pas été là pendant ces visites inspirées par la méchanceté ; j'ai eu du moins la sagesse d'éviter d'en recevoir lorsque son appui me manquait.

Je ne saurais te dire, chère amie, avec quelle impatience j'attendais Mme de Langeac. Elle ne pouvait tarder, car elle avait dîné à la ferme, et elle nous *devait* sa visite de *digestion*. Elle est venue enfin, gracieuse, bonne, et si charmante que, me trouvant seule avec elle et Héloïse en ce moment, j'ai osé tout lui dire.

« Chère mignonne, s'est-elle écriée, c'est bien sans le vouloir que je vous ai occasionné tous ces chagrins-là ! Aujourd'hui même ma nièce et moi nous irons jeter un macaron dans la gueule de ces Cerbères !... Voilà ce que c'est, a-t-elle ajouté en se tournant vers sa nièce, que de n'écouter que sa fantaisie, bonne au fond, sans consulter sa raison. Nous aurions dû penser que faire visite seulement à ceux que nous aimons, sans faire politesse aux sottes de ce pays, c'était manquer à tous les devoirs sociaux, et surtout en province. A Paris, on peut négliger les ennuyeux, les sots, et s'en délivrer même sans qu'il en résulte grand dommage ; mais en province!... tout le monde a droit à des égards plus ou moins marqués!... Allons, ma nièce, réparons une étourderie à peine pardonnable à ma vieille expérience du monde. Mon cœur, donnez-moi la liste de vos envieuses ; ce seront tous les *noms* des habitants du village, je le présume ; et puis embrassez-moi, et dites que vous me pardonnez d'avoir été la cause involontaire de ces méchants propos. Au retour, nous viendrons oublier nos ennuis auprès de Mme Beaumont et de vous. »

Peut-on être plus aimable, ma Clémence ?

Le *deus machinæ* d'Édouard n'a pas eu besoin de

paraître, et le soir ma belle-mère m'a dit en m'embrassant avec tendresse : « Ma fille, souvenez-vous bien que la droiture, l'amour du devoir, le respect de la vérité font plus en ce monde que la diplomatie la plus adroite!

— Quand on s'adresse à des gens de cœur et d'esprit! a dit Édouard.

— Ces gens-là, a répondu Mme Beaumont, sont plus nombreux qu'on ne pense, et bien souvent c'est à soi-même qu'il faut s'en prendre quand on ne sait pas les reconnaître! »

Voilà une longue lettre, j'espère. Et pourtant que de choses à te dire encore. Mais il faut finir.

Je t'aime de cœur.

## XX

### Obéissance.

Ma Clémence, tu es bien aimable de me pardonner d'avoir été si longtemps sans t'écrire. L'indisposition de Mme Beaumont a été de longue durée; mais comme c'était l'époque de notre fête rurale des comices, j'ai dû me partager entre les soins qu'exigeait l'état de ma belle-mère, la réception d'hôtes nombreux, les visites et les repas sans fin. Lors de la première fête des comices agricoles, je n'avais d'autre souci que de m'amuser : cette fois, j'ai compris combien sont difficiles les devoirs de maîtresse de maison, lorsqu'on a le cœur et l'esprit préoccupés des souffrances d'un être qu'on aime. Comme toujours, ma belle-mère a été admirable de patience et de résignation; elle m'a aidée de ses conseils;

elle m'a dirigée dans mille choses que je n'aurais pas su accorder ensemble, et tout s'est passé à merveille. Il y a eu distribution de prix aux éleveurs qui ont présenté le plus beau bétail, aux fermiers qui ont adopté de nouveaux engrais, ensemencé avec de nouvelles semences, et enfin quelques médailles ont été données aux bergers qui ont montré de l'intelligence et de.... l'*humanité* dans le soin de leurs troupeaux.

Ainsi qu'Édouard l'avait prévu, *le seigneur* du château du Lac a voulu être aussi du conseil de notre Société agricole, chose qu'il a obtenue sans peine, tant la part que M. de Marmande veut prendre aux travaux de l'agriculture a *chatouillé* doucement l'orgueil de nos éleveurs et de nos fermiers. Les dames du château du Lac, dans de magnifiques parures, ont honoré de leur présence la distribution des prix, le banquet et le bal. Mme de Langeac et Mme de Marmande, mises avec une élégante simplicité, se sont montrées si affables que tout le monde en raffole. Ma pauvre tante, Anaïs et toutes nos dames *notables* ont fait, comme de coutume, assaut d'extravagance et de mauvais goût dans leurs toilettes. Je t'avouerai, chère amie, que cette fête m'a beaucoup fatiguée. Autrefois je ne comprenais la vie que comme la comprend Anaïs, c'est-à-dire, consacrée pour une bonne moitié à la toilette, et l'autre moitié au plaisir; aujourd'hui, le désir et le soin de rendre heureux mon mari et ma belle-mère ont développé en moi d'autres pensées, et m'ont donné des goûts sérieux qui seuls conduisent au vrai bonheur. L'an dernier j'aurais *frémi* à l'idée de passer l'hiver à la campagne ; cette année, je vois, au contraire, avec joie approcher le moment des longues veillées *solitaires*. J'aurai alors un enfant à chérir, à élever, car l'éducation commence dès le berceau, à ce que dit ma belle-mère. Édouard ne sera plus aussi souvent en voyage ; enfin, chère amie, je me fais une joie de cette vie en famille.

J'ai une grande nouvelle à t'apprendre : Anaïs va se marier ; il faut en vérité qu'elle ait une vive frayeur de rester fille pour accepter un parti semblable, et je ne sais trop comment ma tante fera pour vivre en bonne intelligence avec son gendre. Depuis des années mon oncle a eu pour commis, et il a maintenant pour teneur de livres, l'homme le plus froid, le plus compassé que je connaisse. Un moment de gêne l'a obligé de lui donner un intérêt dans sa maison ; maintenant M. Jacques Dupont, qui a recueilli un petit héritage, et qui connaît parfaitement l'état des affaires de mon oncle, propose de devenir son associé, et d'employer son talent, son crédit, à relever la forge, à la seule condition qu'on lui donnera Anaïs pour femme. Ne crois pas, chère amie, qu'il y ait *passion* de la part de M. Jacques Dupont. Méthodique en tout, il dispose la vie par doit et avoir. Édouard a très-bien compris son calcul : mon oncle, découragé parce qu'il voit ses affaires en triste état, n'a plus assez d'énergie pour établir dans sa maison l'ordre qui y manque ; il n'est plus assez jeune pour déployer l'activité qui seule pourrait le sauver de sa ruine. M. Jacques Dupont sait parfaitement ce que la forge rapporterait entre des mains fermes et habiles. Anaïs est fille unique ; elle n'a pas de dot à présent ; mais, si la forge se relève, ce sera un jour une assez riche héritière.

La proposition de M. Jacques Dupont a d'abord été rejetée par ma tante ; Anaïs, de son côté, a refusé avec dédain ; quant à mon oncle, il n'a montré ni empressement ni répugnance pour ce mariage. Mme Nesle, après avoir bien réfléchi, s'est dit qu'avec un gendre qui avait toujours été en sous-ordre, elle serait encore la maîtresse. Anaïs a réfléchi de son côté ; elle a vingt-sept ans, pas un parti ne s'est encore présenté, et il n'y a guère d'*épouseurs* en *disponibilité* dans les environs.

Telles sont les magnifiques raisons que ma tante et ma cousine ont fait valoir en nous parlant de la demande de M. Jacques Dupont.

Après un moment de silence, Mme Nesle s'est écriée :

« Eh bien ! ma sœur, vous ne dites rien, ni vous non plus, Pauline ? a-t-elle ajouté en se tournant vers moi.

— Que puis-je dire, ma sœur, a répondu Mme Beaumont, lorsque vous m'annoncez ce mariage comme une chose conclue?

— Pour moi, ai-je ajouté, connaissant fort peu M. Dupont, je n'ai rien à dire non plus.

— Oh! ce mariage vous contrarie, s'écria Mme Nesle d'un ton aigre-doux.

— Comment pourrais-je en être contrariée, a repris ma belle-mère, si, avec le secours de M. Dupont, mon frère doit relever sa fortune? C'est un honnête homme, un grand travailleur, et je veux espérer qu'il rendra Anaïs heureuse.

— Il le faudra bien, a dit Mme Nesle d'un ton sec. Si jamais il s'avisait de prendre des airs de maître, je saurais le mettre à sa place! »

Ma belle-mère m'a regardée d'un air si triste, que mon cœur s'est serré. Après un moment de silence, je me suis hasardée à dire :

« Mais, ma tante, un mari est et doit être toujours le maître.

— Allons donc! un homme qui n'a jamais été qu'en sous-ordre à la maison....

— Cet homme, ma sœur, dit Mme Beaumont, devient l'égal de votre mari en devenant son associé.

— L'égal! l'égal de M. Nesle!

— Ma sœur, je vous en prie, s'écria Mme Beaumont, prenez le temps de réfléchir avant de donner parole!

— Je crois comprendre, reprit Mme Nesle : vous trouvez, comme moi, ce mariage mal assorti. M. Dupont est un homme fort ordinaire, et ce n'est pas de lui que j'aurais fait choix pour ma fille ; mais j'ai reconnu que M. Nesle n'a pas d'autre moyen de se tirer d'affaire, et, généreusement, ma fille se sacrifie.

— Jusqu'à un certain point, s'est écriée Anaïs, qui n'avait encore rien dit. M. Dupont sera tellement occupé à la forge, que nous nous verrons le moins possible. Moi aussi, j'ai reconnu que nous avons besoin de lui pour relever notre fortune ; lui, de son côté, sait fort bien qu'il ne trouvera pas en moi une femme humble et soumise.

— Ma pauvre Anaïs ! ai-je dit en lui prenant la main.

— Que veux-tu ? a-t-elle répondu, je tiens à ne pas mourir fille, et comme aujourd'hui lorsqu'on n'a pour dot que des talents, de la tournure, une figure passable, on ne peut trouver de mari, je prends le parti de porter le vilain nom de Mme Jacques Dupont. »

Et elle se mit à rire.

Ma belle-mère et moi nous nous regardâmes encore avec grande tristesse.

Pendant près d'une heure, ma tante et ma cousine continuèrent à débiter mille pauvretés, qui nous firent du mal à toutes les deux. Un mariage accepté par de tels motifs ne peut que mettre le comble au malheur qui règne déjà dans la maison.

Toutes deux nous ont quittées avec la conviction que nous éprouvons une certaine jalousie à la pensée de les voir bientôt en mesure de tenir un état de maison comme le nôtre.

M. Nesle est venu nous demander à dîner. Édouard, qui l'a déjà obligé en plusieurs circonstances, s'est offert généreusement à l'aider encore : mais mon oncle, malheureux chez lui, est complétement découragé.

« Il n'y a que Dupont, a-t-il dit à mon mari, qui soit capable, non-seulement de relever la forge, mais encore de rétablir l'ordre dans ma maison. C'est un homme d'un caractère ferme; il ne criera pas, il ne tempêtera pas, et il saura se faire obéir.

— Anaïs obéir ! me suis-je écriée.

— Oui, a répliqué mon oncle. Dupont fera ce que je n'ai jamais su faire ; il tiendra la clef de la caisse.

— Mais, mon oncle, il rendra Anaïs malheureuse.

— Ne croyez pas, ma nièce, répondit M. Nesle, que Dupont soit un méchant homme : j'ai éprouvé mille fois, au contraire, la bonté de son cœur ; seulement, il sait être homme..... moi, je n'ai pas su l'être.

— Mais ma sœur? s'est écriée Mme Beaumont.

— Ma femme jettera feu et flamme dans les commencements, a répondu M. Nesle; mais, afin que la transition ne soit pas trop brusque, je l'emmènerai avec moi voir sa famille à Lyon. Lorsqu'à son retour elle verra régner dans la forge une activité nouvelle, et la maison embellie de tout ce que l'ordre peut ajouter à une aisance bien entendue, son orgueil sera flatté de ce changement, et Dupont grandira à ses yeux.

— Ainsi, mon oncle, vous laisserez Anaïs seule avec un mari dont le caractère est entièrement opposé au sien? »

M. Nesle baissa la tête, soupira, et, après un moment de silence, il dit :

« J'y ai déjà bien réfléchi, j'y réfléchirai encore, mais je crois qu'Anaïs, n'étant pas soutenue par la présence de sa mère, recourra plus d'une fois aux conseils de ma sœur et aux vôtres, ma nièce; elle apprendra de vous deux que la soumission est le premier devoir de l'épouse, et comme Dupont est bon, comme il a de l'affection pour elle, j'espère qu'il lui rendra facile cette soumission et qu'il ne l'exigera que dans les grandes choses. Le mariage se fera plus tôt que je ne l'aurais voulu.... Des indiscrétions ayant été commises, Anaïs et sa mère m'ont mis dans l'obligation de terminer dès que l'acte d'association sera fait. »

Un long silence a suivi ces paroles prononcées

comme à regret. Nous avons tous compris que les représentations, les conseils viendraient trop tard. Mon oncle s'est levé de table, il a tendu la main à ma belle-mère, puis à moi, en disant :

« Je compte sur vous deux pour enseigner à ma fille à rendre heureux son entourage et à devenir heureuse elle-même. »

Mon mari l'a entraîné dans son cabinet.

Le cœur de ma belle-mère était plein, je le voyais ; mais, comme je la suivais au salon, l'un des petits *pâtours* de Simon s'est montré à la fenêtre de la salle à manger et m'a fait signe d'aller à lui.

« Madame, a-t-il dit tout bas, la maîtresse pleure, pleure, et demande après vous. Venez, madame, le maître est encore aux champs.

— Allez, ma fille, a dit Mme Beaumont, qui avait entendu. Puisse notre pauvre Anaïs ne pas donner un nouvel exemple du malheur qui naît trop souvent d'une union mal assortie ! »

Imagine-toi, ma bonne Clémence, que l'achat de deux mètres de dentelle a suffi pour déchaîner un de ces orages intérieurs dont les suites se font sentir parfois bien longtemps. Suzette s'est permis cette emplette sans consulter son seigneur et maître ; celui-ci, qui était de mauvaise humeur, a parlé haut ; la belle-mère, le beau-père, s'en sont mêlés, et Simon a déclaré que désormais Suzette n'aurait plus la disposition de la bourse commune.

J'ai eu à essuyer un déluge de larmes; en vain j'ai prêché la soumission, la patience, Suzette était hors d'elle : elle ne parlait de rien moins que de quitter son mari, de plaider en séparation s'il le fallait. Enfin, voyant que mes représentations ne produisaient aucun effet, j'ai pris un ton sévère et j'ai déclaré que non-seulement je ne remettrais plus les pieds chez elle, mais que je ne la recevrais plus, si la réflexion ne la ramenait pas aux sentiments de ses devoirs d'épouse. Elle était tellement montée, que cette menace a paru produire peu d'effet; cependant elle m'a promis de ne rien faire jusqu'au lendemain.

A mon retour, j'ai appris que ma belle-mère, un peu souffrante, venait de se retirer. Je suis allée l'embrasser, puis j'ai rejoint Édouard, qui avait le front soucieux. Je lui ai raconté les sages remontrances que je venais de faire à Suzette et l'espoir que je nourrissais de la trouver plus calme le jour suivant.

« Je désire que Simon ne fléchisse pas dans cette première querelle, me dit Édouard d'un ton grave. je ne dirai pas avec Shakspeare : *Femme, femme, ton nom est fragilité;* mais je dirai : Femme, femme, ton nom est frivolité.

— Vous êtes aimable, monsieur! me suis-je écriée.

— Je suis vrai, a répondu mon mari du même

ton ; et si cette frivolité n'est pas sapée jusque dans sa racine dès le commencement du mariage, la ruine de tous résulte de la faiblesse du mari. Vois mon oncle ! il est bon, mais faible.

— M. Dupont ne sera pas ainsi, lui ai-je répondu avec un petit mouvement d'humeur.

— Non, je l'espère.

— Vous l'espérez, monsieur! et ma pauvre cousine?

— Il sera, a repris mon mari, ce que doit être le chef de toute communauté, le maître.

— Oh ! le vilain mot!

— Aucune association n'est possible si l'un des associés ne réunit pas dans ses mains la toute-puissance.

— Et du côté de la barbe est cette puissance, je le sais, ai-je repris en riant; trop souvent, messieurs, vous en abusez!

— Crois-tu que si mon oncle avait *usé* de sa toute-puissance, les choses en seraient venues au point où elles en sont aujourd'hui? Crois-tu que si M. de Marmande avait mis des bornes à la folle passion de sa femme pour le monde et la paruré, tous deux se verraient obligés aujourd'hui d'accepter la *tutelle* de Mme de Langeac?

— Ainsi, monsieur, à votre avis, tous les malheurs qui arrivent dans une famille viennent de la faute des femmes?

— A Dieu ne plaise, répondit Édouard en me prenant les mains, que je professe une telle énormité! Mais s'il est des femmes raisonnables par nature, comme l'est ma mère, et des femmes qui le deviennent par l'effet du bon exemple....

— Comme moi! ai-je dit vivement.

— Oui, comme toi, ma chère Pauline, a-t-il repris d'un ton plus doux; comme toi, qui as si bien compris que pour arriver à savoir commander il faut commencer par obéir; il en est une foule d'autres.... et Anaïs fait partie de cette foule, qui apprennent bien difficilement à reconnaître un maître dans le chef de la famille.

— Oh! oui, ai-je dit avec un soupir; et elle n'aura pas pour l'aider les conseils d'une Mme Beaumont! »

Mon mari m'a embrassée.

« Sais-tu, Édouard, ai-je ajouté, qu'il est pourtant bien cruel que la femme soit toujours en tutelle! Au fait, nous ne sommes jamais maîtresses au logis. Le mari commande *toujours*.

— Non pas le mari qui a, comme moi, une femme raisonnable; tu le reconnaîtras si tu veux jeter un regard vers le passé et remarquer les progrès qu'a faits ta puissance de maîtresse de maison depuis trois ans que nous sommes mariés. Non-seulement tu règles la dépense comme tu l'entends, mais je demande souvent ton avis pour les affaires de l'extérieur. Il en est que je n'ai pas conclues, tu le sais bien, parce que, avec cette finesse d'observation qui distingue les femmes, tu as su découvrir bien des choses que je ne voyais pas ; ainsi donc, tu partages *ma puissance* de chef de maison, et ton influence est d'autant plus grande, que tu l'exerces avec la modeste réserve inspirée par un sens droit. »

Tu conviendras, ma chère Clémence, qu'on ne peut mieux dorer la pilule. Mais le fait est que, en nous mariant, nous devons prendre pour devise : OBÉISSANCE. Dis bien cela à nos jeunes amies ; et maintenant, au revoir !

# XXI

## Assistance au prochain.

Je me suis bien doutée, ma bonne Clémence, que mon sermon (comme tu appelles ma dernière lettre), que mon sermon sur l'obéissance ne plairait à aucune de nos amies. Jeune fille, je me serais récriée comme vous toutes ; jeune femme, je m'efforce de pratiquer ce que je prêche, en me disant avec conviction que là est à la fois notre premier devoir, et l'une des sources les plus fécondes de la paix domestique.

Vous êtes toutes anxieuses, me dis-tu, de savoir si Anaïs épousera M. Dupont. Rien n'est plus certain, et le futur époux se montre tellement empressé que l'époque du mariage est de beaucoup avancée. Si, comme le veut ma tante, afin d'avoir beaucoup de monde à la noce (car il y aura une noce, c'est la mode du pays), le mariage se fait lors de l'ouverture des vendanges, qui tardera peu, nous allons nous trouver, ma belle-mère et moi, *en proie* à un nombre indéfini de visiteurs. Tous les ans il nous vient à cette époque plusieurs familles, qui ajoutent beaucoup à nos embarras. Ce pays n'est pas un pays de vignobles, mais chacun y récolte le vin nécessaire à sa consommation, et le *cidre doux*, qu'on fait ici en abondance, attire presque autant d'amateurs que le vin doux. Mon mari exploitant lui-même ses terres, nous avons, ma belle-mère et moi, à surveiller les vendangeurs; c'est seulement encore par théorie que je sais qu'il faut les faire déjeuner avant leur départ pour la vigne, autrement ils dévoreraient en quantité le plus beau raisin. Il faut aussi surveiller ceux qui sont chargés du travail du pressoir, afin de s'assurer qu'ils y apportent le plus de propreté possible. Pendant tout ce temps-là, ce sont des repas *homériques* à la ferme, et des repas aussi substantiels, quoique plus délicats, à la maison des maîtres. L'année dernière, tout cela m'a beaucoup amusée. Je *faisais la dame*, j'allais aux vignes manger du raisin, je causais pendant que ma belle-mère exerçait sa surveillance à la ferme comme à la maison; mais cette année sa santé débile laissera peser sur moi presque tout le fardeau; aussi je frissonne à la pensée de toutes les allées et venues nouvelles que les noces d'Anaïs occasionneront pendant le temps d'un travail général et sérieux pour nos fermiers.

Je ne sais, en vérité, si j'aurai la possibilité de faire faire les conserves de raisin et le vin cuit, dont tout le monde est si friand. Je me surprends parfois à regretter le temps où j'étais pensionnaire et si désolée de l'être. Faut-il donc qu'on ne sente le prix de certaines choses que lorsqu'on ne les a plus! Mais pourtant, en y réfléchissant, je trouve ma vie si occupée plus digne d'envie que le *far niente* de la pension. Je vous entends d'ici vous récrier toutes, et, sans me troubler, je vous réponds que la vie réelle est bien autrement sérieuse et remplie que la vie du pensionnat.

Non, ma bonne Clémence, la paix n'est pas rentrée dans le ménage de Suzette; Suzette ne veut pas encore se ranger sous la bannière de la femme mariée : OBÉISSANCE; Simon, de son côté, têtu comme un sot qu'il est, ne veut rien accorder aux habitudes d'élégance que sa femme a contractées lorsqu'elle était femme de chambre. A ce propos, je te dirai que j'ai compris enfin pourquoi ma belle-mère se montre si sévère en ce qui touche la toilette des domestiques. Oui, elle a raison : ces pauvres filles prennent dans nos maisons des idées de luxe et des habitudes d'aisance qu'il leur faudra perdre quand elles se marieront. C'est donc à nous, maîtresses, de veiller à ce que l'avenir qui les attend ne se trouve pas gâté par une folle indulgence. J'ai si bien senti cela, depuis le mariage de Suzette surtout, qu'à mon tour je suis devenue très-sévère à ce sujet avec Laurence. J'exige même qu'elle fasse certains gros ouvrages à l'aiguille, quoiqu'ils ne soient pas de son domaine, parce que je ne veux pas qu'elle perde l'habitude de manier la grosse toile et la bure. Mais j'en reviens à Simon.

Sa mère, qui sait à peine coudre, comme il arrive trop souvent au village, a filé tout le chanvre dont est faite la toile de la maison, et Simon veut que sa femme file. Suzette, très-habile ouvrière, gagne bien plus à entretenir ses vêtements et ceux de son mari ; mais Simon ne comprend pas cela. Sa mère filait jadis de très-beau fil qu'elle vendait, et le prix lui servait à s'entretenir; Simon veut que sa femme fasse de même. Ce sont des querelles interminables, ma belle-mère a dû intervenir; elle a engagé Suzette à obéir à son mari, au moins pendant tout le temps que les parents de celui-ci resteront à la ferme ; et Suzette *file doux,* comme dit son mari en ricanant d'un air de taquinerie, qui met hors d'elle la pauvre femme, et en chantant :

Il faut que l'on file, file,
Il faut que l'on file doux.

Voilà où en sont les choses pour le moment.

Quant au trousseau de ma cousine, il ne sera pas aussi considérable que l'aurait voulu ma tante; je ne sais pas trop si M. Dupont n'a pas pensé, en hâtant son mariage, à faire encore cette économie-là. Je ne le crois pas avare, mais il est méthodiste, et il sait sur le bout du doigt ce que peut rapporter une pièce de cinq francs en sept ou huit années. Ma tante aurait aussi voulu changer tout le mobilier de la maison de maître; M. Dupont a fait sagement observer que mieux vaut attendre ce que décidera la mode de l'année prochaine en fait d'ameublement, et que, les visiteurs étant rares à la campagne pendant l'hiver, se mettre en frais dès à présent serait hors de propos. Mais Anaïs, me dites-vous toutes, épouse-t-elle M. Dupont de bon gré? — Comment est-il? — Quelle tournure a-t-il? — Quel âge a-t-il? — Ses cheveux sont-ils blancs, ou gris, ou noirs, ou blonds? — N'est-il point chauve?

Anaïs, mes chères amies, est très-contente de se marier enfin; être *madame* est pour elle la chose importante. Le futur se montre suffisamment empressé pour que la future se trouve satisfaite. Quant à la figure, à la tournure, M. Dupont est un de ces hommes dont on ne parle ni en bien ni en mal. Il n'est ni beau, ni laid, ni petit, ni grand. En ce qui concerne ses cheveux, je sais qu'il est chauve, et j'ignore la couleur du peu de cheveux qui lui restent. Il parle avec réserve, d'un ton lent et grave; ses manières sont polies; il y a même une certaine douceur dans le ton de sa voix; mais ses lèvres minces et qui sourient rarement semblent dénoter en lui une volonté inébranlable. Jusqu'à ce jour je n'avais pas fait une grande attention à M. Dupont; à présent qu'il doit devenir mon cousin, je l'observe sérieusement. Il paraît avoir pour mon oncle une déférence réelle et une affection sincère; ceci me fait espérer qu'Anaïs trouvera en lui un bon mari, pour peu qu'elle y mette un peu du sien. M. Nesle sera seul en nom; il aura la signature sociale, de sorte qu'aux yeux du public il sera toujours le maître de la forge. Ma tante avait ceci fort à cœur, et mon mari, trouvant que c'était justice, a aidé mon oncle à conclure ainsi l'affaire.

J'en étais là de ma lettre, quand Laurence est venue me dire que Mme de Langeac m'attendait au salon. J'ai couru aussitôt, et j'ai été reçue avec le plus aimable sourire. Je voulais envoyer avertir ma belle-mère; mais Mme de Langeac a répondu :

« Non, non, ma belle, c'est vous que je viens voir. Veuillez seulement donner l'ordre qu'on ne nous dérange pas, car j'ai à vous entretenir de choses importantes. »

Je me suis empressée d'obéir, puis je suis revenue, assez curieuse, je l'avoue, de ce que Mme de Langeac pouvait avoir à me dire.

« Mon cher cœur, a-t-elle repris, vous savez le cas que je fais de vous, et je viens aujourd'hui vous donner une preuve de mon estime, en vous parlant du malheur domestique qui rend notre vie intérieure si pénible. »

Un peu embarrassée, j'ai baissé la tête.

« Je devine, a continué Mme de Langeac, qu'Héloïse a plus d'une fois pleuré près de vous; elle vous aura fait de grandes plaintes de moi. Je ne suis pas une Mme Beaumont, j'en conviens, mais elle n'est pas non plus une Mme Édouard. Voyons, regardez-moi bien en face; je lirai dans vos yeux ce que votre bouche n'oserait pas me dire. Mme de Marmande me trouve très-sévère, n'est-ce pas? et je le suis en effet. Elle ne m'aime pas....

— Ah! madame, m'écriai-je, Héloïse ne demande pas mieux que de vous aimer!

— Alors, qu'est-ce qui l'en empêche? »

Je baissai de nouveau la tête.

« Voyons, voyons, regardez-moi; on a une raison quelconque de ne pas aimer les gens, qu'on ne *demande pas mieux que d'aimer*.... je vais vous mettre à l'aise. M. de Marmande n'est pas non plus un M. Édouard Beaumont; son cœur est excellent, mais sa tête est un peu légère; prompt à passer d'une idée à une autre, il n'est pas moins prompt à s'engouer de tout qu'à se dégoûter de tout; Héloïse, sans aucune indulgence pour son mari, écoute d'un air de dédain les projets, quels qu'ils soient, qui lui passent par la tête. Si la chose est grave, elle le contredit d'un ton tranchant, au lieu de laisser au temps et à la réflexion le soin de le ramener à des idées raisonnables; rien de ce que j'ai pu dire à ce sujet n'a pu persuader ma nièce que la douceur et la patience sont les moyens les meilleurs d'empêcher les gens, et surtout un mari, de faire des folies. Telle n'est pas votre manière à vous, ma chère enfant; j'ai trouvé en vous un esprit conciliant et beaucoup d'indulgence pour les autres. (Ne crois pas, ma chère Clémence, que ce soit l'amour-propre qui me porte à te redire les paroles trop flatteuses de Mme de Langeac; je ne te les répète qu'afin de te montrer de quelle manière elle s'y est prise pour m'encourager à lui parler comme je l'ai fait.) Oui, ma chère belle, a-t-elle ajouté, la femme qui se conduirait comme vous le faites empêcherait M. de Marmande de s'embarquer dans des idées de l'autre monde, qui compromettent à la fois sa réputation d'homme de sens et sa fortune. Pour peu que nous continuions à marcher ainsi quelque temps encore, une véritable antipathie s'emparerait des deux époux, et tout espoir de bonheur serait à jamais perdu. Je compte sur M. Beaumont pour empêcher mon neveu de tenter une foule d'essais en agriculture ; mais c'est sur vous que je compte, ma chère petite, pour amener Héloïse à être enfin ce que doit être l'épouse, bonne et indulgente pour l'époux. Je m'y suis prise de toutes les façons avec Mme de Marmande; les raisonnements la trouvent muette, les représentations la font pleurer.... J'ai pris alors le ton de la plaisanterie, et c'est encore pis. »

J'ai fait un mouvement; mes yeux, qui ont rencontré ceux de Mme de Langeac, se sont baissés aussitôt, et j'ai senti que je devenais très-rouge.

« Parlez ! s'est-elle écriée après une courte interruption ; je suis certaine qu'Héloïse ne comprend pas du tout pourquoi j'ai pris le parti de plaisanter, au lieu de me fâcher comme je le faisais autrefois.

— Ah ! madame, ai-je vivement répliqué, la plaisanterie est ennemie du bonheur ! »

Il y eut un nouveau silence ; je sentais que les yeux de Mme de Langeac étaient fixés sur moi, et j'éprouvais un grand embarras.

« Je vous assure, a-t-elle dit enfin, que j'y ai mis bien de la patience ; si mes railleries blessent Héloïse, dites-le moi, je vous en prie.

— Oui, madame, ai-je répondu après un moment d'hésitation ; Héloïse est profondément blessée du ton de persiflage que vous avez pris avec elle, et j'avoue qu'à sa place....

— Achevez, mon cœur, achevez ; ce que j'estime en vous, c'est votre candeur, c'est une franchise réelle, mais toujours tempérée par une douceur qui la fait aimer.

— Eh bien ! madame, j'avoue qu'à sa place.... je me révolterais.... Pardon, pardon, madame, vous m'avez ordonné de parler....

— Dites, dites tout ce que vous avez dans la pensée.

— Oui, madame, Héloïse ne demande qu'à vous aimer ; seulement....

— Eh bien ?

— Seulement, craignant toujours de se voir l'objet d'un sarcasme, elle n'ose ni répondre, ni s'épancher.... Mais je suis bien hardie.... »

Il y eut encore un assez long silence.

Je craignais d'avoir offensé Mme de Langeac en lui répondant avec trop de sincérité ; tout à coup elle me prit par la tête, appuya ses lèvres sur mon front, puis elle me dit :

« Oui, je voudrais que vous fussiez ma nièce !

— Ah ! madame, m'écriai-je ; soyez sûre qu'Héloïse a un excellent cœur ; à la pension elle était la plus aimée par toutes les maîtresses, à cause de son obéissance et de sa douceur, et la plus chérie par toutes ses compagnes, qui ne cessaient de louer l'égalité de son caractère.

— Elle a bien changé depuis ce temps ! a dit Mme de Langeac avec un peu d'amertume ; mais j'avoue que j'ai changé moi-même, ou plutôt je suis revenue, sans y prendre garde, à ce malheureux penchant pour la moquerie qui m'a valu tant de réprimandes dans mon jeune âge. Voyons, ma chère belle, croyez-vous que, si Héloïse était bien persuadée de mon affection pour elle et du désir que j'éprouve de la rendre heureuse, elle reprendrait cette douceur et cette égalité de caractère que vous lui avez connues autrefois? »

La question était embarrassante; répondre *oui*, c'était reconnaître qu'Héloïse doutait des sentiments de Mme de Langeac pour elle, et dire qu'elle me l'avait avoué....

Mme de Langeac comprit mon hésitation; elle m'attira plus près d'elle, et, baissant un peu la voix, elle reprit : « Ma chère belle, je vous autorise à dire à Héloïse la démarche que j'ai faite aujourd'hui. J'aime à croire qu'il n'y a entre elle et moi qu'un malentendu. Qu'elle sache bien que j'ai pour elle un cœur de mère; que rien de ce qu'elle fera pour recouvrer l'affection et la confiance de son mari ne passera inaperçu; dites-lui encore qu'il dépend d'elle de faire régner à Saint-Pierre la paix et le bonheur dont on jouit ici. On peut et l'on doit à tout âge reconnaître ses torts, s'en repentir et s'en corriger. Je prêcherai d'exemple. Non, plus de persiflage, plus de raillerie, je vous le promets.... Vous avez raison : la raillerie est ennemie du bonheur! »

En disant ces mots, Mme de Langeac se leva.

J'étais vivement émue; elle s'en aperçut, m'entoura de ses bras, et me retint pressée contre son cœur.

« Si vous pouviez me donner quelques instants, dit-elle en reprenant le ton aimable et enjoué de la grande dame, nous irions faire un tour à la salle d'asile ; il me semble qu'en ce moment j'ai dans le cœur du trop-plein, et que je serais heureuse de l'épancher en voyant ces pauvres enfants, que je veux apprendre à mon Gaston à aimer.

— Je suis à votre disposition, madame. »

Je me suis fait donner un chapeau et un châle, et nous sommes parties.

Mme de Langeac a été bonne et charmante avec notre vieil invalide ; elle a encore été bonne et charmante avec les mères de quelques enfants qui se trouvaient là ; puis elle est revenue jusqu'à la porte de notre logis.

« Excusez-moi auprès de Mme votre belle-mère, a-t-elle dit ; mais j'ai besoin d'un peu de solitude. Mme Beaumont le comprendra, lorsque vous lui aurez raconté notre entretien. »

Elle m'a embrassée de nouveau, et elle est montée en voiture.

Moi aussi, chère amie, j'avais besoin de solitude, car j'éprouvais je ne sais quel sentiment orgueilleux dont j'étais alarmée.

Ma belle-mère étant encore à la ferme, j'allais profiter de son absence pour remonter chez moi, lorsque j'aperçus au bout de la rue Héloïse suivie d'un domestique ; elle arrivait au galop de son cheval. Je courus au-devant de notre amie ; elle mit pied à terre précipitamment et m'entraîna vers mon cabinet, dont elle ferma aussitôt la porte.

« Mme de Langeac sort d'ici, dit-elle avec volubilité ; pour éviter sa rencontre, j'ai fait un détour.... Elle m'a devancée, afin sans doute de me peindre comme un monstre de méchanceté. »

Je la pris par les deux mains, je la fis asseoir, et je tâchai par de bonnes paroles de la calmer. Mais elle était tellement exaspérée, qu'il se passa bien du temps avant que je pusse m'en faire écouter. Je parvins enfin à lui dire les bonnes dispositions dans lesquelles sa tante était venue : elle n'y voulait pas croire.

J'appris alors qu'une scène très-vive avait eu lieu le matin même à déjeuner. M. de Marmande avait exposé avec un aplomb incroyable des projets d'agriculture on ne peut plus extravagants. Sans ménagement, Héloïse lui avait déclaré que ces projets-là n'avaient pas le sens commun. M. de Marmande s'était emporté, et l'intervention de Mme de Langeac n'avait fait qu'envenimer la querelle, dont les domestiques s'étaient trouvés les témoins.

J'employai une grande heure à prêcher, à catéchiser Héloïse, sans pouvoir l'amener à reconnaître qu'elle avait eu tort. J'étais à bout de patience, je l'avoue.

« Ma chère amie, lui dis-je alors, les personnes

qui veulent avoir toujours raison ont sans cesse tort, tu le prouves depuis longtemps. »

Elle tressaillit et me regarda d'un air effaré.

« Je ne serais pas ton amie, ajoutai-je, si je te parlais autrement ; tu n'as d'indulgence que pour toi seule ; et pourtant tu es bonne, et pourtant je t'ai connue douce et aimable. En supposant que M. de Marmande soit aussi fou que tu l'assures, ce serait un motif de plus d'employer la douceur et l'indulgence pour le ramener dans le droit chemin ; je te l'avoue, si tu continues à agir ainsi (j'hésitai un moment, puis je poursuivis avec résolution).... oui, si tu continues d'agir ainsi, il faudra cesser de nous voir.

— Elle aussi, mon Dieu! elle aussi! » s'écria Héloïse, qui éclata en sanglots.

Je la laissai pleurer, sans me montrer touchée de sa douleur.

Tout à coup, elle se jeta dans mes bras en disant :

« Oh! ne m'abandonne pas! ne m'abandonne pas! »

Je lui rendis ses caresses avec effusion.

« Tu es trop émue en ce moment, repris-je, pour sentir la vérité de ce que j'aurais à te dire ; reviens me voir demain, veux-tu?... Tu auras eu le temps de réfléchir, de te juger toi-même, d'écouter cette voix qui parle en nous et qui ne nous trompe jamais.

— Oui, je reviendrai demain, je reviendrai tous les jours, je suis si malheureuse !

— Promets-moi encore de ne point bouder ton mari, de lui prouver même par quelques attentions que tu te repens de la scène de ce matin.

— Oh! pour cela!... s'écria-t-elle avec véhémence.

— Il le faut, lui dis-je avec fermeté, si tu veux conserver mon estime.

— Ainsi, à tes yeux, c'est moi seule qui suis coupable.

— Vite, essuie tes larmes, j'entends ma bellemère qui rentre à l'instant.

— Puis-je partir sans la voir? » demanda Héloïse en se levant brusquement.

Je la fis descendre du côté du jardin ; elle m'embrassa, s'élança à cheval et disparut.

La visite de Mme de Langeac, la douleur d'Héloïse, tout cela m'avait bouleversée ; aussi ma bellemère s'écria-t-elle en m'apercevant :

« Pauline, qu'avez-vous ? »

Je m'assis auprès d'elle, car j'étais tremblante, et je lui racontai avec le plus de suite qu'il me fut possible la visite de Mme de Langeac. A mesure que je parlais, la figure de Mme Beaumont devenait de plus en plus sérieuse.

« Vous avez reçu là, ma fille, dit Mme Beaumont, la preuve d'une estime d'autant plus flatteuse qu'elle vous a été donnée par une femme d'un rare mérite. Vous devez vous en sentir honorée, mais non pas orgueilleuse, vous avez trop de bon sens pour cela. »

Je rougis et baissai la tête avec un peu de confusion.

« C'est quelque chose de bien grave, reprit Mme Beaumont, que de se trouver immiscée dans les secrets du foyer domestique. Je crois, comme Mme de Langeac, que vous aurez plus d'influence sur Mme de Marmande que qui que ce soit. Puisse cette jeune femme écouter vos conseils et suivre votre exemple!

— Ce sont vos leçons, chère maman, qu'elle recevra par ma bouche; sans vous, sans vos sages avis, aurais-je compris mes devoirs de femme? Fasse le ciel qu'Héloïse veuille bien m'écouter! Elle aura bien plus à faire que moi, car elle n'a pas auprès d'elle un ange comme vous, et son mari est bien loin de valoir mon Édouard.

— Oui, tout ceci est bien grave, répondit Mme Beaumont; mais l'amitié impose aussi des devoirs, et même quand l'amitié manque, la charité nous ordonne de prêter assistance au prochain. »

Je voudrais être à demain, chère Clémence. Comme en ce moment il m'aurait été impossible de penser à autre chose, j'ai consacré ma soirée à t'écrire. Notre bon vieux curé répète sans cesse : *Mêlez-vous de vos affaires*; il a raison quand il s'agit de se mêler des affaires des autres sans leur aveu; mais quand eux-mêmes viennent vous demander consolation ou appui, notre devoir, comme le dit ma belle-mère, est de leur prêter assistance.

Au revoir, ma Clémence! mon cœur et ma tête sont encore bien pleins.

Je sais que tu lis mes lettres à part toi; tu comprendras, après avoir pris connaissance de celle-ci, qu'il serait indiscret de la communiquer à nos amies. Adieu.

# XXII

## La seconde famille.

Oui, ma bonne Clémence, bien des choses se sont passées depuis ma dernière lettre; j'ai revu plusieurs fois Héloïse et même Mme de Langeac. La première a promis de s'amender, de redevenir ce qu'elle était jadis, douce et bonne; la seconde m'a dit que mon influence sur Héloïse a produit déjà quelques changements; mais il faut du temps pour effacer les torts passés et pour faire naître la confiance d'Héloïse dans Mme de Langeac.

Pendant qu'on préparait tout pour le mariage d'Anaïs, ma belle-mère et moi nous étions fort occupées de la récolte de nos chanvres et de nos lins; le filage et le tissage de la filasse et de la laine sont une des industries principales de la contrée. Le conseil de la Société agricole avait, de son côté, beaucoup à faire ; il s'agissait d'empêcher les paysans de persévérer dans la coutume qui leur fait mettre le chanvre et le lin à rouir et à tremper dans l'unique petite rivière qui traverse notre vallée. Le rouissage du chanvre et du lin empoisonne cette rivière, très-poissonneuse, pour l'hiver entier. Plusieurs réunions ont eu lieu à ce sujet à la maison ; il s'en est suivi des repas qui ont donné beaucoup de travail à Mme Beaumont, à moi et à nos domestiques ; je t'assure, chère amie, que quelquefois ma vie est si remplie, que j'aspire à du repos ; mais ce repos, je le vois fuir sans cesse. Il a fallu adresser bien des sourires à ces entêtés pour les amener à accepter les bassins de rouissage qui ont été construits à titre d'essai sous la direction de mon mari, en attendant qu'il ait pu établir ici le système belge, le rouissage à la vapeur. Bien malgré moi, j'ai dû aussi m'occuper de la toilette de ma belle-mère et de la mienne pour la noce de ma cousine. Mme Beaumont et moi nous n'étions pas disposées à la gaieté ; il est trop facile de prévoir que la paix ne durera pas longtemps dans le nouveau ménage.

Enfin est arrivé le grand jour ; les conviés n'ont pas trouvé tous un asile à la forge ; il leur a fallu s'arranger le moins mal possible dans les chaumières des environs. Malgré ce qu'avait pu dire mon oncle, Mme Nesle avait invité tout un monde. De notre côté, nous amenions des amis qui étaient arrivés à la maison depuis quelques jours pour l'ouverture des vendanges.

Les secours de Mme Beaumont et même le mien n'ont pas été inutiles dans ce *tohu-bohu*. Mme Nesle comprenait un peu tard qu'elle s'était créé à elle-même des embarras inextricables. Pour Anaïs, elle n'en prenait nul souci. Uniquement occupée de la toilette nuptiale et de celle destinée aux visites de noces, elle restait des heures entières enfermée dans sa chambre, à essayer robes, fleurs et chapeaux. M. Dupont, plus sérieux, plus silencieux que jamais, laissait lire sur sa figure un secret mécontentement; quant à mon pauvre oncle, il était préoccupé et triste.

La bénédiction nuptiale a été donnée dans la petite église du village, que Mme Nesle avait fait décorer avec toute la pompe dont elle avait pu s'aviser. Je t'avouerai, ma Clémence, que j'ai pleuré au moment où Anaïs a prononcé le *oui* qui lie son sort à celui de M. Dupont. Ma pauvre cousine n'a pas la moindre idée des devoirs sérieux qu'elle accepte. Elle s'imagine que, selon son expression, elle *mènera* son mari comme Mme Nesle *mène* le sien; bien grande erreur, si je ne me trompe!

Nous avons eu un repas qui a duré jusqu'au soir; grâce à quelques-uns de ces jeunes gens étourdis qui veulent rire *quand même*, une gaieté plutôt factice que vraie a un peu animé cette nombreuse compagnie : mais M. Dupont, que j'observais à la dérobée, n'a pas souri une seule fois, et mon pauvre oncle a profité de plusieurs occasions pour s'échapper et aller chercher la solitude.

Très-émue et très-fatiguée, j'ai quitté la salle de danse de bonne heure.

Pendant quelques instants nous sommes restés réunis ma belle-mère, mon mari et moi ; avec un peu d'hésitation d'abord, nous nous sommes communiqué les craintes pour l'avenir d'Anaïs qu'excite en nous cette union mal assortie. Ah ! ma Clémence, c'est une chose bien grave que le mariage! S'il m'avait fallu choisir entre le célibat et M. Dupont, j'aurais, je crois, préféré rester fille toute ma vie. Pourtant on m'a raconté de lui quelques traits qui annoncent un bon cœur : il a pris un soin filial de sa vieille mère; il a été le second père de deux frères et d'une sœur qui longtemps n'ont vécu que de ses bienfaits; mais a l'air si roide et si froid!

Les fêtes se sont prolongées quelques jours; elles n'étaient pas encore finies lorsque ma belle-mère, Édouard et moi, nous sommes revenus au logis avec ceux de nos hôtes qui n'ont pas voulu accepter la pressante invitation de Mme Nesle de passer à la forge quelques jours encore.

A peine de retour, il a fallu reprendre les travaux habituels et nous occuper des vendangeurs. Nous avons eu encore des repas sans fin ; ah ! comme j'aspire au moment où la mauvaise saison nous procurera le bienfait de la solitude!...

Chère amie, je me suis vue forcée de laisser là cette lettre commencée depuis près de trois semaines. Je suis seule ici avec Édouard : Mme Beaumont a dû aller à la ville pour faire quelques emplettes d'hiver, et pour mettre en ordre la maison. Elle rapportera aussi la plus grande partie de ma layette, que j'ai dû faire faire, car je n'ai pas eu le temps de m'en occuper. Elle m'a laissé Laurence et elle a emmené Geneviève, beaucoup plus au fait des arrangements annuels que notre jeune femme de chambre. Or Laurence n'est point cuisinière, et, comme je veux que mon mari s'aperçoive le moins possible de l'absence de sa mère, je me suis mise à faire étudier à la jeune fille et à étudier moi-même le *Parfait Cuisinier*. Une de nos filles de basse-cour me prête le secours de ses robustes bras pour le gros ouvrage. Je mets de l'amour-propre à ce que la maison soit aussi bien tenue que de coutume, et à remplacer ma belle-mère dans la surveillance qu'exige la récolte des fruits et des légumes. Je t'assure que nous n'aurons pas le temps de nous ennuyer cet hiver, car il faudra faire éplucher et nettoyer tout cela.

Ma tante est partie pour Lyon avec son mari. Anais a fait ses visites de noce en grande toilette, sans que son mari se soit déridé un instant. Une seule fois j'ai été quelques minutes en tête à tête avec ma cousine.

« Crois-tu que tu seras heureuse? lui ai-je demandé avec inquiétude.

— Pourquoi non? a-t-elle répondu d'un air d'insouciance; M. Dupont est bon homme au fond, et il me débarrasse des soucis du mariage, car il se mêle de tout. Il m'a parlé de je ne sais quelle réforme qu'il veut faire; qu'il réforme tout ce qu'il voudra, pourvu qu'il ne m'empêche pas de dépenser ce qu'il faut pour ma toilette, d'accepter les invitations quand il en viendra, et de donner quelques dîners, quelques fêtes.

— Lui as-tu parlé de tout cela?

— A quoi bon? nous sommes dans la *lune de miel*; il faut la laisser suivre son cours. Seulement il y a une chose qui ne me plaît guère.

— Quelle est-elle ?

— M. Dupont a une sœur, une vieille fille, qu'il a envie de prendre comme femme de charge, je crois. Sous certains rapports, cet arrangement me conviendrait : je me trouverais ainsi débarrassée de tous les ennuis du ménage, et plus libre de faire en grand nombre ces jolis ouvrages de femme, dans lesquels je suis passée maîtresse. Mais savoir si maman sera de mon avis, et si elle s'accommodera de la sœur de M. Dupont! »

Comme je me taisais, Anaïs ajouta :

« Que dis-tu de cela, cousine?

— Je dis, ma chère Anaïs, qu'à ta place je ferais tout au monde pour me mettre en état de diriger moi-même ma maison.

— Tu trouves donc bien amusantes les occupations sans nombre que Mme Beaumont fait peser sur toi?

— Amusantes, non; mais importantes pour le bonheur de la famille, pour l'accroissement de la fortune de mon mari et pour ma propre satisfaction. J'avoue qu'avec grand'peine je verrais l'autorité que l'accomplissement de mes devoirs me donne passer en d'autres mains.

— De l'autorité! vraiment? s'écria Anaïs. N'es-tu pas en ce moment la servante de ton mari? n'est-ce pas à la cuisine que je t'ai surprise préparant son dîner? Que M. Dupont s'arrange! Lorsque nous serons sans domestiques ou lorsque quelque circonstance imprévue mettra le désordre dans le ménage, il dînera avec du pain et du fromage, ou il ira dîner dehors.... Tu hausses les épaules, cousine; tu verras si je ne tiendrai point parole! »

Vainement j'ai essayé de lui parler raison, et de lui faire comprendre la gravité des devoirs qu'elle avait acceptés en se mariant; elle m'a tourné le dos et s'est mise à chantonner.

« A propos, dit-elle, est-il vrai que M. et Mme de Marmande font mauvais ménage?

— Qui t'a dit cela? demandai-je au lieu de répondre à la question.

— Ce bruit court dans le pays. M. de Marmande n'est pas un aigle, et Mme de Langeac, que je ne puis souffrir, le mène à la baguette.

— Pourvu, dis-je, avec un peu d'impatience, que Mlle Dupont ne mène pas ainsi son frère!

— Ah! par exemple! je voudrais voir cela! Tu essayes de me faire peur! M. Dupont n'est pas homme à se laisser mener par personne; excepté par moi, quand j'en voudrai prendre la peine, ajouta-t-elle en se mirant. Ah! tu ne sais pas? M. Dupont est *orné* d'une famille sans fin, il a je ne sais combien d'oncles, de cousins, de cousines, et, bon gré mal gré, il m'a fallu écrire à tout ce monde-là. Quel ennui! Est-ce que vraiment les parents du mari deviennent les parents de la femme?

— Singulière question! m'écriai-je; c'est une seconde famille qui nous adopte et que nous adoptons.

— Crois-tu, en conscience, qu'on est obligé d'aimer cette seconde famille, quand elle n'est pas aimable?

— Du moment qu'on aime son mari, on aime toutes les personnes qui lui sont unies par les liens du sang.

— On les aime si l'on peut. Crois-tu, par exemple, que je me sente quelque attrait pour

*Manette*, ma belle-sœur, et pour *M. Antoine*, mon beau-frère, *quincaillier* de son état? Comment peut-on être quincaillier?

— S'il n'y avait pas des quincailliers, dis-je un peu impatientée de son ton impertinent, comment aurait fait mon oncle et comment ferait M. Dupont pour écouler les produits de votre petite forge? »

Anaïs me lança un regard qui n'était pas amical du tout; mais, n'en tenant aucun compte, je lui parlai avec sérieux et onction, j'ose le dire, ma Clémence, de cette seconde famille qui doit devenir nôtre; et j'ajoutai : « Si Édouard avait eu des frères et des sœurs, je les aurais tendrement aimés.

— Pas tout d'abord peut-être, car il me semble que dans les commencements tu n'aimais pas ta belle-mère.

— C'est un tort, répondis-je sans hésiter, que je me suis bien souvent reproché depuis!

— En outre, tu ne nous aimais pas beaucoup (elle fit une pause, et, voyant que je ne répondais rien, elle reprit); comme dit la vieille chanson : *Il faut connaître avant d'aimer*. J'attendrai donc à connaître *Mlle Manette, M. Antoine;* et peut-être si leurs manières sont plus distinguées que leurs noms.... mais que peuvent être les petits-enfants d'un fermier?

— Tu oublies que, nous aussi, nous ne sommes que des fermiers.

— C'est-à-dire que ma tante et mon cousin font valoir leurs propres terres sans avoir à payer aucune redevance à personne, ce qui est bien différent. Je t'assure, cousine, que depuis mon mariage je me suis étonnée plus d'une fois d'avoir consenti à épouser M. Dupont. C'est un homme capable, j'en conviens, il relèvera notre fortune.... Oui, je devais ce sacrifice à mon pauvre père. »

Édouard entra dans ce moment, Anaïs resta quelques instants encore, puis elle me quitta.

Avec quelque émotion je racontai à mon mari les singuliers propos d'Anaïs; mais, pendant que je parlais, je fis involontairement un retour sur mes propres sentiments, et j'ajoutai en rougissant: « J'accuse Anaïs d'un tort que j'ai eu moi-même.

— Toi?. s'écria-t-il.

— Hélas! mon ami, tu sais que je n'ai jamais pu aimer Mme Nesle, et j'avoue que mon affection pour Anaïs, ma cousine, n'est pas des plus vives. Ton oncle, par exemple, oh! ton oncle, je l'aime tendrement, et je suis heureuse de me sentir en bons rapports avec les autres membres de ta famille paternelle et maternelle.

— On ne peut aimer ce qui n'est pas aimable, répliqua Édouard. Je supporte ma tante et ma cousine, tu les supportes aussi, c'est tout ce qu'il est possible de demander de toi; mais je suis bien certain que si elles avaient besoin de nous, tu serais aussi empressée que moi de leur rendre tous les services en notre pouvoir. Quant à Dupont, il n'est pas aimable non plus, mais c'est un homme loyal, et sans lui la ruine de mon oncle se fût accomplie. »

Qu'il est bon, mon Édouard, et comme il se montre toujours indulgent pour moi!

Après son départ, j'ai réfléchi plus sérieusement que je ne l'avais fait jusqu'alors sur cette seconde famille que la jeune fille accepte en se mariant. Oui, cette famille a droit à notre affection, à notre aide, à notre appui, à nos soins! Heureuse, bien heureuse la jeune femme, lorsqu'elle trouve dans les plus proches parents de son mari des êtres aussi dignes d'amour que le sont Mme Beaumont et M. Nesle!

Chère amie, il faut le répéter sans cesse : la vie de la femme est bien plus sérieuse que ne se l'imagine la jeune fille, bien plus difficile qu'on ne le croit en général, et l'action qu'elle exerce sur ceux qui l'entourent est incessante.

A toi de cœur.

# XXIII

## Devoirs envers les nécessiteux.

Chère Clémence, déjà plus d'une fois j'ai eu l'occasion de reconnaître combien est admirable la sage prévoyance de Mme Beaumont. Dans un hameau qui dépend en quelque sorte de notre village de Martig, tous les meubles d'une pauvre famille ont été vendus à l'encan pour payer les contributions. Nous aurions prévenu ce malheur, mon mari et moi, si nous avions été avertis à temps. Lorsque ma belle-mère est absente, bien des choses de ce genre se passent à mon insu, parce que je ne possède pas encore comme elle la confiance des gens des environs ; on voit en elle la providence de tout le pays, et l'on s'adresse à cette providence terrestre avec autant d'abandon qu'à la providence divine.

Aussitôt que j'ai su ce qui venait d'arriver, j'ai passé en revue tout ce que contiennent nos greniers. Je t'ai dit dans quel ordre sont arrangés ceux de la ville; ceux de Martigne leur cèdent en rien sous ce rapport. Les jours de marché, nos voitures vides ramènent les vieux meubles que ma belle-mère a fait mettre de côté, comme ne pouvant servir qu'à la campagne. Nos provisions dans ce genre sont au grand complet cette année, parce que ma belle-mère a prévu que, devant passer l'hiver ici, nous trouverions beaucoup de misère à soulager.

Avec l'aide de Laurence, je suis parvenue à composer tout un ménage de meubles dépareillés, mais encore en assez bon état pour servir longtemps. Je les ai fait charger sur une charrette, et je suis partie en avant, accompagnée de Laurence.

Chère amie, jamais le spectacle d'une telle misère n'avait frappé mes yeux! Pas même un escabeau pour s'asseoir! Rien, rien, qu'un peu de paille où étaient accroupis le père, les enfants et la mère au désespoir.

Le père a levé sur moi un œil égaré; c'est un pauvre journalier, et sa femme est aussi journalière. Ni l'un ni l'autre ne paraissaient comprendre les paroles que je leur adressais; tous deux restèrent muets, immobiles, jusqu'au moment où l'on commença à décharger la charrette que j'avais précédée de bien peu. Ce fut seulement en voyant leur pauvre chaumière se remeubler comme par enchantement qu'ils parurent comprendre le bonheur qui leur arrivait.

Je voudrais en vain te peindre les nuances par lesquelles leur figure passa, de l'expression du désespoir, à celle d'une joie si grande qu'elle les faisait haleter. Mais quand des vêtements, des provisions, eurent été déposés sur les meubles, tous tombèrent à genoux, en levant les mains au ciel avec tant de ferveur que je fondis en larmes. Ces larmes-là étaient bien douces! J'entendis Laurence murmurer à demi-voix; « Mon bon Dieu, qu'on est heureux d'être riche!

— C'est Mme Beaumont, c'est ma mère qu'il faut bénir, dis-je à ces pauvres gens. Elle seule sait prévoir les besoins du pauvre; elle seule songe longtemps d'avance à les satisfaire.... Si vous manquez de travail, venez à la ferme, on tâchera de vous en procurer. »

En sortant de la chaumière, j'eus à traverser la foule des habitants du hameau, qui peu à peu s'était amassée devant la porte.

« Dieu vous bénira, ma bonne dame, et aussi l'enfant que vous allez mettre au monde! me dirent plusieurs vieilles femmes.

— Elle est bien la digne bru de sa belle-mère! » ajoutèrent quelques vieillards.

Je ne savais comment échapper aux remercîments

de ces braves gens, dont les mains calleuses s'étendaient avec effusion vers les miennes, lorsque le galop d'un cheval se fit entendre : c'était Héloïse qui était allée me chercher à Martig.

« Qu'y a-t-il donc ? demanda-t-elle en descendant de cheval.

— De la joie, du bonheur, ma belle dame, dirent plusieurs voix ; comme partout où passent Mme Beaumont la mère et Mme Édouard.

— Viens, lui dis-je, je te raconterai cela. »

Héloïse me donna le bras et nous partîmes, suivies à distance de Laurence et du domestique, qui tenait en laisse les deux chevaux.

« Comment fais-tu, dit Héloïse après avoir entendu le récit que je lui fis brièvement de ce qui venait de se passer, comment fais-tu pour trouver du temps pour tout ? Moi, qui ne fais rien, je ne trouve le temps de rien, et je m'ennuie. Tu sais, continua-t-elle, que ma bourse est à ta disposition pour les malheureux.

— Oui, je sais que tu es bonne, répondis-je ; mais tu ne t'ennuierais plus, si, au lieu de donner seulement de l'argent, tu donnais aux malheureux un peu de ce temps qui pèse si lourdement sur toi, et des paroles de consolation.

— Comment donner de ces paroles-là quand on est désolé soi-même !

— Si tu essayais d'exercer directement la bienfaisance, lui dis-je encore en pressant le bras passé sous le mien, tu sentirais ton cœur se ranimer, et tu t'applaudirais du pouvoir que Dieu donne à ses créatures de secourir, de relever ceux que la misère écrase. Je viens d'éprouver si vivement cette jouissance, que je voudrais te la faire partager ! Écoute, Héloïse, nous avons de grands projets pour cet hiver, que je dois passer ici.

— Pourvu, s'écria-t-elle, qu'il ne prenne pas fantaisie à Mme de Langeac d'en faire autant !

— Mme de Langeac n'a pas cette fantaisie, je te l'atteste ; mais écoute-moi avec un peu d'attention.

— Oh ! je sais ; tu vas me parler d'un asile pour les vieillards. Je te donnerai tout l'argent destiné à ma toilette et que j'économise, bien malgré moi, depuis notre séjour ici.

— Ce n'est pas seulement cet argent qu'il me faut, répliquai-je en souriant, et ce n'est point d'un asile pour les vieillards qu'il s'agit : mon mari, ma belle-mère et moi, nous avons étudié très-sérieusement les rapports de l'association Voironnaise pour l'extinction de la mendicité dans le département de l'Isère, et nous aspirons à éteindre la mendicité dans Martig d'abord, et ensuite dans tous les hameaux environnants. C'est là une grande œuvre pour laquelle il nous faut le concours de belles et bonnes âmes comme la tienne.

— Et de l'argent ! ajouta Héloïse avec un sourire un peu ironique.

— Sans nul doute, répondis-je résolûment. L'association Voironnaise soulage à domicile les infirmes, les vieillards, idée juste et touchante ; car ainsi le vieillard n'est pas arraché à ses habitudes ; il continue de faire partie de sa famille, pour laquelle il n'est plus un membre inutile, une charge. Il apporte sa quote-part aux dépenses journalières ; les devoirs les plus saints continuent donc de s'accomplir, et l'enfant reçoit le bon exemple du respect et des soins dont on doit entourer la vieillesse. Oui, nous avons complétement renoncé à l'idée d'un asile pour la vieillesse, car ce genre de charité, nécessaire peut-être dans les grandes villes, isole le malheureux à l'âge où la tendresse des siens lui est devenue le plus nécessaire. Les liens, les affections de famille, vois-tu, Héloïse, sont les plus précieux de tous ; ils s'appuient sur le devoir.

— Je voudrais que Mme de Langeac t'entendît, reprit Héloïse avec un peu d'amertume.

— Nous avons déjà séduit Mme de Langeac, lui dis-je en riant : elle est de notre avis.

— Pourquoi ne m'as-tu pas parlé de cela à moi la première ? demanda Héloïse en faisant un mouvement comme pour retirer son bras sur lequel reposait le mien.

— Parce que l'occasion ne s'en est pas offerte,

répondis-je en retenant ce bras rebelle; mais je saisis avec empressement celle qui se présente de te parler seule à seule d'une chose que j'ai bien à cœur. Tu es mère, tu comprendras donc quelle doit être la douleur d'une mère qui voit ses enfants en bas âge manquer du nécessaire.

— Mon Gaston! murmura Héloïse avec émotion.

— Suppose le mari relevant d'une maladie, ou bien la femme malade elle-même et la misère régnant au logis.... Ton bon cœur te fera donner une aumône; mais la distraction du monde, les peines personnelles amèneront l'oubli. La misère reparaîtra dans le pauvre ménage, d'où un bienfait *passager* l'avait momentanément bannie. Si, au contraire, tu fais partie d'une association, tu prends une part active à ses travaux; tu vas visiter toi-même les malheureux que cette association s'occupe de secourir; tu ne veux pas rester en arrière de tous les autres associés, et, par charité d'abord, par amour-propre peut-être, amour-propre bien placé, tu continues l'œuvre commencée. Tu l'as entreprise avec indifférence, mais tu finis par t'y intéresser. Songe, chère amie, que pour cent cinquante francs par an on peut subvenir aux besoins d'un vieillard, d'une vieille femme, et les maintenir ainsi au sein de leur famille. Pour deux cent cinquante francs par an, tu peux aider une famille composée du mari, de la femme et de deux enfants....

— Je t'ai dit et je te répète, s'écria Héloïse, que je te donnerai tout l'argent que tu voudras.

— Et ce que je te dis et ce que je te répète à mon tour, c'est que cela ne me suffit pas ; il faut t'enquérir des besoins de ceux que tu secours ; il faut que tes bienfaits cessent pour ceux qui n'en ont plus besoin et aillent chercher ceux qui sont dans le malheur. Je t'enverrai les rapports de l'association Voironnaise, tu les liras pour me faire plaisir ; tu les liras en songeant que la fortune n'a été donnée aux riches qu'à la condition de venir en aide à ceux qui souffrent, et tu reconnaîtras que nous avons des devoirs sacrés à remplir envers les nécessiteux. Chère amie, je t'en prie, ouvre ton cœur aux joies de la bienfaisance, et après avoir vu de près ce qu'on peut souffrir, tu comprendras quelle est large la part que Dieu t'a faite des biens d'ici-bas ! »

Héloïse ne répondit pas, et nous marchâmes assez longtemps en silence.

« Ma tante est chez toi ! s'écria tout à coup Héloïse en s'arrêtant et en me montrant dans le lointain la voiture de Mme de Langeac qui stationnait devant notre porte.

— J'étais prévenue de sa visite, répondis-je, mais je ne l'attendais pas si matin. J'ai bien envie d'être indiscrète. Sais-tu pourquoi Mme de Langeac est venue à Martig aujourd'hui ?

— Pour se plaindre de moi tout à son aise, répondit Héloïse.

— Que tu es injuste, ma pauvre amie! Mme de Langeac vient chercher une réponse attendue impatiemment, réponse qui n'est pas encore arrivée. Elle a prié ma belle-mère de s'informer pour elle d'une jolie maison à louer en ville. Elle veut que cet hiver tu goûtes les plaisirs, les fêtes auxquels tu es accoutumée.

— J'en suis fort reconnaissante, répondit Héloïse d'un ton froid; mais quels peuvent être ces plaisirs et ces fêtes en province pour quiconque a connu les plaisirs et les fêtes de Paris! »

Cette fois ce fut moi qui retirai mon bras appuyé sur celui d'Héloïse.

« Oh! tu es toute pour Mme de Langeac! » s'écria-t-elle. D'un signe elle appela le domestique, et, s'élançant en selle, elle disparut.

Chère Clémence, est-il possible que la fréquentation du monde change ainsi le caractère! Cette Héloïse, jadis si bonne, si douce, si oublieuse d'elle-même, n'est plus maintenant qu'un être égoïste s'absorbant dans la contemplation de ses propres peines et n'ayant pas une pensée, pas un sentiment d'indulgence pour les autres!

Pendant quelque temps je la suivis des yeux avec une profonde tristesse; enfin, me détournant de cette pénible contemplation, je hâtai le pas afin de ne pas faire attendre Mme de Langeac.

Notre bon curé était là; tous deux m'accueillirent avec une affection qui me fit du bien.

« Venez, chère belle, s'écria Mme de Langeac, et aidez-moi à persuader à M. le curé que nous parviendrons à toucher ces âmes insensibles.

— De quoi s'agit-il donc? demandai-je avec un peu d'inquiétude.

— De notre projet d'association, répondit Mme de Langeac. M. le curé va vous expliquer comment et pourquoi il désespère de mener à fin cette bonne œuvre. »

En effet, ma Clémence, il ne sera pas facile, d'après ce que M. le curé nous a dit, de suivre l'exemple des Voironnais. Les souscripteurs que nous avons *enrôlés*, bon gré mal gré, pour la fondation de la crèche, de la salle d'asile, ont promis, mais à contre-cœur, de souscrire aussi pour l'ouvroir; dès les premiers mots qui leur ont été dits d'une nouvelle association de charité, ils se sont mis en pleine révolte. Ils prétendent que, loin d'éteindre la mendicité, une association de ce genre ne ferait que l'encourager.

« Eh bien! répondit Mme de Langeac, laissons-les de côté; M. Beaumont et mon neveu sont assez riches pour faire les premiers fonds dont la rente doit servir à soulager la misère. Vous pensez bien que je serai aussi, moi, un des souscripteurs..... Vous alliez dire quelque chose, monsieur le curé? »

Le bon vieux prêtre hésita un moment.

« Madame, répondit-il, je ne voudrais pas mettre des bornes à votre charité; je dois cependant à la droiture de rappeler que Martig ne fait point partie du canton que vous habitez et qu'il y a bien des nécessiteux dans le hameau de Saint-Pierre.

— Monsieur le curé, répondit Mme de Langeac en souriant d'un air affectueux, l'année prochaine, je l'espère, grâce à mon neveu, on ne dira plus : *il y a*, mais on dira : *il y avait autrefois* beaucoup de nécessiteux dans le hameau de Saint-Pierre. Déjà le nombre en a diminué, et nul cet hiver, grâce aux travaux projetés, n'y souffrira du froid ni de la faim.

— Que vous êtes bonne! m'écriai-je en portant sa main à mes lèvres.

— Ainsi donc, mon cœur, et elle déposa un baiser sur mon front, M. Beaumont peut compter sur deux associés et même sur trois, car je ne mets pas en doute que Mme de Marmande ne veuille être des nôtres. J'oserai prier M. le curé, continua-t-elle, d'étudier soigneusement les statuts de la société Voironnaise, afin de nous mettre au fait des devoirs que nous aurons à remplir. Maintenant, ma chère belle, ajouta-t-elle en se tournant vers moi, avez-vous de bonnes nouvelles de Mme Beaumont et revient-elle bientôt?

— Oui, madame, j'ai reçu de bonnes nouvelles, et avant peu j'aurai la joie de revoir ma mère.

— Mme Beaumont, dit M. le curé en se levant, est la Providence visible de ce pays.

— Et sa belle-fille marche sur ses traces, ajouta Mme de Langeac avec un doux sourire. Puissiez-vous, monsieur le curé, avoir à faire quelque jour le même éloge de Mme de Marmande! »

Le bon curé s'inclina sans rien dire; peu d'instants après, j'étais seule avec Mme de Langeac.

Tu ne saurais te figurer, chère amie, combien elle est charmante! Une dignité pleine de grâce s'unit à la simplicité de ses manières. Je ne sais quel parfum de bonne compagnie se répand autour d'elle, et je ne comprends pas comment Héloïse résiste à tant de séductions. Mme de Langeac m'a dit qu'elle est un peu plus contente de sa nièce.

« Il faut bien, a-t-elle ajouté, pardonner beaucoup à une jeune femme qui, au sortir du pensionnat, s'est trouvée lancée sans guide dans le monde. Du moment où elle comprendra qu'elle a besoin d'indulgence, elle reconnaîtra qu'elle doit en avoir aussi pour son mari, et alors la paix renaîtra dans le ménage. Mon cher cœur, je vous prierai de demander à M. Beaumont de vouloir bien diriger, un de ces matins, sa promenade vers le château de Saint-Pierre. Depuis quelque temps beaucoup de gens à inventions nouvelles concourent à monter la tête à M. de Marmande; en ce moment il est fort tenté de *pétrifier* tous les arbres du parc et même une partie de nos bois. Transformer en bois incorruptible et incombustible les arbres de nos domaines est, dit-il, une spéculation superbe. Il m'a donné à ce sujet des explications auxquelles je n'ai rien compris ; mais, si ce beau projet se réalisait, nous en serions réduits à n'avoir pas même le bois nécessaire pour l'usage de chaque jour.... Maintenant, adieu ! et aimez-moi bien, chère enfant, car j'ai pour vous une affection sincère. »

Je n'ai pas osé lui dire, chère amie, que cette idée de *pétrifier* tous ses arbres a bien pu venir à M. de Marmande par Édouard lui-même.... Je te conterai cela une autre fois. Je n'ai pas écrit d'un trait cette longue lettre, et maintenant je te quitte pour aller faire un tour à la ferme.

## XXIV

### Le droit aux conseils.

Chère amie, ma belle-mère est enfin de retour. Cette absence de deux grandes semaines m'a paru bien longue ; Mme Beaumont assure que ce temps lui a pesé aussi. Elle m'a apporté une charmante layette, commandée depuis longtemps, m'a-t-elle dit. J'avais à lui rendre compte de ce qui s'est passé à la maison pendant son absence ; elle a paru contente de tout ce qui a été fait et de quelques mesures d'ordre que j'ai cru devoir prescrire. Édouard s'est déclaré très-satisfait de sa ménagère, et il a vanté en riant mes *talents culinaires*. De son côté, Mme Beaumont est entrée dans de grands détails sur les précautions qu'elle a prises pour préserver notre maison de la ville des dégradations qu'amène nécessairement l'absence prolongée des maîtres. Quelle bonne tête! elle pense à tout, elle prévoit tout. Une personne de confiance est chargée de surveiller la maison entière, ainsi que le jardinier et sa femme; ceux-ci auront à renouveler l'air des appartements et à entretenir partout la propreté. Les pauvres gens que ma belle-mère secourt pendant notre séjour à la ville ont été aussi l'objet d'une prévoyante bonté; enfin, notre vestiaire ici et notre garde-meubles se sont enrichis de bien des choses démodées ou hors de service pour nous autres gens difficiles, et avec lesquelles nous ferons plus d'un heureux cet hiver.

Mais les joies d'ici-bas sont toujours mêlées de quelque amertume : une lettre de mon pauvre oncle est venue troubler le bonheur que nous donnait le retour de ma belle-mère. M. Nesle est malade, deux médecins consultés séparément ont été du même avis : il doit passer l'hiver dans un climat chaud; on lui laisse le choix entre Cannes, Fréjus ou Grasse.

Maman a beaucoup pleuré en lisant cette lettre; depuis longtemps la santé de mon oncle lui donnait de vives inquiétudes. « Le chagrin le tuera! » m'a-t-elle dit bien souvent. M. Nesle termine sa lettre en priant Édouard d'arranger les affaires de la forge de telle façon, que le sort de Mme Nesle et celui d'Anaïs soient assurés. Il ajoute, sans doute pour calmer les inquiétudes d'une sœur affectionnée, qu'il ne se sent pas aussi malade que les médecins le prétendent; mais il a besoin, afin de prendre le repos qui lui est ordonné, de savoir toutes les affaires réglées.

Édouard est parti sur-le-champ pour la forge. Nous ne l'attendions que le lendemain, mais il est revenu le soir même fort mécontent de la sécheresse de cœur d'Anaïs. Pour se préserver de toute inquiétude apparemment, elle a prétendu que son père appartient un peu aux malades *imaginaires* et que, par mille chimères, il prend plaisir à se tourmenter. M. Dupont, froid et compassé comme toujours, a déclaré qu'il trouvait sages les prévisions de M. Nesle, et qu'il allait consulter pour savoir comment concilier ensemble les droits de Mme Nesle, au cas où son mari viendrait à succomber, et les mesures à prendre pour empêcher la veuve de s'immiscer en rien dans les affaires. Aussitôt qu'il aura reçu la réponse de son avoué, il viendra en faire part à mon mari.

Depuis l'arrivée de cette lettre, la tristesse règne à la maison. Maman est persuadée qu'elle ne reverra pas son frère. Elle voulait aller à la forge, mais Édouard l'en a dissuadée.

« Si Anaïs a besoin de consolations, a-t-il dit, elle saura bien en venir chercher; je crois qu'elle est beaucoup plus préoccupée de la pensée de profiter de l'occasion pour acquérir une sorte d'indépendance que du triste état de son père. »

Hélas! Édouard avait trop bien deviné! Anaïs est venue d'elle-même, mais c'était pour demander à mon mari de lui indiquer aussi un conseiller. Sans dire un mot de son pauvre père, elle a déclaré que, d'après ce qu'elle avait appris, elle ferait bien de se précautionner, afin que M. Dupont ne devienne pas le seul et unique maître de la forge.

« Si maman était ici, a-t-elle ajouté, il n'oserait pas faire une chose à laquelle il est complétement décidé, malgré tout ce que j'ai pu lui dire.

— Quelle est cette chose? a demandé ma bellemère d'un ton froid.

— J'aurais dû dire deux choses qui me déplaisent également, reprit Anaïs. D'abord, il veut associer aux affaires son frère, M. Antoine le quincaillier (ce mot fut prononcé avec dédain), au titre de commis-voyageur; ce n'est pas tout : il prétend encore associer sa sœur, Mlle Manette, à la forge, et me placer sous cette tutelle à la maison. Mais je ne le souffrirai pas; je veux être maîtresse chez moi. Maman sera de mon avis.

— Au nom de Dieu, Anaïs, s'écria Mme Beaumont, n'allez pas instruire votre mère des intentions de M. Dupont!

— Et qui me soutiendra, répondit Anaïs, si ce n'est maman?

— Songez donc, dit encore Mme Beaumont, combien facilement votre mère se monte la tête ; et quand elle a la tête montée, elle ne ménage rien. Malheureuse enfant ! voulez-vous tuer votre père ?

— Puis-je donc me laisser enchaîner ? Je veux bien obéir à mon mari, puisqu'il le faut, mais à sa sœur !... »

Que te dirai-je, chère Clémence ? près de denx heures se passèrent en discussions, en larmes, en cris de colère ; enfin Anaïs nous quitta à demi persuadée qu'Édouard veillerait avec le plus grand soin à ses intérêts de fortune.

« Je t'avertis seulement, ajouta-t-il, que je ne peux m'immiscer dans vos querelles de ménage, et, si tu veux, ma cousine, que je sois ton appui, ton conseil, il faut me laisser faire sans te mêler de ce que tu ne comprends pas. »

Quelques jours après. M. Dupont, que mon mari avait invité à venir lui demander à déjeûner lorsqu'il aurait reçu la réponse attendue, arriva. Édouard n'étant pas encore rentré, ma belle-mère et moi nous le reçûmes au salon. On ne parla que de choses indifférentes. A peine Édouard était-il de retour, que Laurence vint dire que nous étions servis.

Après le déjeûner, M. Dupont prenait déjà le chemin du cabinet d'Édouard ; mais mon mari, le ramenant doucement vers le salon, lui dit : « Pardon, ma mère et moi nous représentons les parents de

Mme Dupont, et l'affaire que nous avons à examiner doit être jugée en famille. (M. Dupont salua avec roideur.) Ma mère est de bon conseil, continua Édouard; et ma femme commence à s'entendre un peu en affaires. (Autre salut non moins roide de M. Dupont.) Veuillez donc, monsieur et cousin, vous asseoir et nous donner connaissance de la réponse de votre avoué. »

Nous avions pris place autour du guéridon qui est au milieu du salon; j'étais un peu confuse, je te l'avoue, ma Clémence, de me voir appelée ainsi *publiquement* au conseil. Édouard veut bien me consulter parfois, lorsqu'il balance au sujet de quelque décision à prendre; mais je ne suis pas comme Mme Beaumont capable de parler *légalement* d'affaires.

Après un peu d'hésitation, M. Dupont nous donna connaissance de la réponse de son avoué.

Édouard, qui avait écouté avec une grande attention, prit l'écrit, et le relut pour ainsi dire lettre à lettre, puis il le passa à ma belle-mère qui en fit autant.

« Eh bien? demanda M. Dupont toujours froid et réservé.

— Je trouve, dit Édouard, beaucoup de loyauté dans l'arrangement proposé; et toi, ma mère?

— Moi aussi, répondit Mme Beaumont. Cependant j'aurais quelques observations à faire. »

Et elle exposa avec une grande clarté les motifs qui lui faisaient désirer quelques changements dans tel et tel article.

Édouard reprit l'écrit, le relut encore, et il déclara qu'il était de l'avis de sa mère.

M. Dupont à son tour reprit et relut le projet d'acte, réfléchit quelque temps, et fit les changements désirés.

J'écoutais avec la plus grande attention, mais sans oser dire un seul mot. Ma belle-mère s'était expliquée si clairement, que j'avais compris l'importance et la justesse de ses observations.

« Donne-nous ton avis, Pauline, » dit mon mari.

Une vive rougeur me monta jusqu'au front.

« Voyons, parle.

— Parlez, ma fille, ajouta Mme Beaumont !

— Je trouve, dis-je enfin, qu'une grande droiture règne dans cet acte, et il me semble que les droits de ma tante et de ma cousine sont sauvegardés avec la plus complète loyauté. »

M. Dupont me regarda ; ce regard était presque amical.

« Au reste, ajouta mon mari, la décision dans une si grave affaire appartient à mon oncle seul. Je vous prie, monsieur, ou plutôt mon cher cousin, de vouloir bien me remettre une copie de l'acte ainsi amendé, je l'enverrai à mon oncle, poste restante, comme il me le demande ; il pourra

18

consulter de son côté sans subir l'influence de Mme Nesle.

— Il sera fait ainsi que vous le désirez, mon cher cousin, dit M. Dupont en se déridant enfin. Sans doute j'ai fait une spéculation commerciale en demandant la main de Mlle Nesle. Je savais fort bien que je prenais une femme incapable de gérer ma maison; mais j'ai en moi le *génie* des affaires. La connaissance que j'ai acquise de celles de M. Nesle m'a montré que cette petite forge pouvait devenir entre des mains intelligentes une mine d'or, et j'ai passé condamnation sur les défauts de la jeune fille, qui peuvent se modifier dans la jeune femme. Cependant je ne suis point spéculateur *avant tout*; j'ai été élevé par une digne mère dans des sentiments d'honneur que je n'oublierai jamais, je l'espère. Ma femme a besoin d'un guide, je lui en donnerai un bon dans ma sœur, dont les dehors sont beaucoup plus agréables que les miens. Je m'attends à des orages intérieurs: je les accepte; seulement je ne veux pas que ma belle-mère, si nous avons le malheur de perdre M. Nesle, puisse s'immiscer dans les affaires. Vous avez vu que la part qui lui est faite, en cas de nouveaux bénéfices, est assez large pour qu'elle puisse vivre dans l'aisance; mais je veux et je saurai être le maître. »

En prononçant ces mots, M. Dupont était redevenu tout à fait lui-même, c'est-à-dire froid et tranchant.

Peu à peu cependant il s'est montré expansif, il nous a parlé avec émotion de sa mère restée veuve très-jeune avec quatre enfants; des sacrifices qu'elle avait faits pour leur donner de l'instruction; de tous les métiers qu'il avait essayés, afin d'aider cette respectable mère dans une si grande tâche; et enfin comment, sentant en lui le *génie des affaires* et ne trouvant pas à Paris le moyen de se donner carrière, il avait accepté, par l'entremise du négociant chez lequel était placé son frère Antoine, la place de simple commis dans la forge de M. Nesle.

« Je pressentais, a-t-il ajouté en se frottant les mains, que je trouverais-là quelque chose à faire.

— Et Mlle votre sœur, mon cousin? demandai-je.

— Ma sœur, répondit-il, est une femme digne d'être présentée à Mme Beaumont, et à vous, ma cousine. Elle était née peintre, mais cultiver l'art pour l'amour de l'art ne lui était pas permis. Il fallait aider ma mère à vivre et à faire vivre sa famille. Courageusement, ma sœur se fit professeur de dessin; quand elle rentrait, elle secondait ma mère dans les soins du ménage, elle entretenait nos vêtements, elle trouvait des encouragements contre nos découragements. C'est un ange que ma sœur: un ange gardien que je donnerai à ma femme.

Anaïs finira par l'aimer, et ma sœur, qui se trouve maintenant seule dans le monde, mettra son bonheur à faire régner chez moi l'ordre et la paix.

— Vous avez deux frères? demanda Mme Beaumont.

— Je n'en ai plus qu'un, madame, Antoine *le quincaillier*, comme dit Mme Dupont avec un air de suprême dédain. L'autre est allé se faire tuer en Algérie.

— Mon cousin, dis-je après un peu d'hésitation, vous aurez, je l'espère, quelque indulgence pour Anaïs.

— J'en aurai beaucoup, ma cousine ; et quoique je n'espère pas qu'elle devienne jamais une femme très-remarquable ni très-utile, je crois que du moins elle se rendra supportable.

— Vous n'êtes pas tendre! dis-je en souriant.

— Tendre? oh! non. Pour me servir d'une comparaison empruntée à mon état, je dirai que j'ai été forgé sur l'enclume par le lourd marteau de la nécessité et trempé dans les eaux amères de l'adversité.... mais j'ai tâché de rester toujours juste, et parfois même je suis bon. Écoutez, ma cousine, ajouta-t-il en me prenant la main, Anaïs viendra plus d'une fois se plaindre à vous de son *tyran;* tâchez de lui persuader que la meilleure manière d'adoucir ce *tyran*, c'est de devenir ce que vous êtes.

— Des compliments, cousin!

— Non, la vérité. Depuis votre mariage, je vous observe, je suis vos progrès pas à pas; vous n'avez pas toujours été ce que vous êtes.... Apprenez à Anaïs comment une femme devient maîtresse dans son intérieur, et comment elle mérite d'avoir droit aux conseils. »

Là-dessus, il a fait un profond salut et nous a quittés.

Tu vois, chère amie, qu'il est bon, au fond, en même temps que loyal et probe. C'est égal, je n'en voudrais pas pour mon mari; et toi?

## XXV

### Épouse et mère.

Que vous êtes toutes bonnes, mes amies! la caisse est arrivée quelques jours avant l'entrée dans le monde de mon cher petit ange, de ma jolie Marie. Vous avez voulu lui envoyer chacune des broderies plus charmantes les unes que les autres; voilà je ne ne sais combien de bonnets de baptême, de brassières, de bavettes, qui témoignent de votre adresse de fée.... Merci! Je ne sais si ce n'est pas à tous ces atours que Mlle Marie, âgée de trois semaines, doit d'avoir été déjà demandée en mariage, non par le prétendant lui-même, qui n'y a pas pensé du tout, mais par la maman. Héloïse m'a déclaré que ma fille deviendrait la sienne, et que Gaston n'aura pas d'autre femme; Mme de Langeac est dans les mêmes dispositions. Elle veut, dit-elle, pour Gaston une femme élevée par ta Pauline. Chacun me flatte tant, qu'il me faut veiller attentivement sur moi-même pour ne pas me laisser aveugler par l'orgueil.

Le baptême n'a pas encore eu lieu, sans quoi vous auriez reçu une caisse de dragées. Ce baptême a été l'objet de beaucoup de préoccupations.

Tu sais, ma Clémence, qu'à l'exception de ma tante, je n'ai, du côté des familles paternelle et maternelle, que des parents éloignés. A ma belle-mère revenait naturellement le droit de nommer le premier enfant de son fils. Mais quel parrain choisir? Mme Beaumont dit que ces fêtes de famille doivent se passer en famille. Sachant que je lui ferais grand plaisir, je l'ai priée de prendre pour compère M. Nesle. Anaïs n'était pas encore mariée à cette époque. M. Nesle étant absent maintenant, il faut lui choisir un *représentant*. Ce choix n'est pas absolument libre; le gendre, M. Dupont, a quelque droit d'être préféré à tout autre. Mais, quoique nous ayons beaucoup d'estime pour son caractère, ma belle-mère et moi, il ne nous inspire pas une vive sympathie. On prétend que les enfants tiennent quelque peu du parrain et de la marraine qu'on leur a choisis. Si M. Dupont allait donner à ma fille, à ma fille chérie, à mon amour de Marie, quelque chose de son caractère roide et impérieux, j'en serais désolée! Hélas! nous autres, pauvres femmes, nous ne devons jamais oublier la devise de notre bannière : *Obéissance!...* Héloïse m'a priée et suppliée d'accepter M. de Marmande pour représentant de M. Nesle. En vain je lui ai dit qu'il ne serait pas convenable qu'un homme de ce rang condescendît à être le représentant d'un maître de petite forge, elle m'a fermé la bouche en me répondant : « Si M. de Marmande devient le parrain de ta fille, ce titre non-seulement me le fera supporter, mais encore me le fera presque aimer. Je t'en prie, Pauline, permets-moi de lui en parler. »

Je n'ai pas voulu le permettre. J'éprouve une répugnance très-grande à contracter une obligation de ce genre envers M. de Marmande. C'est un véritable étourneau, et ma fille a bien assez de l'étourderie que lui transmettra sa mère : pas n'est besoin que le parrain en augmente la dose. Ma véritable raison, vois-tu, chère amie, c'est le rang de M. de Marmande. J'avoue que pourtant si Mme de Langeac.... mais non, elle n'y peut pas penser, et nous autres, bourgeois, nous devons éviter de nous mettre sous la protection de personnes de si haute lignée. Il faudra bien accepter M. Dupont, et, qui plus est, lui demander de nous rendre ce service.

Je reprends ma lettre commencée depuis longtemps ; nos occupations sont aujourd'hui plus multipliées que jamais. Le baptême aura lieu prochainement; persécutée par Héloïse et un peu sollicitée par l'amour-propre, je commençais à croire possible que M. de Marmande tînt ma fille sur les fonts de baptême au nom de M. Nesle. J'ai pris enfin le parti que j'aurais dû prendre tout d'abord, j'ai consulté Mme Beaumont.

« Cette idée de Mme de Marmande, m'a-t-elle répondu, n'est pas réfléchie, et vous auriez dû, ma fille, ne pas vous y arrêter un seul instant. Une proposition de ce genre ne peut venir de nous, et vînt-elle de M. de Marmande lui-même, elle ne serait pas acceptable. Ma chère enfant, je crains quelquefois que le goût de Mme de Langeac pour vous ne vous monte un peu la tête. Ce serait un malheur, car, sachez-le bien, les gens du grand monde, plus que tous les autres, sont sujets à s'engouer de la nouveauté; mais ils passent promptement de l'engouement à l'indifférence la plus complète. Mme de Langeac est une femme très-supérieure, je le reconnais hautement, mais elle est d'un monde dont nous ne sommes pas : elle l'oublie d'autant plus facilement, que nous savons nous tenir à notre place, et que rien autour d'elle ne vient le lui rappeler. En sera-t-il de même lorsque nous nous retrouverons à la ville? Il faut savoir gré à Mme de Marmande de sa bonne volonté pour vous; mais nous adresser à toute autre personne que M. Dupont, ce serait lui faire injure. Je compte lui écrire à ce sujet, vous ajouterez quelques lignes à ma lettre. Et puisque je suis en train de vous *chapitrer*, ajouta-t-elle en souriant, je vous dirai, ma chère fille, que je désapprouve complétement ces idées de *petit mari* et de *petite femme* qu'on met dans la tête des enfants. A quoi bon, d'abord, les préoccuper de pensées qui ne sont pas de leur âge ; et à quoi bon, ensuite, se préoccuper soi-même de ces idées-là? Nous nous y abandonnons d'autant plus volontiers qu'elles flattent notre orgueil, et si, plus tard, un espoir nourri avec complaisance ne se réalise pas, nous en éprouvons une déception bien amère. Or, les déceptions étant choses très-communes dans la vie, c'est folie que d'en augmenter volontairement le nombre. »

Cette fois, comme toujours, ma belle-mère a raison. Elle a eu raison encore en m'obligeant à prendre une berceuse pour la nuit. Tu sauras un jour, Clémence, comme on aime son enfant, et tu comprendras alors que je ne voulais quitter ma fille ni nuit ni jour. Dans les premiers temps, ma belle-mère m'a laissé faire; mais enfin, un matin que nous étions seules ensemble, elle m'a dit avec tendresse :

« Pauline, vous êtes épouse avant tout : depuis le jour de votre mariage, votre pensée principale a été de rendre votre mari heureux et d'entretenir autour de lui le repos dont un homme occupé a besoin. Édouard est excellent, mais il n'est point parfait, et les hommes, ma chère petite, deviennent aisément jaloux de ce qui les prive des soins auxquels on les a accoutumés.

— Ah! maman, m'écriai-je, Édouard devenir jaloux de ma fille!

— C'est là un écueil, dit Mme Beaumont sans me répondre, que les jeunes femmes ne savent pas toujours éviter. Votre mari a besoin de sommeil, et ce besoin est impérieux chez un homme dont la vie est si active. En ce moment, il trouve charmant de bercer aussi sa fille; mais l'amour paternel, quelque tendre qu'il soit, ne va jamais aussi loin que l'amour maternel. N'attendez pas l'instant où votre mari trouvera fatigantes ces veilles prolongées, que vous acceptez, vous, ma fille, avec bonheur. Il faut accoutumer votre enfant à se contenter du biberon pendant la nuit, et cette habitude peut lui être donnée facilement en peu de temps.

— Mais sa santé en souffrira! m'écriai-je tout émue.

— Elle n'en souffrira pas, repartit Mme Beaumont; mon fils a été élevé ainsi, et il est robuste. Vous établirez la berceuse et l'enfant dans la pièce du fond, deux portes fermées de ce côté empêcheront que le sommeil de votre mari soit troublé par les plaintes ou les cris de Marie.

— Mais, ma mère, je les entendrai, moi, et je ne pourrai pas m'empêcher d'aller voir ce qu'a ma fille.

Mme Beaumont sourit.

« Je compte bien, dit-elle, sur la finesse de l'ouïe d'une mère, mais je compte aussi sur les précautions que prendra l'épouse pour ne pas réveiller son mari. La berceuse, vous voyant ainsi paraître tout à coup, en deviendra plus attentive à remplir son devoir. Un enfant aussi fort que l'est votre fille donne en général peu de peine à soigner. C'est la souffrance qui rend les enfants *méchants*, comme on dit vulgairement. »

Je te l'avoue, ma Clémence, je n'étais pas persuadée du tout; et il a fallu quelques mouvements d'humeur, que j'ai surpris chez Édouard, pour m'amener à comprendre la nécessité de me partager également entre l'enfant et le mari.

La première nuit que j'ai passée loin de ma fille a été affreuse; sans cesse l'oreille au guet, je me figurais à chaque instant, parce qu'elle ne criait pas, qu'elle était morte! Et, chose que je t'avoue en rougissant, je me suis surprise plus d'une fois à en vouloir à Édouard, à le traiter mentalement de cœur indifférent et froid, parce que l'éloignement de ma fille, qui me désolait, ne troublait pas son sommeil. La nuit suivante, je fus plus calme. Aujourd'hui, enfin, je comprends mon devoir. Mme Beaumont a choisi d'ailleurs pour berceuse une femme qui a élevé un grand nombre d'enfants. J'ai soin de la faire dormir le jour, afin d'être bien certaine qu'elle veille la nuit.

La réponse de M. Dupont vient d'arriver. Son style est laconique. Mais enfin, il dit avec assez de politesse qu'il sera charmé d'avoir le droit d'appeler *ses commères* sa tante et sa cousine. Pas un mot d'Anaïs, ni de la part d'Anaïs. Je crains bien que la peur de rester fille ne lui ait fait tendre les mains à des chaînes un peu lourdes.

Nous n'aurons pas de grand dîner le jour du baptême. M. le curé, M. le maire, les témoins, M. et Mme Dupont, sont les seuls conviés. Il me semblait que nous aurions bien pu inviter pourtant Mme de Langeac, M. et Mme de Marmande; mais ma belle-mère n'a pas été de cet avis.

« D'autres personnes, a-t-elle dit, auraient droit aussi à une invitation, si nous donnions un repas de baptême : l'état de mon pauvre frère est une excuse suffisante pour tous. »

J'ai cru devoir en parler à Héloïse; elle a paru mécontente; pourtant elle a compris le motif qui nous interdit en ce moment de donner une fête.

Tu me demandes, chère amie, si ma belle-mère a trouvé une maison pour Mme de Langeac dans la ville de.... Oui, et une maison charmante dans le plus beau quartier. Ces dames sont allées la voir; elle leur convient, et des ordres sont donnés pour la meubler avec la plus grande élégance. Héloïse laisse faire sa tante et montre à ce sujet la plus parfaite indifférence.

Comment se fait-il, me dis-tu encore, qu'elle n'aime pas son mari, qui est, d'après ce que je t'ai écrit, d'un extérieur agréable et dont les manières sont charmantes. C'est qu'hélas! ma Clémence, cela ne suffit pas en ménage. M. de Marmande est d'un esprit médiocre, d'un caractère faible, prompt à s'enthousiasmer de ce qu'il ne connaît pas, et d'une humeur tellement versatile, qu'en un instant il change de manière de voir, et passe du noir au blanc, du blanc au noir, si je puis m'exprimer ainsi, et avec une telle promptitude, qu'on a peine à le suivre dans les écarts de son imagination. Rien de plus fatigant qu'un caractère de ce genre ; et rien de plus affligeant que les folies dans lesquelles il entraîne. Après avoir compromis sa fortune à la Bourse, il la compromettrait aujourd'hui dans toutes sortes d'essais d'économie rurale, si Mme de Langeac n'y mettait bon ordre. J'avoue qu'à la place d'Héloïse je manquerais aussi de patience : elle est sa femme et elle est mère!

Édouard a été stupéfait quand je lui ai reproché, d'un air fort sérieux, d'être la cause de la nouvelle folie qui fait que M. de Marmande veut *momifier* sa forêt tout entière. Je vais te dire, puisque tu veux le savoir, comment est née cette idée extravagante.

Depuis l'année dernière, mon mari a entrepris de *pétrifier* tout le bois qu'on emploie en échalas pour la vigne, pour les tuteurs des arbres, pour les treillages, etc., etc. Rien de plus facile. On met dans un tonneau, pour vingt litres d'eau, un kilogramme de sulfate de cuivre ou vitriol bleu. On plonge dans cette solution tout le bois à *pétrifier*; on l'y laisse quarante-huit heures, et l'on recommence jusqu'à ce que ce bois ait pris la couleur *vert bleuâtre*. Quand cette couleur est obtenue, on recouvre d'une légère couche de lait de chaux échalas, treillages, etc., qui sont devenus *incorruptibles* et *incombustibles*. Mais Édouard, en enseignant ce moyen à M. de Marmande, a eu le malheur de lui parler du bois *pétrifié sur pied*, et de lui apprendre comment, en formant au pied d'un arbre un bassin imperméable, on remplit ce bassin d'un liquide préparé suivant l'espèce de pétrification qu'on veut obtenir. (J'oubliais de te dire qu'avant de verser le liquide dans le bassin, on enlève à fleur de terre un anneau de l'écorce de l'arbre.) Ce liquide monte, comme la séve ascendante qu'il remplace; l'évaporation des sucs propres à l'arbre a lieu jusque dans les feuilles, et voilà l'arbre *momifié* tout entier. Par ce procédé, et suivant les sels qu'on emploie, le bois prend le beau noir et toutes les propriétés de l'*ébène*, ou bien la couleur du *citronnier*, ou bien les couleurs et les veines de la *malachite*, ou marbre vert. Ce dont mon mari avait parlé comme d'expériences chimiques curieuses en elle-même, M. de Marmande l'a transformé en un projet gigantesque, lequel consisterait à fournir à lui tout seul à l'ébénisterie, les bois si divers qu'on emploie pour la fabrication des meubles de prix. Magnifique projet, qu'en dis-tu? et qui aurait amené une nouvelle scène entre le mari et la femme, si je n'avais pas réussi à prendre enfin quelque empire sur Héloïse. La pensée de son fils est le moyen le plus puissant pour dissiper les orages domestiques.

Quoique, comme Mme Beaumont, je n'approuve pas les idées de mariage pour Gaston et Marie auxquels Héloïse revient sans cesse, j'ai l'air de les accepter en lui disant : « Songe, chère amie, que je ne veux pas pour ma fille d'un enfant gâté. » Elle promet alors de ne plus gâter son fils, de reprendre ses crayons, sa harpe et les études depuis si longtemps abandonnées. Puisse-t-elle tenir parole!

Ah! ma Clémence, le rôle d'épouse est souvent bien difficile! Mais, quand l'épouse est mère, que de dévouement pour l'accomplissement de tous ses devoirs se développe dans son cœur!

## XXVI

### Recettes et dépenses.

Ma chère et bonne Clémence, l'inauguration de notre ouvroir a eu lieu dernièrement; mais, avant de t'en parler, je dois te dire que la mère de notre Laurence, Julienne, est remariée depuis trois mois. L'instituteur communal, resté veuf, avait une fille à élever, ce dont il se trouvait fort embarrassé. Il a parlé à Julienne et en a parlé à mon mari. Édouard lui a fait des représentations fort sages, car Julienne a trois enfants, sans compter Laurence; M. Martin a trouvé réponse à tout. D'abord le fils aîné de Julienne a toutes les dispositions du monde pour devenir, à son tour, instituteur communal, et mieux encore peut-être : ensuite, si Julienne ne possède rien, elle est du moins très-capable de tenir la place de directrice de l'ouvroir qui lui est destinée ; or cette place doit lui rapporter, comme dans tous les ouvroirs campagnards, une indemnité de quarante francs par an, plus une gratification de dix francs, plus dix francs pour le chauffage, ce qui fait soixante francs d'assurés. Julienne est en outre en état de former d'excellentes ouvrières ; il y aura bien quelques parents qui payeront pour que leur fille apprenne tout ce que Julienne est en état d'enseigner comme lingère. Enfin la commune n'a pas de local disponible pour l'ouvroir, et celui de l'école peut suffire aux deux, etc., etc. Julienne est donc devenue Mme Martin.

Notre comité se composait de M. le curé, des notables de Martig, tous souscripteurs-fondateurs, de Mme de Langeac, de M. et Mme de Marmande, de Mme Beaumont, de mon mari et de moi. Mme de Langeac avait fait venir vingt-quatre boîtes à ouvrages parfaitement simples, toutes pareilles, et qui contiennent aiguilles à tricoter, aiguilles à coudre, ciseaux, dés, laines, fils, cotons, canevas, enfin tout l'*outillage* nécessaire pour les travaux de femme. M. Martin avait écrit de sa belle écriture le nom des jeunes filles que les parents avaient fait inscrire comme apprenties de l'ouvroir, chaque nom devant être placé sur chacune des boîtes qu'on allait distribuer. Héloïse, ma belle-mère et moi, nous nous étions entendues pour augmenter en cas de besoin le nombre de ces boîtes et pour donner de la toile, des étoffes tissées à Martig, et destinées à habiller les pauvres gens, ou bien à faire des layettes pour des enfants.

La salle de l'école avait été décorée avec simplicité. En un instant tous les bancs furent garnis, car le village entier avait été invité à assister à l'inauguration de notre ouvroir. Pour que personne ne manquât à l'appel, nous avions choisi un jour férié et l'heure de la sortie de la grand'messe.

M. le curé, placé sur l'estrade, entre M. le maire et M. de Marmande, à qui mon mari avait cédé la place d'honneur, ouvrit la séance par une prière, suivie d'une bénédiction ; puis, dans un discours plein d'onction et de simplicité, il rappela que la Mère de Notre-Seigneur avait donné l'exemple de cette vie de labeur intérieur qui est le lot de toutes les femmes ici-bas. Il rappela encore que ce labeur de la Vierge divine avait eu constamment pour objet le bien-être de la famille, et non le soin des vaines parures.

« A l'homme, continua le bon curé, appartient le travail du dehors, le souci des affaires ; à la femme appartient ce travail intérieur qui conserve les biens acquis, entretient l'ordre, et rend le séjour de la maison agréable au chef de la famille. Jusqu'à ce jour, aucun guide n'avait été donné dans notre pauvre commune aux femmes laborieuses qui ont dû apprendre d'elles-mêmes les travaux du ménage et l'art de réparer les vêtements du mari et des enfants. Leurs filles, plus heureuses, vont recevoir les enseignements qui ont manqué aux mères.... Mais ne l'oubliez pas, vous toutes qui m'écoutez, ces enseignements n'ont pas pour objet de former des ouvrières que l'appât du gain pourrait pousser vers les grandes villes ; le but des fondateurs de l'ouvroir est de mettre les jeunes filles en état de faire et de réparer les vêtements de leur parents et les leurs. Après avoir consacré le temps nécessaire aux leçons de l'instituteur, elles apprendront à tricoter des bas, à faire des reprises, à coudre, à tirer parti du plus petit morceau d'étoffe; et ce n'est pas encore tout : sous la direction de Mme Martin, elles entretiendront la propreté dans l'ouvroir ; elles prendront part aux travaux du ménage, aux savonnages, enfin à tout ce qui constitue les occupations de la femme, de la femme laborieuse, dans l'intérieur de la famille. Si quelque jeune fille montre des dispositions marquées pour l'état de couturière, de lingère, et que la volonté de leurs parents soit de les diriger de ce côté, Mme Martin les aidera à devenir de bonnes ouvrières, mais sans jamais les exempter d'aucun des soins qu'exige le ménage. Grâce à Dieu, Martig est assez éloigné des grandes villes pour que nous n'ayons pas à craindre de voir nos jeunes filles aller y chercher, à titre d'ouvrières, tous les dangers qu'y fait naître la pauvreté. Puisse la bonté de Dieu et de sa divine Mère, sous la protection de laquelle l'ouvroir est placé, faire fructifier les bienfaits de ceux dont la charité ne se lasse pas, et qui regardent comme un dépôt dont ils doivent faire un noble usage la fortune que le Seigneur leur a donnée ! »

Le discours du digne prêtre a produit d'autant plus d'effet que, depuis quelque temps, il était beaucoup question à Martig de certains villages où des entrepreneurs sont venus chercher des travailleuses à domicile, pour coudre des gants et pour faire des broderies. Séduites par l'appât d'un gain plus considérable que celui qu'on peut obtenir dans les campagnes, bien des femmes, bien des jeunes filles, ont laissé de côté la réparation des vêtements, les soins du ménage, pour gagner un argent qui ne s'emploie pas dans l'intérêt de la famille, mais qui leur permet d'acheter des objets de parure destinés à satisfaire leur vanité. Aussi j'ai lu sur le visage de plusieurs qu'elles avaient compté sur l'ouvroir, non pour devenir de bonnes ménagères, mais pour se procurer des travaux productifs.

M. le maire ne pouvait laisser passer l'occasion de se lancer dans une de ces utopies humanitaires dont il est trop prodigue. Heureusement, oui heureusement, personne ne l'a écouté, car il a commenté le discours de M. le curé de manière à en détruire la portée.

M. de Marmande a voulu parler à son tour. Il n'est pas éloquent. Pourtant il a dit d'assez bonnes choses. Mme de Langeac, avec ce tact qu'elle possède si bien, a su intervenir à propos pour empêcher son neveu de se fourvoyer. La distribution des boîtes à ouvrages et des étoffes s'est faite avec une certaine solennité.

Par nos soins, un buffet bien garni avait été préparé dans la pièce voisine; on s'y est porté en foule et avec des exclamations joyeuses.

Maintenant il me faudra exercer une surveillance attentive, non sur l'ouvroir, mais sur sa directrice. Julienne, je te l'ai dit, chère amie, est passée maîtresse dans l'art de la lingerie ; j'aurais préféré un *professeur* moins habile, car elle a, je dois le dire, *l'amour de l'art;* et il s'agit surtout d'enseigner à ces pauvres enfants à raccommoder la grosse toile et la bure. Julienne m'a promis de suivre en tout point les ordres de Mme Beaumont et les miens. L'exemple de ma tante et d'Anaïs suffirait seul à prouver avec quelle ardeur les femmes se portent de préférence vers les travaux inutiles, et qui flattent leur vanité en les mettant à même de déployer l'adresse de la main et leur bon goût. Dans la classe pauvre et dans la campagne surtout, former des ouvrières, c'est les détourner de ces devoirs d'intérieur sur lesquels M. le curé a appuyé avec tant de raison. Ces ouvrières campagnardes trouvent à s'occuper toute l'année, et, rentrées au logis, elles regardent comme au-dessous d'elles les humbles travaux de tous les jours, qui seuls préservent les chaumières des privations les plus cruelles. Oui, maman et moi, nous veillerons attentivement à ce que notre ouvroir fasse naître ou développe l'amour de l'ordre, de la propreté, et le goût d'une sage économie. Ah! ma Clémence, plus on y pense, plus on reconnaît combien est important le rôle que, nous autres femmes, nous sommes appelées à jouer ici-bas!

Nous ne nous attendions pas, ma belle-mère et moi, aux jolis cadeaux que M. Dupont nous a offerts à l'occasion du baptême : pour ma belle-mère un nécessaire *inutile*, comme ils le sont tous, le bouquet, la boîte de gants et les dragées *d'obligation*; pour moi, une charmante table à ouvrage, le tout venant de Paris, et choisi à notre intention par Mlle Manette, qui a vraiment fort bon goût.

M. Dupont nous a quittés après le repas, nous laissant sa femme pour deux jours seulement. Anaïs était fort désireuse de savoir de mon mari le contenu de l'acte dont M. Dupont lui avait dit seulement un mot sans entrer dans aucune explication. Édouard l'ayant assurée que ses intérêts et ceux de sa mère étaient parfaitement et loyalement établis, elle a promis de laisser les choses suivre leur cours sans en écrire à Mme Nesle.

Comme elle voulait être sans cesse avec moi, il lui a bien fallu me suivre dans toutes mes évolutions à la ferme, et du haut de la maison en bas.

« Mais tu dois être abattue de fatigue le soir ! m'a-t-elle dit ; d'ailleurs, puisque tu as une berceuse, pourquoi gardes-tu ta fille ainsi toute la journée avec toi ?

— Mais c'est mon bonheur d'avoir près de moi ma bien-aimée Marie ! Je ne la laisse à sa berceuse que pour ne pas troubler Édouard, ou le contrarier quand il veut être seul avec sa femme.

— Quel esclavage ! s'est-elle écriée.

— Esclavage bien doux, ma chère cousine. Rendre heureux ceux qu'on aime est un si grand bonheur ! Quant à cette fatigue dont tu me plains, j'y suis tellement habituée, que je ne la sens pas.

— Mais comment passez-vous vos soirées ?

— Comme tu l'as vu hier, en famille. Quelquefois Édouard nous fait la lecture ; quand il a à travailler, il reste dans son cabinet, et ma belle-mère et moi nous causons.

— De ménage, je le parie ! a dit Anaïs avec dedain.

— Oui, de ménage d'abord, ai-je répondu résolûment. Pour une maîtresse de maison, le ménage passe avant tout. Mais nous savons parler aussi d'autre chose. Parfois, lorsque les travaux de couture ne pressent pas beaucoup, ma belle-mère et moi nous prenons chacune un livre, et, quand Édouard à l'heure du thé revient auprès de nous, nous avons à lui parler de nos lectures, et des réflexions qu'elles nous ont fait faire.

— Et c'est tous les jours ainsi!... Dieu! que ce doit être amusant!

— Oh! nous savons varier nos plaisirs, repris-je en riant; vers la fin de chaque mois, nous apurons les comptes de la ferme et de la maison. Ma belle-mère s'occupe particulièrement de la ferme. Moi je m'occupe de tout ce qui concerne la maison et la famille; mais je te le dis avec un peu d'orgueil, je suis en état de tenir les deux comptabilités.

— A propos, s'écria Anaïs, M. Dupont veut aussi que je tienne des livres de comptabilité, je n'en vois pas la nécessité; mais il a déjà préparé de grands registres à mon usage. Je n'ai pu comprendre un mot des explications qu'il m'a données et que je n'écoutais guère, il est vrai. Voyons, cousine, comment tu fais; non que je veuille m'astreindre à toutes ces écritures, mais pour être à même d'en montrer à M. Dupont la parfaite inutilité.

— Si c'est uniquement dans ce but que tu me demandes des explications, répliquai-je, je ne prendrai pas la peine de te les donner.

— Voyons, voyons toujours! qui sait ce que produira le bon exemple! »

Je pris mon livre de recettes, puis ce qu'on appelle une *main courante*, enfin mon livre de dépenses.

« Est-ce qu'il y en a encore d'autres? demanda Anaïs.

— Non; ces trois-là me suffisent. »

Je lui expliquai alors que sur mon livre de recettes je porte tout ce que je reçois pendant la durée du mois; que sur la *main courante* j'inscris les dépenses journalières, quelles qu'elles soient; et qu'enfin sur mon livre de dépenses le total de chaque dépense journalière est classé par *sortes;* ainsi *pour la table*, tant; *pour les provisions*, tant; *pour les vêtements*, tant, etc., etc.

Comme je veux, ma chère Clémence, que mes explications soient parfaitement claires pour toi, je te donnerai à la fin de cette lettre un petit tableau de chacun de mes trois livres, livres faits d'après les indications de ma belle-mère, et dont tu auras besoin toi-même, quand à ton tour tu seras maîtresse de maison.

Anaïs, je crois, ne s'est pas donné plus de peine pour suivre ma démonstration qu'elle n'en avait pris au même sujet avec son mari; car elle s'est écriée soudain :

« A quoi bon toutes ces écritures quand les dépenses sont faites ?

— Mais, ai-je répondu, à en diminuer quelques-unes, à supprimer totalement les autres, quand on s'aperçoit qu'on va trop vite et quand on est en chemin de dépasser sa recette.

— Tout cela est fort ennuyeux! reprit Anaïs.

— Tout cela est très-important, ai-je répondu d'un ton sérieux, car la femme acquiert, par l'ordre et l'économie, non-seulement la confiance de son mari, mais une grande autorité dans la maison.

— Ainsi, cousine, tu t'imagines être maîtresse au logis? » Et elle se mit à rire.

« La preuve que je suis maîtresse, répondis-je, c'est que je suis parfaitement libre, lorsque j'ai pu réussir à faire quelques économies dans le mois, de les dépenser à ma volonté sans en rendre compte à personne. De même aussi, lorsque je prévois la nécessité d'une nouvelle dépense pour le mois suivant, je demande à Édouard la somme nécessaire, et il me la donne sans faire la moindre observation.

— Je vois là, dit Anaïs en montrant avec le doigt plusieurs articles inscrits sur la *main courante*, que tu portes en ligne de compte, comme *achetés*, des volailles, du fruit, du beurre, du fromage; pourtant c'est la ferme qui fournit tout cela.

— Oui, mais je dois les compter au nombre des *déboursés*, puisque, si ces objets n'avaient pas été consommés à la maison, on les aurait vendus au marché : vois, ils figurent aussi sur mon livre de recettes, car ils font partie de notre revenu.

— M. Dupont ne veut-il pas établir ce système-là à la maison, parce que nous avons une basse-cour, une étable ! Nous n'envoyons pas au marché, nous.

— Non, mais cette basse-cour, cette étable, occasionnent une dépense dont il faut tenir compte.

— Ah ! bah ! reprit Anaïs en repoussant les trois livres ouverts devant elle ; je ne pourrai jamais m'astreindre à toutes ces minuties, à toutes ces mesquineries !

— Ces mesquineries et ces minuties, ma cousine, dis-je avec gravité, doivent fixer sans cesse l'attention d'une maîtresse de maison. Car, je te le répète encore, de l'ordre, de l'économie qu'elle établit, et qu'elle sait maintenir, résulte le bien-être ou la ruine des familles ; y apporter tous ses soins est donc l'un de ses principaux devoirs. Malheur à celles qui l'ignorent, comme à celles qui, le sachant, l'oublient ! »

Hélas ! ma chère Clémence, je crains bien d'avoir prêché en vain ; et je commence à excuser M. Dupont de vouloir mettre sa femme en tutelle ; elle en a grand besoin.

D'après ce que tu me dis, chère amie, d'un projet de mariage qui te plaît, j'entrevois que tu ne seras pas appelée à tenir la maison de ton oncle ; je t'en félicite de tout mon cœur. Mes *leçons* n'auraient pas suffi à te guider, et peut-être la tâche eût-elle été au-dessus de tes forces. Je simplifie donc pour toi ma *comptabilité*, et je réduis mes livres à deux, savoir : la *main courante*, sur laquelle tu inscris toutes les dépenses et additionnes, chaque jour, la *dépense pour la table*; et le livre de *recettes* et *dépenses*; sur celui-ci tu divises ton relevé de la *main courante* par : *dépense pour monsieur*, *dépense pour madame*; pour *ménage*, *blanchissage*, *chauffage*, *éclairage*, *loyer*, *ports de lettres* et *timbres-poste*, *aumônes*, *provisions*, *menus plaisirs*; et en dernier le *total* de la dépense pour la table, pour le *mois entier*.

Au moyen de ces récapitulations, faites régulièrement chaque mois, tu es en état de faire en décembre une récapitulation générale de toutes les dépenses de l'année, et de voir sur quels objets doivent porter les réformes.

## JUILLET 1858.

| DATES. | RECETTES. | DÉTAIL. | DÉPENSES. |
|---|---|---|---|
| | fr. c. | | fr. c. |
| 1 | 330 70 | Balance du mois précédent.......... | » » |
| » | » | Blanchissage..................... | 8 25 |
| 2 | » | Mercerie......................... | 1 20 |
| 3 | » | Port d'un paquet................. | » 75 |
| 4 | » | Six paires de draps.............. | 300 » |
| 5 | » | Note de la marchande de modes...... | 10 » |
| » | » | Aumônes.......................... | 2 10 |
| 6 | 200 » | Reçu de M........................ | » » |
| » | » | Note de la blanchisseuse........... | 8 » |
| » | » | — du tailleur................ | 110 » |
| 7 | » | — du dégraisseur.............. | 3 50 |
| 10 | » | Six matelas rebattus.............. | 9 » |
| » | » | Note du marchand de toile à matelas.. | 22 » |
| 12 | » | Bougie........................... | 12 » |
| » | » | Huile à brûler.................... | 20 » |
| 14 | » | Voiture.......................... | 6 » |
| » | » | Rideaux de mousseline.............. | 70 » |
| 16 | » | Blanchissage...................... | 12 50 |
| » | 500 » | Reçu de Mme....................... | » » |
| 18 | » | Deux douzaines de mouchoirs....... | 72 » |
| » | » | Une robe de soie.................. | 120 » |
| 22 | » | Une pendule...................... | 300 » |
| 25 | » | Vaisselle........................ | 5 75 |
| 28 | 300 » | Reçu de M........................ | » » |
| 30 | » | Gages de la cuisinière............. | 30 » |
| » | » | — du domestique.............. | 40 » |
| 31 | » | Dépense de nourriture............. | 140 » |
| | 1330 70 | | 1303 05 |
| | | Balance à nouveau...... | 27 65 |
| | 1330 70 | | 1330 70 |

Si tu veux, chère Clémence, savoir, *jour par jour*, quel est le contenu *exact* de ta caisse, adopte alors cette autre manière de tenir ton livre de *recettes et dépenses*.

## AOUT 1858.

| DATES. | DÉTAIL. | | | SOMMES. fr. | c. |
|---|---|---|---|---|---|
| 1er | Balance du mois précédent | | | 27 | 65 |
| » | Dépense de nourriture... | 12 fr. 50 | 22 fr. 50 | 22 | 50 |
| » | Une paire de souliers..... | 10 » | | | |
| 2 | En caisse | | | 5 | 15 |
| » | Reçu les loyers de la maison nº 3 | | | 100 | » |
| 2 | | | | 105 | 15 |
| » | Dépense de nourriture... | 7 fr. 75 | 58 fr. 75 | 58 | 75 |
| » | Un chapeau pour M...... | 18 » | | | |
| » | Mémoire du faïencier... | 25 » | | | |
| » | — du serrurier... | 8 » | | | |
| 3 | En caisse | | | 46 | 40 |

Lis attentivement, ma chère Clémence, ces deux modèles de tenue de livres, et choisis celui qui conviendra le mieux à ton esprit. Je t'assure que l'amour de l'ordre fait qu'on trouve un vrai plaisir à se rendre compte de l'emploi de ses revenus.

Autrefois je ne comprenais pas cette sorte de plaisir; mais lorsqu'à la fin du mois je reconnais que la dépense a été moins forte que de coutume, j'en suis heureuse, car cette différence me permet de donner davantage à ceux qui n'ont pas.

Adieu et aime-moi !

# XXVII

## L'hiver à la campagne.

Ces dames sont parties, ma chère Clémence, et nous voilà livrés à nous-mêmes. Dans ces derniers temps, la mauvaise saison a rendu difficiles les communications entre le château et la ferme. Au château il n'y avait plus d'invités, car je ne compte pas comme tels quelques parasites qui supportent d'un front serein l'humeur ou les caprices des gens riches et haut placés, auxquels ils s'attachent, comme la prêle s'attache aux vêtements, sans qu'on puisse s'en débarrasser. Les promenades à cheval n'étaient plus possibles, et l'ennui accablait Héloïse, qui ne sait plus s'occuper. Je crois bien que Mme de Langeac s'ennuyait aussi ; dans l'intérieur de cette famille manquent les liens d'affection qui font qu'on est heureux seulement d'être ensemble. Et puis ce grand monde où l'on se fatigue prête pourtant un certain intérêt, une certaine animation à la vie oisive..... Quant à M. de Marmande, il aurait volontiers prolongé son séjour au château de Saint-Pierre, pour donner suite à mille projets que Mme de Langeac est loin d'approuver. Il y a ici beaucoup de travaux à faire, et j'aurais eu *en horreur* la campagne *solitaire*, comme il y a deux ans, que j'aurais accepté sans hésiter cette année d'y passer l'hiver, pour ne pas contrarier les travaux importants qu'Édouard doit faire exécuter. M. de Marmande, en partant, a dit qu'il reviendrait souvent, très-souvent, parce qu'il veut prendre une large part aux améliorations dont mon mari lui a parlé.

Bien heureusement nous savons nous suffire à nous-mêmes, et, ce qui est tout aussi heureux, nous savons encore supporter les ennuis du voisinage. De temps en temps, notre bon curé vient faire une petite partie avec ma belle-mère. Le vénérable prêtre est toujours accueilli avec joie ; sans être très-instruit, il aime les sciences et la bonne littérature. Il n'en est pas tout à fait ainsi de M. le maire et de *son épouse*, de M. le notaire et de *son épouse*, de quelques fermiers et éleveurs et de leurs *épouses*, retirés des affaires. Ces braves gens nous enveloppent d'une atmosphère bien lourde ; heureusement leurs visites ne sont pas très-fréquentes, et, après les avoir acceptées avec résignation, nous sentons mieux le prix de notre douce solitude.

J'ai bien envie de me moquer de vous autres gens des villes, qui vous figurez qu'à la campagne on reste enfermé pendant tout l'hiver. Je t'assure, chère amie, que facilement on s'endurcit aux intempéries de la mauvaise saison. Du moment qu'on a pris son parti de s'affubler d'une thérésienne ou capeline en bouracan, d'un manteau de gros drap, d'une paire de gants en grosse laine et de lourds sabots par-dessus ses bottines, on brave la pluie, la neige et le vent du nord sans sourciller, et l'on ne s'en porte que mieux.

Pour répondre à tes questions *naïves*, je te dirai d'abord que le labourage commence tout de suite après les moissons; alors aussi on fume, on marne, ou bien on répand de la chaux sur les champs, suivant que la nature du terrain l'exige. Puis on laboure encore en octobre, on sème aussi; on laboure, on sème encore en novembre et décembre; d'autres labours et d'autres semailles ont lieu jusqu'au printemps. C'est pendant l'hiver qu'on répare les chemins, qu'on relève les clôtures ou qu'on en fait de nouvelles; enfin, l'élève des bestiaux et des chevaux occupe un grand nombre de bras. Dans cette saison encore se font les charrois importants: les grains, les légumes secs, les pommes de terre, sortent des granges et des greniers pour la vente au loin. Les jardiniers, de leur côté, bêchent, plantent, sèment. Tu vois, chère amie, qu'on ne reste pas les bras croisés au village. Pendant que les hommes font ces travaux au dehors, les femmes, à l'intérieur, battent le lin, le chanvre, le peignent, le filent; quelques hommes le tissent; les femmes encore filent la laine, épluchent les légumes secs, les vannent; ce pays étant abondant en noyers, on y fabrique une quantité notable d'huile de noix; on y fabrique aussi des huiles de colza, de navette et de chènevis destinées à alimenter nos lampes. L'épluchage des noix est presque une fête; on invite à ce travail les amis et connaissances : les chants et les rires ne cessent pendant toute la veillée.

A propos de veillée, je te dirai que les poëtes nous ont encore induites en erreur sur le *charme des veillées villageoises*. J'ai voulu assister à quelques-unes de celles qui ont lieu à la ferme, et, en vérité, je n'y ai rien trouvé du tout de ce que les poëtes ont dépeint. J'y ai entendu des chants assez discordants, et des récits où les revenants, les fées jouaient un rôle fort prosaïque. Il m'a pris fantaisie de faire à ces braves gens des lectures qui me paraissaient devoir les amuser et leur donner quelque instruction; mais je n'ai réussi qu'à exciter des questions parfois saugrenues de mon auditoire ou bien à l'endormir en partie. Le paysan, comme l'Arabe sous sa tente, veut, non pas des lectures, mais des *récits* animés par les gestes, l'accent, le jeu de la physionomie du conteur.

Oui, il y a du travail pour tout le monde dans notre village de Martig, parce qu'Édouard s'ingénie à en préparer pendant la belle saison ; et pourtant il y a bien de la misère aussi. Cette misère est la préoccupation continuelle de Mme Beaumont et la mienne. Notre association à la mode voironnaise n'est pas encore établie ; mais, comme ces dames ont laissé des fonds, nous avons déjà pu venir en aide d'une manière utile à de pauvres vieillards, à de pauvres vieilles femmes, que nous secourons à domicile par des dons en nature. Quand nous donnons de l'argent, c'est toujours à titre de *rétribution* d'un travail quelconque ; si nous payons un loyer arriéré, c'est en apparence un *prêt* que nous faisons. Cette année, nous n'avons pas un seul mendiant dans la commune, par le soin que nous prenons de prévenir la demande d'une aumône. Quant aux mendiants voyageurs ou passagers, on leur donne un léger secours en nature, soit du pain, soit un vêtement, en les avertissant qu'ils n'obtiendront rien de plus s'ils restent à Martig. Notre digne curé déploie dans cette bonne œuvre un zèle infatigable ; c'est lui qui avertit ma belle-mère et moi des besoins de tel ou tel ménage ; et soit l'une, soit l'autre, va sans retard visiter les malheureux que le curé a recommandés à notre charité.

En ce pays, chacun possède une misérable chaumière, un petit champ, une espèce de jardin où se cultivent le blé et les légumes nécessaires à la consommation de la famille : nécessaires, oui, mais non suffisants, il s'en faut. Dans chaque chaumière, il y a un four pour la cuisson du pain, mais souvent le bois manque pour chauffer ce four; il manque aussi pour faire la soupe dans l'énorme cheminée, où se perd toute la chaleur; afin d'y suppléer, les pauvres gens recueillent soigneusement, à l'automne, les fanes de pommes de terre, de haricots et les menues branches tombées le long des haies vives. Édouard, si occupé de rendre la vie au moins supportable à tous ceux qui l'entourent, a lu dans je ne sais plus quel journal d'agriculture qu'on pouvait fabriquer non du bois, mais un combustible vraiment utile, en foulant dans des moules les feuilles dont l'automne jonche la terre. Dès l'année dernière, quelques essais de ce genre ayant réussi, il a créé pour les enfants et les vieillards une sorte d'industrie, en leur achetant les sacs de feuilles mortes qu'ils peuvent récolter, et, cette année, nous avons en magasin du bois de feuilles mortes, s'il m'est permis de m'exprimer ainsi. On le vend à très-bas prix à ceux qui peuvent payer, on le donne à ceux dont le foyer resterait froid sans ce secours, et il y a en réserve quelques bonnes *bourrées* pour chauffer le four.

Un des grands projets que mon mari met à exécution cette année c'est le *pavage* de la cour de la ferme. Te dire, chère amie, combien de voix se sont élevées contre cette idée *étrange*, serait te donner le dénombrement de tous les habitants de Martig. Ils ont eu d'abord à se récrier sur le dallage des étables et des écuries avec le *béton Coignet ;* aujourd'hui ils reconnaissent que ce dallage n'est pas une si mauvaise invention qu'ils l'avaient prétendu. Il en sera de même du pavage de la cour. « Paver la cour d'une ferme! ça ne s'est jamais vu. — Faire des ruisseaux qui conduiront les eaux ménagères et le purin sortant des étables dans une grande citerne placée loin des bâtiments, quelle folie! — N'avoir plus à enjamber ces bons tas de fumier sur lesquels se délectent les hôtes de la basse-cour, ni ces mares d'eaux stagnantes où barbotent les canards!... — Mais ce ne sera plus une ferme, monsieur Beaumont!

— C'est-à-dire, répond mon mari, que ce ne sera plus un foyer d'infection, et que le purin, qui se perd d'ordinaire, recueilli ainsi dans la citerne, donnera un engrais excellent pour l'arrosage des terres. Quant au fumier, il trouvera sa place loin de la maison d'habitation, et il n'en sera pas moins bon, pour ne pas être éparpillé devant la ferme. »

Le pavage est commencé; presque chaque jour les *badauds* du pays viennent, les bras croisés, gloser des heures entières sur cette *idée étrange!* Notre chef de labour et sa femme ne sont pas des derniers à faire des représentations parfaitement inutiles; les filles de basse-cour et les petits valets se mettraient volontiers en révolte à la pensée qu'il faudra désormais charrier le fumier des étables assez loin de celles-ci, et qu'il ne suffira plus de le jeter négligemment avec la fourche dans le milieu de la cour. Personne pourtant n'ose laisser voir trop à découvert son mécontentement. On sait que M. Beaumont ne prend jamais une résolution sans y avoir mûrement réfléchi, et qu'une fois cette résolution prise, elle est inébranlable. Mon mari s'occupe aussi, avec le concours de M. le maire, de rendre praticables plusieurs voies de communication abandonnées depuis assez longtemps. Tu vois, ma Clémence, de quelle activité est doué mon Édouard! Sa mère et sa femme, je l'ose dire, ne lui cèdent en rien sous ce rapport. C'est pour notre chérie Marie que nous travaillons; nous voulons qu'elle soit heureuse de tous les bonheurs possibles ici-bas, et c'est sur son berceau que nous appelons les bénédictions de ceux que nous avons la joie de secourir.

Prévention maternelle à part, ma fille est charmante. Déjà elle cherche à gazouiller quelques mots; elle sourit toujours.... Que te dirais-je, ma Clémence, nous en raffolons!

Tu m'as demandé des nouvelles de Suzette; elle

ronge son frein. Depuis quelque temps elle est un peu plus raisonnable; bientôt elle sera mère à son tour, et, comme elle comprend que sa belle-mère seule peut la remplacer dans les soins du ménage pendant qu'elle donnera les premiers soins à son enfant, elle est devenue un peu moins récalcitrante envers Mme Simon. Suzette est ambitieuse : elle rêve pour son mari les prix ou les primes que décernent les comices agricoles; aussi elle pousse Simon à chercher auprès d'Édouard l'instruction qui lui manque. Elle-même s'occupe davantage des travaux de la ferme, et Simon dit quelquefois en se frottant les mains : « J'ai une petite femme qui a une fameuse tête! »

Tout va donc bien de ce côté, et j'encourage Suzette à mettre du sien, beaucoup du sien, dans les relations de famille.

Mon oncle a accepté l'acte dont le projet lui a été envoyé par Édouard; il y a fait quelques changements qui montrent le peu de confiance que lui inspirent la sagesse, la raison de sa femme et de sa fille. Les nouvelles qu'il nous donne de sa santé sont désolantes; il presse Édouard de lui envoyer sans nul retard l'acte notarié à signer.

Cette lettre nous a profondément attristés. Les communications de Martig avec la forge, située au milieu des bois, étant rendues difficiles par l'éloignement et le mauvais état des chemins, nous sommes sans nouvelles de ce côté. Anaïs doit s'ennuyer à mourir. L'hiver dernier, il y avait encore dans le voisinage quelques personnes à voir. Pour les attirer, Mme Nesle donnait souvent à dîner, et, si le temps était trop rigoureux, elle retenait ses convives pendant plusieurs jours. J'ai su par quelques gens du pays qu'il n'y avait plus de dîners à la forge. Que devient alors Anaïs? J'ai de tristes pressentiments sur les suites d'une union contractée par nécessité d'un côté et par spéculation de l'autre. Ah! que mieux vaudrait cent fois rester fille que d'être mal mariée!

Je ne t'en écris pas bien long aujourd'hui, ma Clémence, parce que j'ai beaucoup à faire, Dieu en soit loué! J'attends un jour ou l'autre des nouvelles d'Héloïse. Pauvre Héloïse! elle ignore que s'occuper c'est savoir jouir, et que dans le malheur le travail est une consolation bien douce pour qui sait en sentir le prix!

Ton amie.

## XXVIII

### La véritable économie.

Ma bonne Clémence, je ne sais comment tout cela finira. Anaïs est ici depuis deux jours, et dans un tel état d'exaspération, que rien ne peut la calmer. Nous l'avons vue paraître un matin, comme nous finissions de déjeuner.

« Anaïs! nous sommes-nous écriés tous les trois, et par un temps pareil! »

Elle était violette de froid et agitée par un tremblement nerveux, qui l'empêcha longtemps de parler.

« La vieille fille est arrivée! dit-elle enfin d'une voix étouffée par la colère. Je ne suis plus maîtresse chez moi; la sœur est installée à la maison, le frère est installé à la forge, et M. Dupont triomphe. Le voilà maître.

— Voyons, Anaïs, dit mon mari d'un ton calme, explique-nous avec quelques détails....

— Eh! quelles explications voulez-vous que je donne? répondit Anaïs. Oh! si ma mère était ici.... Mais je vais lui écrire, et elle reviendra!

— Vous ne lui écrirez pas, dit Mme Beaumont d'un ton ferme : votre père est mourant. »

Anaïs fit un mouvement, puis s'écria : « Eh! qui me défendra en l'absence de ma mère? »

Il y eut un assez long silence. Nous étions tous les trois révoltés de son indifférence pour son malheureux père.

« Pour te défendre, ma cousine, dit enfin Édouard avec le même calme, il faudrait savoir de qui et de quoi tu as à te plaindre.

— Mais de M. Dupont et de toute sa famille. Oh! comme il a su aveugler mon père!

— Mon oncle ne s'est point laissé *aveugler*, reprit Édouard, toi non plus, ma cousine, tu n'as pas accepté *en aveugle* le seul prétendant qui se présentât.

— Le seul! répéta Anaïs avec l'expression du dépit.

— Le seul, répéta Édouard à son tour. Malheureusement, tu as cru avec trop de légèreté que M. Dupont ayant été placé dans la maison en sous-ordre, serait le très-humble serviteur de toutes tes volontés. Mais, d'abord, M. Dupont, en apportant ce qui manquait dans la maison pour sauver ton père de la honte d'une faillite, de l'argent, devenait, de subordonné qu'il avait été jusqu'alors, votre égal à tous, je te l'ai dit; et, comme mari, il devenait le maître.

— Oh! tous ces hommes s'entendent entre eux! s'écria Anaïs en frappant du poing fermé sur le bras de son fauteuil. Mais sa famille! ai-je donc épousé toute cette famille? ajouta-t-elle avec un redoublement de colère.

— Le frère et la sœur de M. Dupont, continua Édouard, avaient eu leur part dans l'héritage qu'il venait de recueillir. Ils ont confié cette part à leur frère aîné, et la somme entière a pu suffire bien juste à épargner à ton père, je te le répète, la honte d'une faillite. M. Antoine a donc bien le droit de voir par lui-même ce qui se passe à la forge, et Mlle Manette a bien le droit aussi de veiller à ce que l'ordre et l'économie règnent dans la maison du négociant; car si cet ordre et cette économie n'avaient pas manqué dans la maison de mon oncle, il ne succomberait pas aujourd'hui sous le poids du chagrin.

— Pourquoi ne m'a-t-on pas dit tout cela avant mon mariage? demanda Anaïs. J'ai cru bonnement n'avoir à subir que M. Dupont comme mari, mais si j'avais su qu'il fallait subir aussi sa famille.....

— Tu te serais mariée malgré tout, répliqua

Édouard, parce que, pour toi, le mot de *mariage* signifiait seulement celui de *madame*. M. Dupont sait sans doute que tu es ici?

— Oui, il le sait, et je lui ai déclaré que je ne rentrerais pas au logis aussi longtemps que sa sœur s'y trouvera. »

Mon mari haussa les épaules et nous quitta en disant : « Je vais à la forge.

— Je ne le veux pas! je ne le veux pas! » cria Anaïs.

Édouard sortit sans lui répondre.

Nous eûmes alors à essuyer une crise de larmes et de nerfs; ma belle-mère m'aida, mais avec froideur, à donner les soins nécessaires à cette pauvre enfant gâtée, que sa mère a trop accoutumée à ne suivre que ses caprices.

Laurence était venue me dire que mon mari voulait me parler; je laissai Anaïs aux mains de Mme Beaumont, et je me rendis près d'Édouard.

« Ma chère amie, me dit-il, il faut à tout prix éviter un esclandre; je veux parler à Dupont, voir sa sœur, son frère, afin de m'assurer si la vie en commun est possible. Il faut aussi expédier sans retard l'acte que mon oncle demande; toi, pendant ce temps, tâche de faire entrer un peu de bon sens dans cette tête sans cervelle. Nous essayerons d'arranger tout cela avant la fin trop probable de notre malheureux oncle, et surtout avant le retour de

Mme Nesle à la forge. Je ferai en sorte d'être ici demain. Cependant, ne t'inquiète pas si je tardais un peu ; les affaires ne se traitent pas en courant. »

Quand je redescendis au salon, Anaïs, pâle et défaite, était étendue au coin du feu dans son fauteuil et paraissait sommeiller. Mme Beaumont travaillait à un ouvrage de couture ; il me fut facile de voir qu'elle avait pleuré. Elle mit un doigt sur sa bouche, en me faisant signe de venir m'asseoir auprès d'elle. Pendant assez longtemps, nous restâmes en silence. J'avais pris aussi mon ouvrage, et je travaillais machinalement, car ma pensée se portait sur mille choses à la fois.

« Ordre et économie ! je n'entendrai donc jamais que ces mots-là ! dit Anaïs qui se redressa en sursaut ; et dans ce moment, continua-t-elle, les yeux fixés sur moi avec l'expression de l'impatience, pour rétablir l'ordre et faire des économies, on va bouleverser la maison du haut en bas ! J'ai fermé à clef mon petit salon, et là du moins je resterai maîtresse de laisser tout en désordre si c'est mon bon plaisir. A toutes ses qualités, M. Dupont joint celle de la taquinerie ; je sais trouver les choses quand elles ne sont point à leur place ; il les remet à leur place et je ne sais plus les trouver : lui qui ne rit jamais, il rit presque en me voyant chercher pendant des heures entières ce qu'il a dérangé.

— A quel propos, demanda Mme Beaumont, pour me servir de votre expression, Anaïs, *bouleverse-t-on* la maison du haut en bas?

— A propos, ma tante, de tous les outillages de fumisterie que Mlle Manette a apportés avec elle de Paris. M. Dupont ne cesse de répéter qu'en province on n'entend rien à l'économie; qu'on brûle la moitié plus de bois qu'il n'en faut pour se chauffer, la moitié plus de charbon qu'il n'en faut pour la cuisine. Comme si dans ce pays le charbon et le bois étaient chers!

— Ils ne sont pas chers sans doute, reprit Mme Beaumont; mais il est certain que depuis que mon fils a fait rétrécir toutes les cheminées de la maison et arranger les fourneaux de la cuisine, nous faisons une économie notable sur le combustible, et, de plus, nous sommes mieux chauffés.

— Mais, dit Anaïs en ricanant, il a fallu dépenser beaucoup d'argent pour acheter cette économie-là.

— *Cette économie-là,* répéta ma belle-mère, couvrira et au delà la dépense de cet hiver, de sorte que l'année prochaine cette *économie-là* sera tout bénéfice. »

Il y eut un moment de silence.

« Ah! nous allons en voir de belles! reprit Anaïs en tisonnant le feu avec impatience. Mlle Manette est bien en état d'en remontrer encore à son frère en fait de mesquinerie. Elle n'a jamais été à la tête que d'un misérable ménage, et elle ne sait ce que c'est que d'avoir une servante. Il y aurait de quoi rire, si au fond il n'y avait de quoi pleurer, de voir avec quel soin, depuis son arrivée, elle surveille la desserte de la table. Nous ne gardions pas longtemps les domestiques du temps de ma mère, quoiqu'ils fussent généreusement payés et largement nourris; à présent ce sera bien pis!

— Je crois que ce sera tout au contraire beaucoup mieux, dit Mme Beaumont d'un ton froid. Le gaspillage n'attache point les domestiques à une maison.

— Ainsi, ma tante, vous pensez qu'il y avait du gaspillage chez nous.

— Non-seulement, ma nièce, je le pense, mais je l'ai vu. Une économie bien entendue n'est point de l'avarice; elle s'appuie sur la raison, et la raison développe en nous le sentiment de la justice. Or, la justice fait qu'une maîtresse de maison économe établit chez elle l'abondance sans prodigalité.

— Oh! je sais, moi, répliqua Anaïs, qu'ici j'aurai toujours tort.

— Je ne veux pas, reprit ma belle-mère, relever cette impertinence; j'ignore comment Mlle Manette compte diriger la maison de son frère.

— Ma maison, ma tante, s'il vous plaît.

— En quoi et comment est-elle *vôtre*, mon enfant? »

Anaïs resta un moment interdite.

« Voyons, ma tante, ayez la bonté de me dire en quoi consiste ce qu'on entend par le mot *économie*, car, en vérité, je ne le comprends pas du tout.

— La véritable économie, répondit Mme Beaumont, consiste d'abord à voir quels sont ses revenus, à se rendre compte de la dépense que ces revenus peuvent permettre, à distribuer ensuite cette dépense *théoriquement* entre les besoins matériels de tous les jours, tels que le loyer, si l'on n'a pas de maison à soi, la table, le vêtement, le chauffage, l'éclairage, les gages des domestiques. De la théorie on passe à la pratique, d'abord en recourant à l'expérience des personnes qui nous ont précédés dans la vie (Anaïs hocha de la tête et murmura tout bas : Nous y voilà ! ), puis en expérimentant nous-mêmes, c'est-à-dire en tenant un compte exact des dépenses du jour, de la semaine, du mois; en cherchant si ces dépenses n'outre-passent point le chiffre que nous avions fixé d'avance, et sur quel objet on pourrait les réduire, sans rien retrancher de ce qui est le nécessaire.

— Quand on a fait ce travail-là, ma tante, dit Anaïs, qu'a-t-on besoin d'y revenir sans cesse, comme le veut M. Dupont? et d'ailleurs, il est bien triste de ne s'accorder jamais que le strict nécessaire.

— Si la position de fortune le permet, continua

Mme Beaumont, on peut s'accorder quelque superflu ; mais d'abord, mais avant tout, il faut se bien assurer qu'on peut suffire à son nécessaire.

— Nous sommes bien en état d'y suffire! dit Anaïs.

— Je le désire, ma nièce; mais je crains que non.

— Ainsi il faudrait laisser Mlle Manette nous réduire en tout et pour tout à la portion congrue? et cela uniquement parce qu'elle a versé une toute petite somme dans l'association?

— Il le faut surtout, ma nièce, pour conserver intact l'honneur et le nom de votre père. »

Il y eut encore un silence.

« Non, jamais, jamais, s'écria Anaïs en se levant, je ne serai économe! Passer sa vie à retrancher un centime ici, deux centimes là, quelle misère! Mais il y a de quoi éteindre l'intelligence et étouffer tout sentiment généreux dans le cœur!

— Vous l'entendez, Pauline? dit ma belle-mère en se tournant vers moi; nous qui mettons notre gloire à être des femmes économes, nous n'avons plus ni intelligence ni cœur!

— Ma tante, je n'ai pas voulu dire cela! »

Et elle embrassa Mme Beaumont, qui reçut froidement ses caresses.

« Ma pauvre enfant, reprit cette dernière, comme beaucoup de jeunes femmes, vous avez votre éducation à refaire; le travail est pénible, mais laissez-moi espérer que vous en sortirez à votre honneur. Croyez-le bien, on n'est réellement femme et digne de ce nom que lorsque l'on remplit des devoirs mesquins en apparence, bien nobles au fond! »

Ma belle-mère nous a quittées, et j'ai tâché de distraire Anaïs autant qu'il m'a été possible. Plusieurs fois dans la journée, elle est revenue sur ce que Mme Beaumont lui avait dit de la véritable économie; mais en répétant sans cesse : « Non, jamais, jamais, je ne serai une femme économe! »

Le soir notre bon curé est venu; il avait à nous parler de nos pensionnaires, de quelques nouvelles misères à secourir, de la crèche, de l'asile et aussi de l'ouvroir. Il nous a priées, ma belle-mère et moi, de faire le lendemain une visite à l'ouvroir, dont la directrice, disait-il, et les élèves avaient besoin d'être rappelées au véritable esprit de cette institution. Nous avons promis de nous y rendre le jour suivant.

Pendant que M. le curé et ma belle-mère faisaient leur partie, Anaïs travaillait nonchalamment et en bâillant à une de nos broderies commencées. Je lui adressais quelques mots de temps en temps, sans cesser de m'intéresser à la partie de piquet et de raccommoder prosaïquement des bas.

Le lendemain nous sommes allées toutes les trois à l'ouvroir. Julienne nous a prises à l'écart, pour se plaindre avec assez d'amertume des parents de quelques-unes de ses élèves qui se formalisent de ce qu'à tour de rôle leurs filles sont obligées de balayer l'ouvroir, de soigner le pot-au-feu ou la petite cuisine de Mme la directrice, et de l'aider aux savonnages de chaque semaine.

« Comme si, ajouta-t-elle, je ne devais par leur enseigner tout ce que les femmes ont à faire dans une maison! »

Mme Beaumont a écouté patiemment les doléances de Julienne; elle a pris par écrit le nom des parents qui se sont plaints. Puis elle a dit de ce ton doux et ferme qui lui est habituel : « Des réclamations d'un autre genre m'ont été adressées. Vous savez, Mme Martin, que l'ouvroir n'a pas été fondé pour former des *ouvrières*, mais bien pour enseigner à de pauvres filles à réparer les vieux vêtements de la famille.

— Je le leur enseigne, madame! s'est écriée Julienne.

— Je le sais, répondit Mme Beaumont; mais parfois, et même assez souvent, ces travaux peu attrayants sont laissés de côté pour des travaux de lingerie fine. »

Julienne est devenue fort rouge.

« Vous êtes *artiste* dans votre genre, a continué Mme Beaumont; je ne vous blâme point de développer l'adresse de la main chez vos élèves, ni de leur enseigner à faire ce qui complète l'habillement d'une femme; seulement il faut que ces leçons-là ne soient données que lorsque les travaux utiles et peu agréables ont été entièrement terminés.

— Vraiment, s'écria Julienne, on se plaint de ce que la mariée est trop belle!

— Il ne suffit pas, répliqua Mme Beaumont, qu'une mariée soit belle, il faut encore qu'elle se souvienne que l'*utilité* l'emporte sur la *beauté*. Au *plus beau jour* de la vie d'une femme succèdent rapidement les mauvais jours. Vous le savez par expérience, Mme Martin, et, si vous laissez la vanité l'emporter sur l'amour de l'ordre et de l'économie, ces mauvais jours deviendront plus mauvais encore! »

Julienne a promis d'être à l'avenir plus soigneuse à suivre l'esprit qui doit diriger les travaux de l'ouvroir.

En la quittant, nous sommes allées visiter les parents qui s'étaient plaints que l'on occupât leurs enfants aux soins domestiques. Comme toujours ma belle-mère a été admirable de raison, de douceur et de bon sens, dans les représentations qu'elle a faites.

« Si vous habitiez les villes, a-t-elle dit, vous sauriez que les apprenties, et vos enfants ne sont que cela à l'ouvroir, servent la maîtresse pendant le temps de leur apprentissage. Ce service est quelquefois très-rude, et absorbe une grande partie du temps qui doit être consacré à l'apprentissage. Il n'en est pas ainsi à l'ouvroir : vos filles ne *servent pas* Mme Martin, elles apprennent seulement, sous sa direction, à devenir de bonnes femmes de ménage. »

Anaïs n'a pas dit un mot pendant toutes ces visites; plusieurs fois elle a porté son mouchoir à sa bouche pour dissimuler un bâillement, et ses yeux sont restés secs, pendant que les miens se sont souvent mouillés.

En rentrant à la maison, impatientée de son mutisme et de sa froideur, je lui ai dit à mi-voix : « Mme Beaumont est une femme parfaitement économe du temps et de l'argent; crois-tu encore qu'elle manque d'intelligence et de cœur? »

Sans répondre, elle a passé brusquement devant moi.

Ah! ma Clémence, quelle tâche qu'une éducation à refaire! Ne sera-t-elle pas au-dessus des forces d'Anaïs?

## XXIX

### Le désordre.

Chère et bonne Clémence, combien je te remercie de l'intérêt que tu prends à nous tous! Ma bellemère, mon mari, auxquels j'ai lu ta lettre, en ont été vivement touchés; ils m'ont chargée de te remercier aussi.

Anaïs est encore ici. Édouard a passé deux jours entiers à la forge; il en est revenu très-content de la manière d'agir loyale et franche de toute la famille Dupont. Si Anaïs veut y mettre un peu du sien, elle pourra être heureuse. Mlle Manette, à ce que m'a dit Édouard, n'a rien de la roideur ni des prétentions dont on accuse toutes les vieilles filles. Elle a dû être jolie, et sa physionomie exprime beaucoup de douceur. Il y a dans son regard quelque chose de triste qui émeut et plaît tout ensemble. On voit que le malheur a passé par là. M. Dupont a montré avec orgueil à mon mari quelques paysages peints par sa sœur, et qui décèlent un vrai talent. Quant à M. Antoine, c'est un homme simple dans ses manières, mais non pas vulgaire. Édouard a reconnu en lui beaucoup de capacité pour le commerce, et il le croit au moins aussi actif que son frère.

Le nouvel acte d'association est déjà en route pour Grasse; et, comme l'a dit Anaïs, il y a des ouvriers dans toute la maison. Depuis longtemps les réparations les plus urgentes n'avaient pas été faites, et certaines parties des bâtiments menaçaient ruine.

« Puisque vous voulez bien donner l'hospitalité à ma femme, a dit M. Dupont, continuez, je vous prie, cette bonne œuvre, jusqu'à ce que tout soit terminé ici. Je compte qu'elle éprouvera une surprise agréable, en voyant le résultat des ennuis et des fatigues que ma sœur veut bien accepter en son lieu et place. »

Édouard a promis en notre nom que nous garderions Anaïs aussi longtemps qu'elle voudrait bien rester, et que nous ferions en sorte de lui rendre le séjour de la ferme aussi agréable que possible.

A la forge règne un mouvement inaccoutumé. M. Antoine ayant apporté de nouvelles commandes, il a fallu enrôler de nouveaux ouvriers. Il a apporté aussi des modèles de son invention, et il a l'espoir de les faire accepter par le commerce de la quincaillerie. Tout nous donne donc lieu de croire que la forge va se relever. Puisse mon pauvre oncle avoir cette joie avant de succomber !

Anaïs a écouté d'un air dépité le bien qu'Édouard a dit de sa seconde famille, et elle a pris fort mal la permission qui lui est donnée par son mari de prolonger son absence aussi longtemps que bon lui semblera.

« J'aurais dû, s'est-elle écriée, être du moins consultée sur les merveilleux changements qu'on prépare. S'ils ne me conviennent pas, je ferai à mon tour tout bouleverser. »

Mme Beaumont l'ayant regardée de cet air que je ne peux dire, mais qui déconcerte les plus hardis, Anaïs, en rougissant jusqu'au front, a ajouté :

« Enfin, ma tante, il me semble qu'on aurait bien pu me consulter.

— M. Dupont ne l'a-t-il fait en aucune manière? demanda ma belle-mère.

— Il m'en a parlé, je crois, mais en l'air. Dis donc, Édouard, a-t-il été question enfin de changer l'ameublement du salon?

— J'oubliais, répondit mon mari, en prenant un petit paquet dans sa poche, de te donner les échantillons des étoffes apportées par Mlle Manette, et entre lesquelles tu choisiras celle qui te conviendra le mieux pour recouvrir le meuble dont tu me parles.

— Comment pour le recouvrir! s'écria Anaïs en bondissant sur son siége; mais l'ameublement de toute la maison doit être renouvelé entièrement. M. Dupont l'a promis, formellement promis!...

— Comme les bois sont excellents....

— Mais ils sont démodés! M. Dupont dit toujours que ce qu'il promet il le tient; eh bien! qu'il le prouve!

— M. Dupont ne savait pas qu'une grande partie de la toiture doit être refaite à neuf, que l'escalier de la cave tombe en ruine, que l'étable a besoin de réparations importantes; enfin il a fallu augmenter le nombre des outils de la forge....

— Tout cela pouvait se faire peu à peu; le plus important était de remeubler à neuf le salon....

— Il aurait fallu alors, dit mon mari en haussant légèrement les épaules, se contenter des meubles en guenilles qui garnissent le reste de la maison. »

— Anaïs frappa du pied et s'écria : « Maman sera contente quand elle reviendra!

— M. Dupont l'espère bien, répondit Édouard avec un sourire, car elle trouvera une maison rajeunie depuis la cave jusqu'au grenier, des papiers frais partout, et des meubles qui ne craindront les regards de personne.

— Et qu'importe, puisqu'on ne les voyait pas! »

Tout en parlant, Anaïs avait étalé les échantillons sur une table, et elle disait en les repoussant l'un après l'autre avec dédain : « Des damas de laine! des toiles de Perse! pas de velours du tout! je ne choisirai rien, absolument rien dans tout cela. Quelle mesquinerie!

— Comme il te plaira, cousine, » reprit mon mari; et, en sortant, il me fit signe de le suivre.

Le lendemain, Anaïs voulait retourner à la forge; mais tous les chevaux étaient occupés à divers charrois; il neigeait, il faisait froid, il lui fallut bien renoncer à son projet.

Que te dirai-je, chère amie? huit jours viennent de s'écouler, dans un trouble incessant. Anaïs veut absolument qu'on la regarde comme la femme la plus malheureuse du monde; tous nos efforts ont été vains pour lui faire entendre raison. Aussi le jour où elle nous a quittés, nous avons éprouvé une sorte d'allégement en recouvrant la tranquillité de notre paisible intérieur. Anaïs est à la fois froide et entêtée; versatile en beaucoup de choses, opiniâtre en beaucoup d'autres. Enfin c'est un véritable enfant gâté.

. . . . . . . . . . . . . . . . . . . .

Tout est fini pour mon pauvre oncle, il a cessé de

souffrir! Mme Nesle revient en ramenant les restes d'un homme qui fut bon, mais faible; cette faiblesse a avancé sa fin!

. . . . . . . . . . . . . . . . . . . .

Pardonne, chère amie, le long silence que j'ai gardé avec toi. La nouvelle de la mort de son frère a porté un tel coup à ma belle-mère que, pendant quinze jours, elle a été entre la vie et la mort. Sa patience, sa douceur ne se sont point démenties un seul instant. Mon mari et moi, nous l'avons veillée tour à tour. L'inquiétude que j'ai éprouvée a été si vive que mon lait s'est tari. Il a fallu sevrer ma pauvre Marie; heureusement elle est accoutumée au biberon, et sa santé n'a pas souffert du sevrage. La convalescence de maman ferait des progrès plus rapides, si le désir ardent qu'elle éprouve d'être en état d'aller recevoir les restes de son frère ne mettait pas obstacle au progrès d'un mieux marqué. Imagine-toi que Mme Nesle s'est laissé persuader par sa famille de s'arrêter à Lyon, de sorte que ce corps insensible fût arrivé seul au village des Bois, si M. Dupont n'était point parti pour aller le recevoir à Villefranche. Mon oncle a désiré que ses cendres fussent ramenées dans le lieu où il est né. Il avait écrit à Édouard, quelques jours avant sa mort, qu'il ne trouverait de repos qu'aux lieux mêmes où reposent son père et sa mère; en ajoutant cependant que si sa famille ne pouvait pas faire ce sacrifice, il renonçait à la réalisation de son dernier vœu en expiation du tort qu'il avait eu de n'avoir su ni être le maître, ni conserver à sa fille la fortune qui l'aurait laissée maîtresse de choisir un époux à son gré.

Tu penses bien, chère amie, qu'il n'y a pas eu un moment d'hésitation de la part de mon Édouard; il a écrit à Mme Nesle qu'il se chargeait de tout, et qu'il la priait de ne rien négliger pour que ce triste retour eût lieu avec le respect dû aux cendres d'un homme de bien. Et Mme Nesle a abandonné les restes de son mari aux gens des pompes funèbres!... Heureusement ma belle-mère l'ignore et l'ignorera toujours. Je voudrais bien qu'elle ne fût pas en état de venir avec nous à la forge le jour de la triste cérémonie.

Ne pouvant pas la quitter, il ne m'a pas été possible d'aller voir Anaïs. M. Dupont, avant son départ, est venu et a envoyé plusieurs fois chercher des nouvelles de ma belle-mère. Les jours derniers c'est sa sœur qu'il avait chargée de ce soin. Mlle Manette est, je t'assure, très-attrayante; elle professe pour son frère un affectueux respect: c'est, dit-elle, le bienfaiteur de tous les siens. Elle espère qu'avec le temps Anaïs se trouvera fière d'être la femme d'un homme si digne.

« Malheureusement, a-t-elle ajouté, Anaïs ne veut pas se mêler de sa maison, et elle n'endure qu'avec dépit la nécessité où elle se met elle-même de se laisser suppléer par la sœur de son mari. Mon rôle est difficile, madame Édouard !

— Oh ! je le crois ! me suis-je écriée.

— Mais que ne ferais-je pas pour mon excellent frère ! Oui, pour l'amour de lui, je souffrirais tout ce qu'on peut souffrir ! La fortune du négociant est en grande partie dans les mains de sa femme.

— Non pas seulement la fortune du négociant, lui ai-je dit vivement, mais la fortune de toute la famille. Si Anaïs pouvait le comprendre enfin !

— J'en conçois l'espoir quelquefois, a répondu Mlle Manette (elle a hésité, puis elle a continué ainsi) : Oserai-je vous l'avouer, madame ?

— Oh ! dites, dites !

— Eh bien ! le retour de Mme Nesle affaiblit encore ce frêle espoir. Mon frère, pour complaire à sa femme, a fait plus de dépenses qu'il ne le voulait d'abord. La maison est maintenant charmante depuis le haut jusqu'en bas ; tout y est convenable, bien ordonné, propre, tout y est d'une grande fraîcheur, enfin partout règne cet accord qui naît de l'amour de l'ordre, et, je l'ose dire, du bon goût ; mon frère en a beaucoup. Mais tout cela est simple, très-simple, comme il convient à un fabricant dont la fortune est encore à faire. D'après ce que j'ai entendu dire du caractère de Mme Nesle, elle sera très-mécontente de ces changements ; ils déplaisent beaucoup à Anaïs. Mon frère a du caractère, il saura tenir tête aux orages que je prévois, mais je crains, oui, je crains que la patience ne lui échappe, dans quelques-unes de ces scènes qui perdent à jamais le bonheur domestique.

— Il me semble, mademoiselle Manette, dis-je après un moment de réflexion, qu'un inventaire de ce que contiennent la forge et la maison a été fait avant le mariage. Depuis longtemps mon pauvre oncle pressentait sa fin, et comme il connaissait parfaitement le caractère de sa femme, il n'a pas voulu qu'après sa mort elle pût réclamer des choses qui n'existent pas.

— En effet, répondit Mlle Manette, cet inventaire m'a été remis afin que je pusse vérifier si les objets qui remplissent les armoires s'y trouvaient tous relatés. Ah! madame Édouard, quel épouvantable désordre! Trois beaux services en porcelaine sont tout à fait incomplets; les cristaux sont fêlés, écornés, fendus; le beau linge de table damassé est dépareillé; et le linge de lit! pas une paire de draps en état; pas une taie d'oreiller qu'il ne faille raccommoder avant de s'en servir! Dans le haut des armoires de la salle à manger, j'ai trouvé des restes de dessert oubliés depuis des mois, depuis des années peut-être, et tout couverts de poussière ou de moisissure. Les vins fins, les liqueurs n'ont pas été mieux traités; on a négligé de reboucher les bouteilles, et le contenu en est gâté.... Pardon si je vous parle de tout cela avec quelques détails; mais, d'après ce qui m'a été dit du caractère de Mme Nesle, elle serait femme à mettre sur le compte de mon frère ou sur le mien cet affreux gaspillage.

— Ne vous excusez pas, mademoiselle, vous ne commettez aucune indiscrétion, lui ai-je dit en lui prenant la main; depuis des années ma belle-mère gémit d'un désordre auquel la faiblesse de son frère n'a pas su remédier. Vous avez sans doute été obligée de changer de domestiques?

— Il l'a bien fallu, car l'ordre et l'arrangement établis maintenant partout leur étaient antipathiques. La seule pièce dont on ait *respecté* le désordre, le petit salon d'Anaïs, offre un triste échantillon de ce qu'était la maison. Ma belle-sœur se complaît dans ce pêle-mêle de toutes sortes d'objets divers, et parfois, pour narguer son mari, elle dit que cet état de choses est bien préférable à la *monotonie* que présentent les objets mis tous à leur place. »

Tu le vois, ma Clémence, il n'y a guère d'espoir de faire comprendre ses devoirs à Anaïs; les sources de la ruine de son père lui sont montrées à découvert; elle n'en tient compte, et, sa mère aidant, elle tâchera de rentrer dans l'ancienne ornière. Heureusement M. Dupont n'est pas homme à se soumettre aux caprices de sa femme; mais tout cela est triste, bien triste!

J'ai reçu une lettre d'Héloïse ; de ce côté aussi la raison manque tout à fait. La pauvre femme éprouve chaque jour que l'oisiveté engendre l'ennui, et elle se livre de plus en plus à une nonchalance qui augmente de plus en plus cet ennui. C'est M. de Marmande qui a apporté la lettre ; il est aussi *spéculant* que jamais. L'activité de son imagination est incroyable. Édouard s'efforce de lui mettre en tête des idées raisonnables, et quelques véritables améliorations ont eu lieu dans le domaine de Saint-Pierre.

« Tâchez donc, madame Édouard, m'a-t-il dit deux ou trois fois, de persuader à Mme de Marmande qu'elle, qui ne fait rien, ne doit pas se mettre en opposition constante et ouverte avec ceux qui font quelque chose. Elle regrette sans cesse Paris ; il est certain que la société des villes de province n'est pas toujours amusante ; mais qu'elle s'occupe, au lieu d'aller chercher l'ennui dans des visites multipliées, pour le retrouver dans son cabinet de toilette encombré de chiffons et dans le salon de Mme de Langeac, qui ne s'ennuie jamais parce qu'elle a toujours un ouvrage à la main. »

Encore une jeune femme, ma Clémence, qui s'est fait à elle-même le plus triste sort ! Héloïse n'est pas désordonnée à la *façon bourgeoise* de Mme Nesle, et cependant un argent fou passe en mille inutilités. Elle se trouve à court, m'écrit-elle, à cause des nouvelles parures qu'elle a fait venir de Paris, et qui ne lui plaisent plus du tout; voilà pourquoi elle ne m'envoie rien, ni pour la crèche, ni pour l'asile, ni pour l'ouvroir, ni pour l'assistance à domicile des malheureux. Elle en est *désolée*, car l'hiver est bien rude. Heureusement Mme de Langeac et M. de Marmande ont pourvu généreusement aux besoins de nos pauvres et de nos malades. A-t-il donc raison l'axiome qui dit : *Le bonheur est en nous, et non pas en dehors de nous !*

## XXX

### Les suites du désordre.

Chère amie, plains-moi, j'ai dû passer six journées bien tristes à la forge. Mme Beaumont n'étant pas en état d'y venir, s'est constituée gardienne de ma bien-aimée Marie. C'était pour elle une douleur amère que de ne pouvoir s'unir à toute la famille pour rendre les derniers honneurs à son frère. Mais, du moins, elle n'a pas eu à souffrir de scènes bien pénibles. Mme Nesle n'est arrivée que le surlendemain de la cérémonie. Édouard m'avait laissée à la forge, parce que les travaux qu'il a fait commencer exigeaient impérieusement sa présence ici; mais ma pauvre belle-mère a appris l'incroyable conduite de Mme Nesle dans une circonstance si grave. Malheureux oncle! il dort en paix dans le lieu même où reposent aussi ses parents. Que lui fait maintenant l'indifférence de ceux qu'il a laissés ici-bas!... C'est à peine si Anaïs a versé quelques larmes, lorsque le corps de son père est arrivé à la maison; c'est à peine si elle a montré un peu d'émotion, lorsqu'on est venu enlever ces tristes restes. La légèreté de l'esprit est-elle donc la compagne de la sécheresse du cœur!... Pour moi j'ai bien pleuré; j'ai vu des larmes dans les yeux de mon Édouard; ceux de M. Dupont étaient humides, et sa sœur, pour laquelle cette triste cérémonie réveillait d'amers souvenirs, a pleuré comme moi.

Le lendemain, Anaïs, occupée profondément de son deuil, a envoyé à la ville demander des échantillons d'étoffes de laine, et a recommandé qu'on fît partir de suite une ouvrière.

« En grand deuil pour six mois! c'est long! a-t-elle dit en se regardant au miroir, vêtue, non d'un deuil complet, mais de noir. Heureusement le noir me va bien.

— Anaïs! me suis-je écriée avec indignation, le respect humain devrait te faire garder pour toi seule de semblables réflexions! » Et je l'ai quittée pour aller rejoindre Mlle Manette. Je ne comprenais pas comment Mme Nesle n'avait pas cherché à racheter une première faute, celle d'abandonner le corps de son mari à des mains mercenaires, en arrivant du moins le jour fixé pour les funérailles. Je l'ai compris plus tard, parce que je l'ai vue arriver en grand deuil de veuve. C'était pour faire faire ce deuil qu'elle s'était arrêtée à Lyon.

Dès le jour de son arrivée elle a essayé de reprendre avec M. Dupont les airs de maîtresse que toujours elle avait affectés. M. Dupont, sans paraître le remarquer, est devenu de plus en plus froid et compassé. Il lui a présenté, avec un certain cérémonial, son frère Antoine, sa sœur Manette, en disant : « Ce sont mes associés.

— Vos associés? s'est écriée Mme Nesle.

— Oui, madame, mes associés.

— Et depuis quand ?

— Depuis, madame, que M. Nesle m'a accepté pour gendre.

— Jamais M. Nesle ne m'en a parlé !

— Parce que, sans doute, il a jugé inutile de le faire. »

En achevant ces mots, M. Dupont a salué et s'est retiré avec son frère et sa sœur.

Je ne saurais te rapporter, chère amie, toutes les extravagances qu'a débitées Mme Nesle pendant une grande heure. Elle voulait faire rompre l'association; elle voulait mettre *à la porte* tous ces *intrus*, à commencer par Mlle Manette; elle n'entendait pas qu'on lui enlevât la direction de *sa* maison.... De quel droit s'était-on permis de faire tous les changements qu'elle voyait? Et à mesure qu'elle parlait, elle s'animait, d'autant plus qu'Anaïs mêlait ses plaintes aux siennes, et achevait ainsi de l'irriter. En entendant toutes ces folies, je regrettais vivement que mon mari m'eût laissée à la forge. J'essayai deux ou trois fois de calmer la mère et la fille, mais il me fallut y renoncer.

A l'heure du repas, M. Antoine et Mlle Manette vinrent prendre place à table. Mme Nesle allait éclater; je passai vite mon bras sous le sien, et je l'entraînai à la place que toujours elle avait occupée comme maîtresse de maison.

Le repas était simple, mais le service se faisait avec régularité, et tous les mets étaient bons.

Inutilement j'essayai plusieurs sujets de conversation, inutilement je parlai des personnes du voisinage, pour exciter Mme Nesle à dire quelques mots. Elle garda, pendant tout le dîner, le maintien d'une reine outragée. Elle répondait par un *oui* ou par un *non* fort sec aux questions que M. Dupont et moi nous lui adressâmes tour à tour.

Au dessert, elle se leva avant qu'on eût fini, prit sa fille par le bras, et toutes deux disparurent.

« Un joli intérieur? qu'en dites-vous, ma cousine? demanda M. Dupont. Je baissai la tête sans répondre.

— Mon frère, dit timidement Mlle Manette,

j'ai cédé à ton désir en venant chez toi; mais j'ai prévu, tu le sais, ce qui arrive; je t'ai dit que Mme Nesle ne m'accepterait pas.

— Et je t'ai répondu, ma bonne sœur, que le sacrifice que je te demandais était grand, mais qu'il y allait de notre sort à tous. Je t'ai demandé aussi beaucoup de patience, pour supporter les premières bourrasques. Quand Mme Nesle aura pris connaissance du nouvel acte consenti par son mari, et dont je lui montrerai le brouillon annoté par M. Nesle lui-même, elle reconnaîtra qu'il faut se soumettre.

— La soumission n'est pas dans le caractère de Mme Nesle! reprit Mlle Manette en soupirant.

— Je sais le moyen d'adoucir ce *Cerbère*, poursuivit M. Dupont avec un demi-sourire. Pendant cinq ans j'ai pu étudier son caractère; pourvu qu'elle croie être la maîtresse, elle finira par prendre en gré la personne qui la déchargera des *tracas* du ménage, dont tant de fois elle s'est plainte devant moi avec amertume.

— Pauvre sœur! » dit M. Antoine qui n'avait pas encore parlé.

Mlle Manette sourit tristement.

« Écoute, Jacques, dit-elle à son frère aîné, je veux bien accepter l'épreuve pendant un mois; mais si Mme Nesle continue à se montrer dédaigneuse envers Antoine et moi, si je suis le sujet involontaire de querelles intérieures, tu me permettras de me retirer.

— Oui, répondit M. Dupont, je te le promets. Seulement tu t'établiras dans le village des Bois, et j'irai chercher auprès de ma sœur des consolations à mes chagrins domestiques. »

Tout cela finira mal, ma chère Clémence.

Comme je rentrais dans ma chambre, le domestique est venu me dire que Mme Nesle me priait de passer chez elle.

« Mais ma fille a donc épousé toute cette famille? dit-elle en me voyant paraître.

— Ma tante, répondis-je avec douceur, j'espère qu'avant peu vous rendrez justice à M. Dupont et à sa sœur.

— Au fait, maman, dit Anaïs, c'est une *bonne femme de charge* (je la regardai tout étonnée de ce changement soudain). Dans les premiers temps, continua-t-elle, j'étais comme toi montée contre elle; mais je t'assure qu'il est très-agréable de n'avoir à se mêler de rien. Mlle Manette s'entend au ménage, et tu n'as jamais été aussi bien servie que je le suis depuis qu'elle est à la maison. Essayes-en, nous serons quittes pour déclarer à M. Dupont que nous ne voulons plus de sa sœur, après avoir *expérimenté* son savoir-faire.

— Oh! je sais, reprit Mme Nesle, que tu n'aimes pas plus que moi les soucis du ménage. *Au titre de femme de charge* j'accepterai Mlle Manette, mais il ne faut pas qu'elle oublie que toi et moi nous sommes seules maîtresses ici. »

Ma Clémence, je fus tentée de leur répéter la question que me fit ma belle-mère, tu le sais, dans les premiers temps de mon mariage : *maîtresse de quoi?* En effet, je l'ai appris par ma propre expérience, une femme n'est *maîtresse* dans son intérieur que lorsqu'elle obtient la confiance de son mari en travaillant autant qu'il dépend d'elle à la prospérité de la maison qu'elle gouverne. Mais je me gardai bien de rien dire qui pût de nouveau irriter ma tante.

Le jour suivant, au déjeuner, elle fut un peu moins impolie; mais lorsque M. Dupont lui eut donné connaissance de cet acte qui lui enlevait tout droit de se mêler des affaires commerciales, une nouvelle scène eut lieu.

« Je m'en irai, dit-elle avec fureur; je m'en irai! et si ma fille a du cœur, elle me suivra. »

M. Dupont haussa les épaules.

Exaspérée par son sang-froid, Mme Nesle ajouta : « Oui, nous nous en irons, et puisque la faiblesse de M. Nesle nous a mises dans votre dépendance, nous saurons secouer un joug insupportable, et vous ne serez plus pour nous qu'un chargé d'affaires, qui versera en nos mains nos revenus!

— En vérité, madame, répondit M. Dupont avec

une froideur glaciale, je ne sais où nous irions pour peu que je me laissasse emporter comme vous par la colère. Si vous voulez que vos revenus s'accroissent de plus en plus, il faut au moins permettre à votre *chargé d'affaires* de travailler à les augmenter, en s'entourant des personnes qui peuvent lui être le plus utiles pour son exploitation et pour sa maison. Le désordre dans la maison du négociant entraîne la ruine du négociant; M. Nesle en a fait la triste expérience, et je ne veux pas la renouveler. » Il a salué profondément Mme Nesle et s'est retiré.

Les orages se sont répétés plusieurs fois, pendant les six jours de *pénitence* que j'ai passés à la forge. Mon mari est enfin venu me chercher, et c'est avec une vive joie que je suis retournée près de ma fille chérie et de ma belle-mère. Je plains du fond du cœur la bonne Mlle Manette de la rude épreuve à laquelle elle s'est soumise par amour pour son frère.

Mme Beaumont m'ayant pressée de questions, j'ai dû lui dire ce que mon intention avait été de lui cacher.

Elle est restée longtemps triste et pensive.

« Je plains ma belle-sœur, je plains Anaïs, a-t-elle dit enfin; toutes les deux sont victimes d'une mauvaise éducation; mais je plains encore plus cette pauvre Mlle Manette, dont la vie n'a été que dévouement et abnégation! *Une vieille fille!* a-t-elle ajouté ; ces mots prononcés avec dérision ou dédain signifient pourtant sacrifice de soi à sa famille. J'ai connu dans ma vie beaucoup de vieilles filles : toutes, laides ou jolies, riches ou pauvres, avaient trouvé au moins une fois dans leur jeunesse à se marier ; pourquoi avaient-elles accepté le célibat ? parce que les devoirs de l'épouse n'avaient pu se concilier avec ceux de la fille ou de la sœur aînée. Elles s'étaient oubliées elles-mêmes pour remplir les premiers des devoirs, ceux de la nature. Sans y songer, elles avaient vieilli en accomplissant leur tâche ; puis arrivées à l'âge où l'entourage d'une famille serait si doux, elles se trouvaient isolées, dédaignées, et en parlant d'elles on disait avec dérision : *de vieilles filles !* Ainsi a fait Mlle Manette : elle a donné à sa mère, à ses frères, sa jeunesse ; elle leur a sacrifié son talent d'artiste, ses rêves d'avenir, de gloire peut-être ; et aujourd'hui elle est prête à sacrifier encore à ses frères son repos, le bien le plus précieux de l'âge mûr et de la vieillesse ! Dévouement et abnégation, c'est le lot de toutes les femmes ; mais il faudrait du moins respecter et non pas bafouer celles qui ont rempli leur tâche dans toute son étendue ! »

Il y a huit jours que cette lettre est commencée, et ces huit jours ont amené de nouvelles crises à la forge. M. Dupont est venu hier : Mme Nesle a monté la tête de sa fille, de telle sorte qu'Anaïs rêve le *bonheur* d'une séparation *judiciaire*. Elle feint de ne pouvoir vivre sans sa mère, et pourtant elles sont toujours en querelle. Mme Nesle a déclaré que, puisqu'elle avait *un chargé d'affaires* et un revenu assuré, elle voulait aller vivre à Paris. Elle a bien voulu ajouter que Mlle Manette n'était pour rien dans ses résolutions, et que Mlle Manette, restât-elle ou ne restât-elle pas dans la maison de M. Dupont, son parti était pris. L'idée de vivre à Paris a achevé de tourner la tête à Anaïs, et s'il faut *plaider* pour obtenir la permission de suivre sa mère, elle plaidera!

Nous écoutions M. Dupont d'un air stupéfait.

« Mon cousin, a-t-il dit après avoir achevé son récit, je suis prêt à donner cette permission, sans que la justice s'en mêle.

— Ah! monsieur, s'est écriée Mme Beaumont. Est-il bien possible que vous en veniez là après quelques mois de mariage?

— Mais, madame, que faire contre deux têtes folles? Le revenu sur lequel compte Mme Nesle n'est pas assez considérable pour qu'elle puisse vivre à l'aise à Paris, alors surtout que l'amour de l'ordre lui manque absolument. Le revenu sera doublé sans doute, puisque je compte en donner autant à Anaïs comme pension alimentaire; mais vous savez quel est le gaspillage! Je veux et je me dois à moi-même de leur laisser faire cette expérience. Elle sera rude et profitable, je l'espère. Quand Anaïs aura essayé de la vie de Paris, si difficile pour quiconque n'est pas riche et ne sait pas borner ses désirs, elle me reviendra repentante et en état de comprendre que son sort à la maison est des plus doux. J'ai voulu vous prévenir moi-même de ce que méditent ces dames, et je vous prie en grâce, lorsqu'elles viendront vous faire part de leur projet, de ne pas les en détourner. »

. . . . . . . . . . . . . . . . . . . . . . . .

J'ai retardé le départ de cette lettre, ma Clémence, parce que j'attendais de jour en jour la visite annoncée. Peut-être la réflexion aura-t-elle produit quelque effet sur ces cerveaux malades.

A l'instant je reçois ta lettre. Ainsi ta famille consent à l'union que tu désirais et dont tu m'as parlé si souvent? Chère amie, puisses-tu être heureuse! Tu me demandes avec instance d'aller assister à la bénédiction nuptiale; tu veux, me dis-tu, m'avoir pour témoin de ton bonheur. Crois bien que si je ne fais pas à cause de toi le voyage de Paris, les empêchements ne viendront pas de mon côté. Mais comment parler de mariages et de fêtes dans les tristes circonstances qui suivent la mort de M. Nesle? Ma belle-mère est très-souffrante.... Je ne dis pas non, entends-tu bien, tout au contraire; je suis très-désireuse de voir l'*heureux futur*. Cette fois *la toge a dû céder aux armes!* Mais as-tu bien réfléchi avant d'accepter cette vie nomade à laquelle les militaires sont condamnés en temps de paix? Et en temps de guerre!... Ah! ma pauvre amie, peut-être un jour regretteras-tu de n'être pas devenue *madame la conseillère*, comme le voulait ton oncle!

Je vais finir ici, car mon âme est triste, et je ne veux pas t'attrister avec moi. Crois bien, ma Clémence, que nul ne fera des vœux aussi tendres que ton amie pour que toute la félicité possible ici-bas te soit donnée en ménage!

# CONCLUSION.

Ma pauvre belle-mère a encore été bien malade, chère amie, et cette rechute est due à la visite d'adieu que nous ont faite Mme Nesle et sa fille. Nous avons eu à entendre les plaintes les plus amères contre M. Dupont et sa famille.

« Ma tante, a dit Édouard, qui avait écouté patiemment ce déluge de paroles, je n'essayerai pas de vous faire revenir sur une résolution prise ; mais je vous engagerai à être assez prudente pour que personne ne puisse croire à *une séparation*, même faite à l'amiable. La position d'une femme séparée de son mari est tellement fausse, elle l'expose à des soupçons si outrageants, qu'il faut à tout prix éviter d'y placer votre fille. Ce serait fermer la porte au retour, et j'aime à croire ce retour possible.

— Il est impossible ! a répondu Mme Nesle d'un

ton tranchant ; ou bien il faudrait que ma fille préférât son mari à sa mère ! car jamais je ne consentirai à vivre sous la dépendance de M. Dupont et des siens.

— Une mère, a dit Mme Beaumont d'un ton grave, doit à ses enfants le sacrifice de sa convenance et de ses goûts.

— Cela vous est facile à dire, à vous, ma sœur, qui avez marié votre fils à votre fantaisie. D'ailleurs ce n'est pas Anaïs, c'est la forge que M. Dupont a épousée.

— De même, a repris Édouard, c'est le titre de *madame* et non pas M. Dupont que ma cousine a épousé.

— Il y a des gens, a riposté aigrement Mme Nesle, que la fortune favorise. Nous n'avons pas eu le bonheur de faire partie de ces gens-là. »

Craignant que la discussion ne devînt trop vive, j'intervins en demandant à Mme Nesle si c'était à Paris qu'elle allait.

« Tel était d'abord mon projet, a-t-elle répondu, mais j'ai réfléchi qu'étant en grand deuil nous ne pourrions jouir des plaisirs de ce merveilleux Paris ; nous irons donc d'abord à Lyon, dans ma famille, et là du moins je suis assurée de n'avoir pas toujours tort. J'aurais dû me défier de M. Nesle ; ces hommes sans caractère sont dans la main de quiconque les flatte. Oh ! pourquoi ai-je consenti à ce malheureux mariage ! »

Édouard fit un mouvement comme s'il allait parler, mais il se retint et se mit à aller et venir dans le salon.

Il fallut entendre encore une foule d'extravagances, enfin ces dames nous firent leurs adieux.

Après leur départ, ma belle-mère resta longtemps plongée dans une profonde tristesse. Vainement Édouard essaya de la consoler en lui faisant espérer qu'Anaïs, qui ne sait pas vivre en bonne intelligence avec sa mère, regretterait bientôt la position qui lui est faite dans la maison de son mari, et y reviendrait sous peu de temps.

« Je le souhaite, mon fils, a répondu Mme Beaumont en soupirant ; Anaïs est mariée, elle se doit avant tout au mari qu'elle a accepté. Mais Mme Nesle, que deviendra-t-elle ?

— Elle se remariera, ma mère, vous verrez ; une femme de ce caractère a besoin d'avoir quelqu'un à tourmenter, et si la forge prospère, comme je n'en doute pas, les revenus de la veuve Nesle pourront tenter quelque amateur.

— Ah ! mon fils, peux-tu parler si légèrement de choses si graves !

— Ma mère, a répondu Édouard, cette fois comme toujours, chacun recueille ce qu'il a semé. Par son désordre et son incurie, Mme Nesle a amené la ruine de son mari, et elle s'est mise dans la nécessité d'accepter pour gendre M. Dupont. M. Dupont, de son côté, a accepté, pour obtenir la forge, une femme qu'il savait être incapable et sans aucune affection pour lui....

— Mais cette pauvre Mlle Manette, Édouard ? ai-je dit à mon tour.

— Que veux-tu, ma chère Pauline, nous ne sommes jamais les seuls à nous ressentir des fautes que nous faisons ! »

Il a embrassé tendrement sa mère, auprès de laquelle je suis restée. Les larmes qu'elle avait retenues jusque-là ont coulé, et le lendemain elle était hors d'état de se lever.

Partagée entre les soins qu'exigent ma belle-mère, ma fille, ma maison et la ferme, je n'ai pu réfléchir, chère amie, aux questions que tu m'adresses. Comment veux-tu que je t'enseigne la manière de tenir la maison d'un militaire ? Tu me transformes, moi qui ne suis encore qu'*élève*, en *professeur d'économie domestique*. Il me semble que ces perpétuels changements de garnison doivent ôter à une femme tout le plaisir qu'on éprouve à avoir un chez soi bien propre, bien tenu, et où se trouvent abondamment ces superfluités nécessaires aux gens qui savent vivre. Il me semble aussi que passer d'appartement garni en appartement garni, sans y posséder rien en propre, ne doit pas être agréable du tout. Je sais que ton futur mari, qui a de la fortune, qui est officier supérieur, et auquel tu apportes une jolie dot, peut se procurer partout les aisances de la vie ; mais, enfin, je te le répète, on n'est pas *chez soi.*

J'ai envie de te raconter ce que me raconta il y a longtemps ma belle-mère, à propos de ces devoirs d'intérieur qu'une femme, dans toutes les classes, dans toutes les positions de fortune, est appelée à remplir. Elle me fit ce petit récit, alors qu'étant encore toute nouvelle mariée et bien ignorante de mes devoirs, je me révoltais contre ce que j'appelais le servage de la femme.

Je dois d'abord te dire que la ville de .... est une ville de garnison. Un ami de M. Beaumont le père avait donné une lettre de recommandation pour Mme Beaumont à l'un des capitaines de je ne sais plus quel régiment. La lettre contenait un éloge complet de la femme du capitaine, que j'appellerai, si tu veux, Mme Estève, ce qui aidera à la clarté du récit.

Mme Beaumont accueillit très-bien le capitaine Estève, l'invita à dîner, lui parla de sa petite famille, en disant qu'elle espérait qu'il lui ferait faire la connaissance de son aimable femme.

Mme Estève, reçue avec amitié à la maison, prit confiance dans ma belle-mère, et bientôt celle-ci fut au courant des affaires du jeune ménage.

Mme Estève, dont la dot n'avait été que ce qu'exigent les règlements pour obtenir à un officier la permission de se marier, avait nourri ses trois enfants, tout en suivant son mari de garnison en garnison, et sans avoir d'autre aide que le *brosseur* du capitaine, c'est-à-dire le soldat attaché au service de celui-ci. Elle-même faisait ses vêtements et ceux de sa petite famille; vêtements simples, de bon goût, toujours convenables et même à la mode. « Il ne faut pas, disait-elle en riant, que mon mari ait honte de sa femme et de ses enfants. »

Plus tard, ma belle-mère apprit que cette admirable jeune femme ne regardait pas comme au-dessous d'elle les plus humbles travaux du ménage.

« En province, disait-elle, nous vivons comparativement presque à l'aise; les loyers, les vivres ne sont pas bien chers, et comme nous n'acceptons aucune invitation chez les frères d'armes de mon mari, nous ne sommes tenus d'en faire aucune. Mais à Paris, madame, quelle différence! que Dieu me garde de Paris! Trois fois déjà le régiment y a pris garnison, et je vous assure qu'il faut pousser loin l'économie pour subvenir aux frais de voyage, au loyer, à la nourriture, enfin à tout ce que comporte un ménage de cinq personnes, sans faire de dettes! Vous ne vous douteriez jamais, madame, du parti qu'on peut tirer d'un humble poêlon de terre; je n'avais pas d'autre batterie de cuisine. Un jour, dans l'un des forts de Paris, une idée merveilleuse se présenta à mon esprit: j'avais à préparer pour notre dîner un potage ; pour *relevé* de potage, un *rôti*, et pour relevé du rôti une salade. Je commençai par faire mon rôti, puis je le mis entre deux plats enveloppés de serviettes sous des oreillers ; j'épluchai ma salade que je lavai dans le poêlon, après l'avoir laissé refroidir ; pendant que la salade égouttait, nouée dans une serviette, je fis le potage ; nous nous mîmes à table gaiement, riant tous de ma belle invention. Le poêlon servait de soupière ; je le lavai, je le laissai refroidir, car il devait servir aussi de saladier ; le rôti, placé sous les oreillers, s'était tenu parfaitement chaud, et notre repas s'acheva gaiement, comme il avait commencé. J'ai enseigné ma méthode à une autre femme de capitaine qui n'est pas plus riche que moi, et le colonel a eu la bonté, un jour, de féliciter mon mari d'avoir une femme si bien entendue au ménage[1] ! »

Après m'avoir fait ce récit, ma belle-mère me demanda ce que je pensais maintenant de ce que j'appelais mon *servage ?*

Rougir c'était répondre, et je rougis.

Quand tu auras quelques-unes de ces révoltes-là, chère amie, car on en a même dans la position la plus douce, rappelle-toi Mme Estève, tu reprendras courage, et tu traiteras avec estime, avec considération ces dignes femmes d'officiers dont quelques

1. Le fait est vrai.

sottes disent en se moquant : Excellentes cuisinières ! très-bonnes femmes de ménage !

Je ne sais que te répondre au sujet d'Héloïse ; comme elle a cessé depuis longtemps toute relation avec toi, je crois que tu es bien en droit de lui envoyer simplement une lettre de faire part. Elle essayera, je le crois bien, de profiter de l'occasion de mon voyage à Paris (car j'ai la presque certitude que mon bon Édouard consentira à m'y conduire) ; elle essayera, dis-je, de saisir au vol l'occasion de ce voyage pour obtenir de M. de Marmande de l'y conduire aussi. Comment se dispenser d'assister au mariage d'une *ancienne amie?* et ce sera, je le crains, un nouveau sujet de discussion dans ce ménage où règne si rarement le bon accord.

Je n'ose citer à Héloïse l'exemple de Suzette ; son orgueil en serait révolté ; et pourtant depuis que Suzette y met beaucoup du sien, sa belle-mère, son mari, son beau-père sont devenus affectueux pour elle. La naissance d'un fils a ramené la concorde dans la maison. Comprenant enfin de quelle utilité lui est l'expérience de sa belle-mère, Suzette est devenue, ce que toutes les jeunes femmes doivent être, attentive aux conseils de l'expérience et défiante d'elle même.

. . . . . . . . . . . . . . . . . . . . . . . .

Chère amie, Héloïse aussi s'amende ; elle a appris, je ne sais par qui, ton mariage, et elle m'adresse toutes sortes de choses tendres pour toi; puis elle ajoute : « Revoir notre bonne Clémence, et faire la connaissance de l'heureux époux qu'elle a accepté, aurait été pour moi bien doux sans doute! Elle t'invite, ma Pauline, à la bénédiction nuptiale; j'y serais allée sans avoir reçu d'invitation, si la chose eût été possible.... C'est de toute impossibilité : parler d'un voyage à Paris dans ce moment, ce serait troubler la paix qui règne ici. Je ne sais si cela durera, mais Mme de Langeac a changé du tout au tout pour moi : de moqueuse qu'elle était, elle est devenue presque affectueuse; je n'y ai pas pris garde d'abord, petit à petit je m'en suis aperçue, et j'ai *reconnu* sa *politesse*, en tâchant d'écouter, sans le contredire, tout ce qu'il plaît à M. de Marmande de nous débiter sur ses projets d'améliorations rurales. N'est-ce pas bien beau de ma part? Oui, Pauline, tu as raison, il faut que la femme y mette sans cesse du sien; mais je n'en suis pas encore venue à accepter la devise de ce que tu appelles notre bannière : OBÉISSANCE! »

Cette lettre m'a fait grand plaisir : je suis allée, triomphante, la porter à M. mon mari, qui, l'autre jour, avait osé me répéter, en l'altérant, ce dicton : *Si l'on vous dit qu'une montagne a changé de place, permis à vous de le croire; mais si l'on vous dit qu'une* FEMME *a changé de caractère, n'en croyez rien.*

« Un *homme*, monsieur, s'il vous plaît! me suis-je écriée.

— Qui dit homme, a répondu Édouard en riant, dit l'humanité entière, les femmes comprises, bien qu'on les traite souvent d'inhumaines.

— Oh! le mauvais jeu de mots!

— Il est bien permis d'en faire de mauvais quand on ne possède pas le genre d'esprit qu'il faut pour les calembours.

— Vous voyez bien, monsieur mon mari, que le dicton est faux!

— Puisse-t-il être faux aussi pour Anaïs! a répliqué Édouard; mais elle n'a pas reçu, comme Mme de Marmande, une éducation qui puisse l'aider à se vaincre elle-même! »

---

Dans quatre jours, nous partons, chère amie, tout est prêt: je vais donc te revoir, revoir nos chères institutrices, mes anciennes compagnes! Oh! comme j'ai remercié ma belle-mère et mon mari de me donner cette joie si vive!

« C'est de toute justice, a répondu Mme Beaumont de son air grave et doux. Depuis trois ans, chère Pauline, vous n'êtes occupée que de rendre heureux mon fils et d'acquérir les vertus qui font de la femme un être respecté et aimé à tous les âges de la vie!

Quand les liens du mariage sont resserrés par de tels liens, le mari se dévoue à son tour à la félicité de tous. »

Quelle émotion j'ai éprouvée, ma Clémence, en entendant ces douces paroles ! Ma fille était sur les genoux de Mme Beaumont ; je l'ai attirée sur mon cœur et j'ai caché contre son petit visage mes joues baignées de larmes. Mon mari nous a entourées toutes les trois de ses bras, en murmurant avec l'accent d'une indicible tendresse : Ma mère! ma femme ! ma fille ! Et nous sommes restés ainsi quelques instants livrés au sentiment profond de tout ce que Dieu a daigné nous accorder de bonheur sur cette terre ! Oh ! ma Clémence, un jour tu comprendras tout ce que j'ai senti en ce moment, et tu reconnaîtras que si le rôle de la femme est difficile, la récompense que lui apporte l'accomplissement de ses devoirs dépasse en jouissances ineffables tout ce que le langage pourrait dire.

FIN.

# TABLE DES MATIÈRES.

FIN DE LA TABLE.

Paris. — Imprimerie de Ch. Lahure et Cie, rue de Fleurus, 9.

www.ingramcontent.com/pod-product-compliance
Ingram Content Group UK Ltd.
Pitfield, Milton Keynes, MK11 3LW, UK
UKHW021842190726
13855UKWH00001B/108